집단에서의 경험

집단에서의 경험

월프레드 비온 지음 ● 현준 옮김

Experiences in Groups
and other papers

집단에서의 경험
Experiences in Groups
and other papers

초판 1쇄 2015년 9월 15일

지은이 | 윌프레드 비온
옮긴이 | 현준

펴낸이 | 임말희
편집 | 공윤조
프린트 | 문성인쇄
펴낸곳 | 눈 출판그룹

출판등록 | 2012년 5월 23일 제321-2012-000122호
주소 | 서울특별시 서초구 서초동 효령로 60길 23-11 서전빌 3층
전화 | 1661-4310
팩스 | 02-3394-4749
이메일 | master@nun.co.kr
홈페이지 | www.nun.or.kr

값 **20,000**원
ISBN 978-89-94347-53-0(93180)

 이 도서의 국립중앙도서관 출판시도서목록(CIP)은 e-CIP 홈페이지(www.nl.go.kr/ecip)에서 이용하실 수 있습니다.(CIP 제어번호 : 2015023499)

일 러 두 기

1. 이 책은 윌프레드 비온의 *Experiences in Groups and other papers(Routledge, 1991)* 를 우리말로 옮긴 것이다.
2. 원문의 괄호와 줄표(-)는 저자가 사용한 그대로를 따랐으나, 쌍점(:)과 쌍반점(;)은 마침표로 대체하였다.
3. 저자의 주는 아라비아 숫자로, 옮긴이의 주는 *표로 표기하여 본문의 각주에 담았다.
4. 참고문헌 중 우리말로 번역되어 있는 저서는 우리말의 제목과 출판사, 출판년도를 별도로 덧붙였다.

감 사 의 말

지금까지 나온 논문들을 모아 이 책을 출판할 수 있도록 도움을 준 아래의 분들에게 감사를 드린다. <랜싯>지의 편집장은 사전연구 부분에 수록된 '치료에서 나타나는 집단 내부의 긴장들'(*Lancet*, 27 November 1943)을, <인간관계>지의 편집위원회는 '집단에서의 경험'에 포함된 일곱 논문들(*Human Relations*, Vols. I-IV, 1948-1951)을, <국제정신분석학회지>의 편집장은 사후고찰 부분에 수록된 '집단 역동'(*International Journal of Psycho-Analysis*, Vol. XXXIII, Pt.2, 1952)을 다시 출간할 수 있도록 허락해주었다.

목 차

감사의 말 6

들어가며 8

사전연구

치료에서 나타나는 집단 내부의 긴장들 13

집단에서의 경험

Ⅰ 33

Ⅱ 47

Ⅲ 67

Ⅳ 87

Ⅴ 105

Ⅵ 129

Ⅶ 145

사후고찰

집단역동 161

역자후기 218

색인 221

들 어 가 며

이 책에 수록된 논문들은 내가 생각했던 것보다 많은 흥미를 불러일으켰으며, 시중에서 구하기 어려운 그간의 논문들을 다시 출간해달라는 요구가 뒤를 이었다.

지금 와서야 깨달은 바이지만, 논문을 처음부터 다시 써서 출간하는 방법을 택할 수도 있었다. 이후의 경험들을 포함시켜 과거에 썼던 내용을 수정해볼까 하는 생각이 들기도 했다. 하지만 글을 다시 쓴다는 것은 좀처럼 성공을 거두기 어려운 일일 뿐더러, 생각이 발전해 나가는 과정을 보여주는 잠정적인 이론들을 제외시킴으로써 많은 것을 잃어버리게 할 가능성이 있다. 그런 까닭에 나는 논문들을 고치지 않고 그대로 싣기로 했다. 곧 보게 되겠지만 이 책에 실린 두 편의 논문은 애초 <인간관계>지를 통해 연재했던 글에는 들어있지 않았던 것이다. 하나는 내가 어떤 연유로 해서 집단을 통한 접근방식을 계속해서 이어나갈 필요가 있다고 믿게 되었는지 그 실마리를 보여주는 까닭에 첫머리에 실었고, 하나는 그간의 결론을 요약함으로써 나 스스로가 연구를 심화시키고 다른 이들이 그것을 더욱 발전시킬 수 있는 계기가 되었으면 하는 마음에 끝머리에 실었다. 더불어 나는 존 리크만John Rickman*과 함께 작업할 수 있었다는 것, 그리고 그의 관대함과 열정에서 언제나 영감을 얻을 수 있었다는 것에 대해 순전히 사적인 이유에서 감사의 마음을 전하고 싶다.

주권과 권력에 대해 논의하지 못했다는 점에 대해서는 아쉬움이 남는

* 존 리크만(Rickman, John : 1891-1951) : 영국의 정신분석가로 프로이트, 페렌치, 클라인 등에게 분석을 받았다. 타비스톡 클리닉에서 비온의 교육 분석을 담당하기도 했으며, 본문에 서술된 것처럼 윈클리프 응급 병원과 노스필드 군병원에서 비온과 함께 집단 연구를 수행하였다.

다. 이 책에서 다룬 소규모 집단에서는 이 두 문제를 논의할 수 있을 만큼의 무르익은 상황은 펼쳐지지 않았다. 그것을 온전히 다루기 위해서는 외부적인 상황이 개입해야 하며, 다른 집단이 침입함으로써 집단에 영향을 미치는 일이 일어나야만 한다. 이 문제에 대해서는 나중에 시간이 날 때 다른 책에서 논의하게 될 것이다. 그 때 나는 화폐 가치가 비롯하는 초경제적 원천에 대해서도 다룰 계획인데, 이는 그 자체로도 중요성을 지니지만, 경제에 미치는 영향을 통해 주권과 권력의 역동에 영향을 미친다는 점에서도 커다란 의미가 있다.

실제 임상에서 진료를 하는 정신분석가로서 나는 개인을 통한 정신분석적 접근과, 이 책이 서술하고 있는, 집단을 통한 접근이 동일한 현상의 다른 측면들을 다루고 있다는 사실에 깊은 인상을 받았다. 두 기법은 임상가에게 양안적 시각binocular vision의 초보적인 형태를 제공한다. 내가 관찰한 현상들은 대략 두 개의 범주로 분류할 수 있는데, 이 두 가지가 서로 다르지 않은 것이, 같은 현상이라도 그것을 하나의 시각에서 보면 짝짓기 집단과 관련된 오이디푸스 상황에 초점을 맞추게 되고, 다른 시각에서 보면 지식과 과학적 방법의 문제와 관련된 스핑크스에 초점을 맞추게 되기 때문이다.

나는 조만간 책으로 써보려고 하는 최근의 작업을 통해, 클라인 학파에서 이야기하는 투사적 동일시와, 편집-분열 자리와 우울 자리 간의 상호작용이 핵심적인 중요성을 가지고 있다고 확신하게 되었다. 클라인 이론의 이 두 개념에서 도움을 받지 못했더라면, 집단 현상을 연구하는 동안 나에게 어떠한 진전도 가능하지 못했을 것이다. 이 이론과 관련된 기제들이 수행하는 역할에 대해서는 마지막 장에서 대략적으로 설명하고 있으니 독자들의 관심을 부탁드린다.

사전연구
Pre-View

치료에서 나타나는 집단 내부의 긴장들

집단 과제로 수행된 연구 1)

'집단 치료'라는 말에는 두 가지 의미가 있다. 그것은 특정한 치료 회기에 모인 많은 수의 사람들을 치료하는 것을 뜻할 수도 있고, 집단에서 협력 활동이 원활하게 이루어지도록 하기 위해 어떤 힘들을 키워내려는 조직적인 노력을 뜻할 수도 있다.

집단에 모인 개인들의 치료라는 것은 보통은 자신의 신경증적 문제들을 설명하고서 안심해도 좋다는 확인을 받거나, 때로는 사람들 앞에서 사적인 문제를 고백함으로써 카타르시스를 경험하는 것으로 이루어지곤 한다. 집단 치료에서 중심이 되는 것은 훌륭한 집단정신을 이루는 요소가 무엇인지를 알고 그것을 실제로 경험하는 일인 것 같다.

1) 이 논문은 존 리크만과의 공동 연구를 통해 쓴 것이다.

재활 계획안(윌프레드 비온)

개인 치료에서 신경증은 개인의 문제로 나타난다. 그렇다면 집단 치료에서는 그것이 집단의 문제로 나타나야 할 것이다. 이것이 내가 군 정신병원의 재활병동을 담당하게 되었을 때 스스로 설정한 목표였다. 따라서 나의 첫 과제는 주어진 일정표와 조직 안에서 이러한 목표를 추구하는 것이 무엇을 의미하는지를 알아내는 일이 되었다.

내가 이 과제를 속세를 벗어난 고요한 분위기에서 수행할 수 있었던 것은 아니다. 책상과 서류들 앞에 앉자마자 나는 끈덕지게 졸라대는 환자들이 쏟아내는 다급한 문제들에 둘러싸였다. 재활병동 담당 하사관들을 찾아가 그들의 임무가 무엇인지를 설명해야 하나? 중동에서 막 돌아온 옛 친구를 만나야 한다며 이틀간 외박을 보내달라고 집요하게 조르는 A 이등병을 내가 만나야 하는 건가? 한편, B 이등병은 열차가 늦게 출발하는 바람에 부대 복귀가 늦은 것 뿐인데 외박에서 일부러 늦게 돌아왔다는 오해를 사게 되었다며 어떻게 하면 좋을지 내게 조언을 구하고자 했다. 나를 둘러싼 것은 그런 것들이었다.

이 따위 일들을 처리하면서 한 시간 남짓을 보내게 되자 나는 규율이라는 것이 필요하겠다는 확신이 들었다. 일이 미뤄지고 있다는 느낌에 짜증이 뻗친 나머지 이 문제에 대해 고찰하기 시작한 것이다.

신경증 환자들을 위한 규율

건물에는 삼사백 명 정도 되는 병사들이 모여 있었는데 이들은 자신들이 속한 부대에서 군대의 규율과 좋은 음식, 정기적인 보살핌이 가져다주는 치료적 혜택을 이미 누리고 있었던 상태였다. 이러한 것들도 그들이 결국

정신병원으로 오게 되는 일을 막기에는 충분치 못했다는 사실이 분명했다. 그런 병사들이 정신병원 환자의 대다수를 차지하고 있었으며, 이들이 재활병동으로 들어올 무렵에는 병실에 좀 붙어 있으라는 사소한 명령조차 따르려 하지 않는 상태였다.

나는 전장에서 숙련된 장교가 말썽깨나 일으키는 부대를 지휘하기 위해 만들어내는 것과 같은 규율이 필요하다고 확신하게 되었다. 하지만 어떤 종류의 규율이 그걸 해낼 수 있을까? 무언가를 해야 한다는 긴급한 요구에 직면하여 탐색을 거듭한 끝에 나는 하나의 작업가설을 얻게 되었다. 우리가 필요로 하는 규율은 두 가지 주요 요소에 달려 있다는 가설이 그것이다. (i) 공동의 위험과 목표를 제공해주는 적이 있을 것, 그리고 (ii) 자신의 결함이 무엇인지를 알고 있고, 부하들을 하나의 온전한 인간으로 존중해주며, 그들이 호의를 품든 적개심을 품든 간에 두려워하지 않는 숙련된 장교가 있을 것.

재활병동을 담당하는 정신과 의사가 되기를 진정으로 원하는 장교가 있다면, 그는 이 업무가 책임이라는 단어가 삶과 죽음의 문제에 직면해야 함을 뜻하는 시대에 책임자의 위치에 서게 된다는 것임을 알아야 한다. 그는 스스로가 권위를 유지할 능력이 없을 경우 부하 병사들에게도 권위를 인정하도록 강요할 수 없는 상황에서 권위를 행사하는 법을 알고 있어야 하며, 병사들과 친밀한 정서적 관계를 유지하면서 지낼 수 있는 방법이 무엇인지도 알고 있는 인물이어야 한다. 짧게 말해서, 그는 전투부대 장교의 명령을 따르는 생활이 어떤 것인지를 이해하고 있어야 한다. 이를 이해하고 있는 정신과 의사는 적어도 환자들을 미래의 총알받이로 여기면서 원래의 소속부대로 돌려보내기만 하면 그만이라고 생각하는 끔찍한 실수를 저지르지는 않을 것이다. 그는 자신의 임무가 공동체에 사회적으로 적응함으로써 평화의 시기에나 전쟁의 시기에나 맡은 바 책임을 다하고자 하는, 자기를 존중할 수 있는 사람들을 양성하는 일임을 깨닫게 될 것이다. 오직 그것만이 그를 깊은 죄책감에서 해방시켜 자신의 노력을 환자를 치료하는 방향으로 집중시킬 수 있도록 하는 실제적인 방법일 것이다.

재활병동에서 병사들이 공유하고 있는 공동의 위험이란 무엇인가? 어떤 목표가 이들을 서로 묶어줄 것인가?

공동의 위험을 찾아내기란 어려운 일이 아니었다. 각양각색으로 나타나는 신경증적 방종이 정신과 의사 또는 신경증적 장애의 심도 있는 치료를 위해 설립된 기관의 작업을 끊임없이 위협하고 있었다. 재활병동에 있는 공동의 위험이란 공동체의 장애로 볼 수 있는 신경증이 존재한다는 사실이었다. 나는 출발지점으로 다시 돌아와 있었다 – 집단을 치료하기 위해서는 먼저 신경증을 집단의 문제로 드러내야 할 필요를 느끼면서. 하지만 그동안 규율의 문제에 대해 탐색한 덕분에 두 가지는 새로 수확한 상태로 돌아온 셈이었다. 신경증을 집단에 위험이 되는 것으로 드러낼 필요가 있고, 이러한 작업이 어떻게든 집단의 공동 목표가 되도록 만들어야 한다.

하지만 어떤 식으로 집단을 설득함으로써 공동체의 문제인 신경증적 장애에 맞서도록 할 수 있을까?

신경증 환자들이 언제나 치료받기를 원하는 것은 아니며, 괴로움에 지친 나머지 마지못해 치료를 받게 된다 하더라도 진심으로 그것을 원하지는 않는다. 이는 저항과 그 관련 현상들에 관한 논의를 통해 이미 잘 알려진 사실이다. 하지만 집단에서도 이에 상응하는 현상들이 존재하는지에 대해서는 알려진 바가 없다.

집단은 여태껏 자신의 심리적 장애를 심리학적 방법을 이용하여 치료해 볼 생각을 하지 못했는데, 이는 집단이 겪고 있는 심리적 어려움의 본성을 제대로 평가할 수 있는 충분한 통찰을 얻은 적이 없었기 때문이다. 재활병동의 조직은 적어도 이러한 통찰이 자라나는 것을 가로막는 것은 아니어야만 했다. 병동 조직을 통해 신경증적 행동이 공동체의 어려움을 가중시켜 행복과 효율을 파괴한다는 사실을 분명하게 보여줄 수 있다면 물론 더 좋은 일일 것이다. 공동체가 겪는 심리적 고통이 신경증의 부산물이라는 점을 드러낼 수 있게 된다면, 신경증 자체는 공동체가 함께 연구하고 맞서 싸울 만한 가치가 있는 것으로 보이게 될 것이다. 그리고 이를 통해 집단에서 나타나는 저항을 극복할 수 있는 길로 한 걸음을 내딛게 될 것이다.

재활병동은 두 개의 부차적인, 하지만 지극히 현실적인, 군사적 요구사항을 만족시켜야만 했다. 병동의 조직은 가능하면 환자들의 호전 상태를 평가할 수 있는 수단을 제공함으로써 환자가 퇴원에 적합한 상태인지를 정신과 의사가 판단할 수 있도록 도와주는 것이어야 했다. 그리고 환자가 나아가고자 하는 방향과 그의 실제적인 동기를 평가함으로써, 퇴원 후 환자가 맡게 될 보직의 종류를 결정하는 데에도 유용한 것이어야 했다.

내가 계획했던 재활병동의 조직을 이해하기 위해서는, 그것을 마치 투명한 벽들로 내부가 에워싸인 건물의 뼈대와 같은 것이라고 상상해보면 도움이 될 것이다. 이 공간으로 환자가 일단 들어오면, 공간 안에서 이루어지는 활동을 통해 환자는 자신의 서로 다른 충동들이 만들어내는 결과에 따라 어느 방향으로든 자유로이 움직일 수 있다. 그가 행하는 움직임은 가능한 한 외부의 개입으로 인해 비틀리는 일이 없어야 한다. 이렇게 될 수만 있다면, 환자가 보이는 행동은 그가 실제로 지닌 의지와 목표를, 그가 스스로 자신의 것이라고 주장하거나 정신과 의사가 그에게 있었으면 하고 바라는 목표들과는 달리, 정확하게 드러내는 증거가 될 수 있을 것이다.

이 '공간' 안에서 이루어지는 활동들에는 군사적 성격이 분명한 것들도 있고, 민간 활동에 더 가까운 것들도 있으며, 심지어는 단지 신경증적 무력감의 발로에 지나지 않는 것들도 있을지 모른다. 우리는 환자가 이들

선택지 중 어느 한 곳을 따라 나아가는 것을 보면서, 장교 선발 과정에서 에릭 비트코버Eric Wittkower 소령이 사용한 용어를 빌려, 환자의 '자산과 부채'를 합리적 객관성을 통해 평가할 수 있을 것이다. 환자가 어떤 쪽 출구를 통해 이 상상의 공간에서 빠져나가려고 하는지를 알게 되면, 그의 진정한 목적이 무엇인지도 함께 판단할 수 있을 것이다.

그와 동시에 이 병동 조직은 재활병동이 만들어진 주된 목적 – 대인관계에 문제가 있는 공동체를 대상으로 한 교육과 훈련 – 을 수행하는 데에도 사용될 수 있을 것이다. 만일 내가 생각하는 조직이 이러한 이론적 건축물에 근접하게 된다면, 재활병동의 구성원들은(말하자면) 건물 바깥에서서 현재 발생하고 있는 문제들에 대해 일정한 거리를 두고 더 깊은 이해를 통해 바라볼 수 있을 것이다.

실험

재활병동에 입원 중인 약 삼사백 명의 병사들을 집합시킨 후, 앞으로 다음과 같은 규칙들이 적용될 것이라고 전달했다.

1. 모든 병사는 의학적으로 열외 대상이 되지 않는 한, 매일 한 시간 동안의 신체 단련을 해야 한다.
2. 모든 병사는 하나 이상의 집단에 참여해야 한다 – 집단은 수공예품 만들기, 군 통신강좌, 목공 작업, 독도법 연구, 전술지형 모형제작 등의 활동을 한다.
3. 자신이 원하는 활동에 걸맞는 집단이 없거나, 집단이 있다 하더라도 어떤 이유로든 거기에 참여할 수 없는 경우에는 누구든지 새로운 집단을 만들 수 있다.

4. 자신이 속한 집단에 참석하지 못하겠다고 느끼는 병사는 휴게실에 가야 한다.
5. 휴게실은 의무병이 관리하며, 독서나 작문, 체커 게임 등을 할 수 있도록 정숙이 유지되어야 한다. 의무병의 허락 하에 작은 목소리로 말하는 것은 허용되지만 다른 환자들을 방해하는 일은 없어야 한다. 소파가 있으니 어떤 활동도 자신에게 맞지 않는다고 느끼는 병사가 있다면 그냥 누워있어도 된다. 의무병은 일상 업무로서 휴게실에 있는 모든 병사들의 이름을 기록한다.

재활병동의 다른 업무를 고지하고 지시사항을 전달하기 위해 매일 오후 12시 10분에 집합시간을 가질 것이라는 점도 함께 전달했다. 환자들은 모르고 있었지만, 30분으로 시간을 엄격히 제한한 이 모임은 환자들이 자신이 속한 틀에서 잠시 빠져나와 한 발짝 떨어진 관찰자의 시선으로 지금 일어나고 있는 일들을 살펴볼 수 있는 기회를 제공하기 위한 것이었다. 짧게 말해, 이 모임에는 한 걸음 더 나아가 치료 세미나를 만들어보고자 하는 의도가 숨어있었다.

처음 며칠 동안은 별다른 일이 일어나지 않았다. 하지만 환자들 사이에서 많은 논의와 생각들이 오가고 있다는 점만큼은 분명했다. 12시 10분 모임 역시 처음에는 병사들이 전달 사항을 충실하게 따르고 있는지를 평가하기 위한 시도 이상의 것이 되지 못했다. 하지만 시간이 흐르면서 집단이 본격적으로 만들어지기 시작했다. 두드러지게 눈에 띄는 것들 중에는 프로그램 집단이라는 것이 있었는데, 이 집단은 다른 집단의 작업 시간과 현재 위치를 기록하고 원내 방송을 내보내며 무료 공연티켓 같은 것들을 배분하는 활동을 수행하였다. 오래 지나지 않아 프로그램실의 작업도표에는 재활병동의 모든 환자들이 무슨 활동에 참가하고 있는지를 보여주는 깃발들이 붙어있게 되었고, 그 숫자가 점차 빠르게 늘어나면서, 환자들 각각의 독창성을 나타내는 듯한 각양각색의 깃발들로 무늬를 이룬 나머지, 마치 봄꽃들이 만발해있는 것처럼 보일 정도였다. 그 중에서도 집단에 무단결석을 할 수 밖에 없다고 느끼는 양반들을 위해 해적선의 해골바가지 깃발을 마련한 것은 꽤나 묘안이었다.

이렇듯 과감했던 전시는 12시 10분 모임에서 아마도 치료적 협력을 위한 것으로는 처음이지 않을까 생각되는 중요한 시도가 등장하게 되는 계기가 되었다. 나는 집단들을 둘러보는 중에 한두 명의 병사를 그들이 하고 있는 작업에서 불러낸 다음, '바깥 세상이 어떻게 돌아가고 있는지 보여줄 요량으로' 데리고 다니는 습관이 있었다. 나는 이를 통해 나 자신과 나와 동행하는 다른 병사들이 관찰한 흥미로운 사실 하나를 이 모임에 전달할 수 있었다. 그것은 수많은 집단들이 존재하며, 현실적인 제안을 할 수만 있다면, 모든 이들이 스스로가 끌리는 방향으로 나아갈 수 있는 거의 완벽한 자유가 보장되어 있음에도 불구하고, 실제로 일어나고 있는 일들은 거의 없다는 사실이었다. 목공소에는 기껏해야 한두 명이 일하고 있었고 차량정비소도 그와 마찬가지였다. 요약하면, 재활병동은 마치 속이 텅 비어있는 건물의 외관처럼 보일 정도였다. 나는 이것이 참으로 이상해 보인다고 말했는데, 전에 재활병동의 환자들이 심히 비통해하면서 자신들이 군대를 싫어하는 이유 중 하나는 그 '눈 가리고 아웅하기' 때문이라고 나에게 불평했던 기억이 떠올랐기 때문이었다. 따라서, 재활병동에 만연해 있는 이 '눈 가리고 아웅하기'는 정말이지 연구하고 논의해 볼 만한 가치가 있는 문제인 것 같았다.

이와 같은 발언을 듣고 있던 청중들은 '잔소리나 듣고 있다'고 느끼는 듯한 표정이었다. 나는 논의를 이어가면서, 이 문제는 공동체의 책임에 관한 것이지 장교인 내 개인에게만 관련된 문제가 아니라고 지적했다.

놀라우리만치 빠른 속도로 재활병동은 자기비판적인 모습을 띠기 시작했다. 원래의 계획에 의거해 환자들에게 움직임의 자유가 주어진 덕택에 신경증적 공동체의 특징들이 고통스런 명료함을 띠고 드러나게 되었다. 며칠이 채 지나지 않아 환자들은 (지금까지는 언제나 티끌 한 점 없어야만 했던) 병동이 지저분하다고, 일과 시간을 병동에서 잡역을 하면서 보내야 하는 현재의 체계 하에서는 청결을 유지하는 것이 불가능하다고 불평하기 시작했다. 환자들은 병동을 종일 깨끗하게 유지하는 임무를 담당하는 '청결유지 집단'을 프로그램 집단 산하에 조직해야 한다고 요청했고 이 요청은 수락되었다. 그 결과, 다음에 열린 주간 점검 회의에서 병원의 담당 지휘관이 병동 청결도가 크게 달라졌다는 평가를 내리게 되었다.

몇 가지 결과들

이 조직이 가진 치료적인 면들이 어떤 방식으로 작동했는지에 대해 모두 자세히 설명하기란 불가능하다. 하지만 방법과 결과라는 측면에서 두 가지 예를 들 수는 있을 것 같다.

새로운 제도가 도입되고 나서 얼마 지나지 않아, 일부 병사들은 환자들이 이 조직의 느슨함을 악용하고 있다며 나에게 불평하기 시작했다. 이들은 '겨우 20퍼센트의 환자들만이 맡은 바 역할에 따라 진정으로 열심히 일하고 있을 뿐, 나머지 80퍼센트는 그저 놈팽이들에 가깝다'고 말했다. 이들은 또 불평하기를, 휴게실은 그냥 빈둥거리는 병사들로 가득차기 일쑤일 뿐더러, 심지어 그 시간마저도 빼먹고 딴 곳으로 새는 병사들도 있다고 말했다. 나는 이러한 사실을 이미 알고 있었지만, 이 문제를 바로잡는 일은 내 소관이 아니라며, 적어도 겉으로는, 거절의 의사를 표시했다. 대신에 나는 몇 주 전에 있었던 군사현안사무국 회의에서 논의한 중심 주제

중 하나가 바로 이런 문제였지 않았냐고 반문했다–즉, 이처럼 협조가 되지 않는 개인들로 이루어진 공동체가 존재한다는 사실과(당시 논의의 대상이 되었던 공동체는 소비에트연방 러시아였다), 그런 공동체들이 사회에 야기하는 문제 말이다. 여기 재활병동에서 일어나고 있는 문제도 그와 똑같은 것일 뿐인데 그게 그렇게 놀랍고 수치스런 일인가?

이 무심한 대답은 불평하는 이들을 만족시키지 못했다–그들은 문제의 환자들을 처벌하거나 어떻게든 조치를 취해야 한다고 말했다. 이에 대해 나는, 지금 불평하고 있는 병사들 역시도 신경증 증상을 가지고 있지 않냐고, 그게 아니었다면 이처럼 병원에 와 있지도 않았을 것 아니냐고 답했다. 왜 자신들의 문제는 어떤 방법으로 다루어주길 원하면서, 다른 80퍼센트의 문제는 다른 방법으로 다루어야 한다는 것인가? 무엇보다도, 이 '80퍼센트' 의 문제는 새로운 것이 아니다. 이미 사회에서 치안판사와 교정관리, 사회사업가, 교회, 정치인 들이 모두 이 문제를 해결해보려 시도해왔고, 이들 중에는 법규와 처벌로써 이 문제를 다스려보려 했던 이들도 있었다. 그런데도 이 '80퍼센트'는 아직 우리 곁에 있다. 그렇다면 혹시, 문제의 본질이 아직 온전히 밝혀지지도 않은 상태에서, 이들 불평하는 사람들이 질병에 대한 정확한 진단을 내리기도 전에 치료를 해야 한다며 달려들고 있는 것은 아닌가? 나는 이 문제가 비단 재활병동 혹은 군대에만 국한된 것이 아니라, 사회 전체와 관련해서 중대한 함의를 지니고 있는 것일지도 모른다고 말했다. 나는 그들에게 더 공부를 해본 다음에 해법의 실마리가 보인다는 느낌이 들면, 그 때 다시 찾아와서 참신한 제안을 내어보는 게 어떻겠냐고 말했다.

이 시점에서, 문제의 윤곽이 분명하게 드러나기 전까지는 어떠한 해결책도 시도하지 않겠다고 한 내 결정이 사람들로 하여금, 생생하고 정상적인 조바심을 불러일으킨 끝에, 병동이 진지한 과학적 태도를 가지고 이 문제와 씨름하고 있구나 하는 믿음을 가지도록 만든 계기가 되었다는 점을 언급할 필요가 있다. 나의 시도를 비판했던 한 사람은, 이런 식의 환자 관찰 체계 하에서는 어떤 결과들이 나올 때까지, 나올 만한 결과가 과연 있기나 한 것이라면, 지나치게 오랜 시간이 걸릴 것임에 분명하다고 훈계했다. 나는 겨우 며칠 전만 하더라도 그가 재활병동 환자들의 군기와 태도가 한 달도 되지 않는 짧은 시간 동안 몰라보게 달라졌다고 스스로 말했다는 사실을 그에게 상기시켰다.

두 번째 사례는 다소 거칠고 신경증적이던 충동들이 어떻게 현실적이고 상식에 걸맞는 활동으로 변화해갔는지, 그 발전해가는 양상을 보여준다.

단연 가장 많은 수의 회원을 자랑하고 있었던 집단이 춤 수업시간을 만들어달라고 건의했다. 표면적으로는 이 요청이 내가 집단 활동을 위해 모든 편의를 봐주겠다고 한 약속이 진심어린 것인가를 시험해 보겠다는 뜻에서 나온 것처럼 보였지만, 그 이면에는 전쟁에서 아무런 역할도 하지 못하고 있는 남자들이 여자들에 대해 느끼는 애처로운 열등의식이 자리하고 있다는 사실이 너무나도 뻔해 보였다. 나는 그들에게 제안을 구체적으로 해보라고 말했다. 그 제안을 시행하는 데 우리가 망설일 이유는 없었다. 마침내 저녁 여가시간을 빌어 춤 수업이 열리게 되었다. 수업에는, 건의를 한 병사들의 뜻에 따라, 춤에 대해 전혀 아는 게 없는 이들만 참석할 수 있었으며, 여자국방군ATS* 장교가 수업을 진행했다. 이후 일어난 일을 간략히 말하면, 처음에는 무척이나 비현실적인 생각에서 비롯했고, 누가 봐도 진지한 군사적 목적이나 전쟁 중인 국가에 대한 사회적 책임의식과는 어울리지 않았던 이 제안이, 결국에는 하루 일과가 끝난 뒤에 진행되는, 진지하면서도 싫지 않은 연구 시간이 되어 있었다. 뿐만 아니라, 수업에 참여하는 병사들은 담당 지휘관과 여자국방군 장교들, 일반 여군들과

* 여자국방군(ATS: Auxiliary Territorial Service) : 영국군의 여군 부서로서 1938년에 창설되었으며, 제2차 세계대전 당시 구호품 전달, 우편 통신, 탄약 검수 등의 임무를 수행하였다.

우선은 정해진 규율에 따라, 다음으로는 사회적 교류의 일환으로, 만나서 이야기를 나누어야 했다.

그러는 동안 예의 12시 10분 집합은 효율적이고 활기에 찬, 건설적인 모임으로 매우 빠르게 발전해갔는데, 이는 재활병동 체계를 처음 접하는 엄청난 수의 신규 환자들이 새로 들어오는 동시에, 기능을 회복한 환자들은 퇴원해서 나가고 있었음에도 불구하고 나타난 현상이었다.

이 제도를 도입하고 한 달이 채 지나지 않아 커다란 변화가 일어났다. 처음에는 병사들을 작업에 참여시킬 방도를 찾기가 어렵게만 보였던 반면, 나중에는 병사들이 각자 원하는 일들을 하느라 시간이 부족할 지경이었다. 집단은 통상 집합이라고 불린 점검 시간이 아니더라도 이미 알아서 잘 굴러가고 있었다. 무단결석은 상당 기간 동안 일어나지 않았고, 기간 전체를 통틀어도 딱 한 번 일어났을 뿐이었다. 다른 병동에 있는 환자들은 재활병동에 들어오고 싶어 안달이었다. 환자들의 구성이 매일 달라지고 있었음에도 불구하고, 병동은 의심할 여지없는 공동체 정신esprit de corps을 발휘하고 있었으며, 이는 장교들이 12시 10분 모임에 들어올 때 차려 자세를 취하는 병사들의 빈틈없는 모습에서 확연하게 드러나곤 했다. 병사들은 장교들과 친근하면서도 협조적인 관계를 맺었다. 이들은 스스로 기획한 공연이나 여타 행사들이 열리는 자리에서 장교들이 보여준 호의를 열거하느라 여념이 없었다. 어떤 가치있고 중요한 임무에 장교와 병사들 모두가 동등하게 참여하고 있다는 하나의 감각이, 희미하지만 틀림없이 존재하고 있었다. 비록 병사들은 아직도 자신들이 참여하고 있는 임무의 본질이 무엇인지 온전하게는 깨닫지 못하고 있었지만 말이다. 병동의 분위기는, 상관의 계획이 무엇인지 모르면서도 병사들이 신뢰하며 따르는 어떤 장군이 지휘하는 부대에서 보이는 그것과 크게 다르지 않았다.

기껏해야 여섯 주 동안 진행된 실험 하나를 가지고 많은 결론들을 이끌어 낼 수는 없는 법이다. 당시 발생했던 문제들 중 몇 가지는 온전히 탐색하지 못했고, 전쟁이 여전히 진행 중이었던 터라 공개적으로 논의하기가 어려운 문제들도 있었다.

병사들 편에서 보면, 12시 10분 모임이 점차로 현실과 접촉할 수 있는 능력을 표현하고, 다른 병사들과 관계를 맺고 자신들이 맡은 임무를 효율적으로 수행할 수 있도록 조율하는 역할을 하게 되었다는 점은 분명하다. 집단 치료를 위해 세미나를 조직해야 할 필요성이 분명해졌으며, 세미나의 시작을 위한 기초가 견고하게 마련된 것 같았다.

재활병동 '업무'의 전반적인 개념, 즉 이것은 집단 내에서 이루어지는 대인관계를 어떻게 관리할 것인가를 연구하고 그것을 연습하기 위한 시도라는 점이 하나의 치료적 접근으로서 충분히 정당한 것으로 받아들여졌던 것 같다. 전장에서 훌륭하게 싸우는 부대의 모습이 어떠한지를 경험했던 사람이라면, 여기 재활병동 병사들에게서 훌륭한 전투부대 병사들이 보이는 것과 유사한 어떤 모습들을 발견하고서 충격을 받았을지도 모른다. 이런 점에서 볼 때 우리의 시도는 유익했던 것으로 간주할 수 있다. 하지만 우리가 배워야 할 교훈들이 있었던 것도 사실이다.

그 중 하나는 병동 환경milieu이라는 것이 정말로 심리치료를 하기에 적합한가 하는 의문이었다. 재활 정신과병동이라고 부르는 것이 더욱 적절한 표현이었을 조직을 그려볼 수도 있었던 문제이고, 실제 어떤 작업들은 그러한 병동의 체계와 방식을 이용하여 수행되기도 했다. 정신과 의사와 관련해서 말하자면, 의사 역시 조망을 달리해서 바라볼 여지가 있었다. 집단치료가 성공적으로 이루어지려면, 정신과 의사도 좋은 부대 지휘관이 지닌 넓은 시야와 직관적으로 공감할 수 있는 타고난 재능 같은 것들을 가져야 할 필요가 있다. 그에게 그런 것들이 없다면, 개인 면담이라는 협소한 방법에 의지하는 이들보다 차라리 몇몇 전투 장교들이 더 좋은 정신과 의사이며 더 나은 성과를 낼 수 있을지도 모른다는 의심이 항상 떠나지 않을 것이다.

끝으로, 집단 역시 개인과 마찬가지로, 자신이 겪고 있는 고통의 근원이 적어도 그 일부는 심리적인 데 있다는 사실을 깨닫지 못하는 이상, 그 고통을 심리학적 방법을 통해 다루고 싶어하지 않을 수도 있다는 점에 다시 한번 주의를 기울였으면 한다. 재활병동의 사례가 보여준 것처럼, 공동체가 자신의 에너지를 스스로를 치유하는 데 온전히 발산시키기 위해서는 그에 앞서 이와 같은 사실을 깨달아야만 한다. 재활병동이라는 소규모 공동체에 적용되는 이 원리는 그보다 규모가 큰 공동체에도 똑같이 적용할 수 있을 것이다. 더불어, 이 원리를 이용하여 국민들의 마음속 깊숙이 자리한 사기의 원천을 다루어보고자 하는 이들이 진심어린 지지를 얻고자 한다면, 그에 앞서 스스로가 더욱 깊은 통찰력을 지녀야 할 것이다.

소규모 병동에서의 집단치료 적용(존 리크만)

집단 치료의 방법을 적용한 실험 하나가 또 다른 관점에서, 같은 병원의 약 15개 병상을 가진 병동 환자들을 대상으로 시행되었다. 정신과 의사는 각각의 환자들과 초기 면담을 가졌으며, 이를 통해 통상적인 방법으로 환자의 개인력을 청취하였다. 그런 다음, 정해진 행군 시간 전에 매일 아침 집단 토의시간을 가졌고, 환자들이 행군에서 돌아오면 정신과 진료실에서 개별 환자들과 면담을 시행하여 집단 토의시간에 나왔던 주제에 관해 논의했다. 주제는 보통 행군과 관련한 대화이거나, 그에 대한 개인적인 느낌

같은 것들이었다.

치료 면담의 주된 내용은 환자들이 집단에 속해 있는 동안 집단의 안녕을 우선순위에 두어야 하는 데서 느끼는 개인적인 어려움과 관련된 것이었다. 집단 토의시간에 나왔던 주제들의 예를 들면 아래와 같다.

(a) 이 병동에 머무르는 기간은 일시적이다. 일부 환자들이 곧 재활병동으로 가고 그 자리는 급성기 병동에서 온 다른 환자들로 채워지게 되는데, 이처럼 변화하는 상황을 어떤 식으로 맞이해야 하는가? 우리는–의사와 환자, 장교와 일반사병 간의 구별 문제는 또 하나의 특별한 주제였다–우리 병동에 대해 (환자들은 언제나 '우리 병동'이라고 불렀다) 우리가 어떻게 생각하는지 따위에는 아무런 관심도 없을 신입들에게 스스로를 맞추어야 할 것이 뻔하다. 우리는 그들을 외부인들 혹은 불완전하게 적응한 내부인들로 생각할 것이다. 재활병동으로 '나가는' 병사들 역시 사정은 마찬가지일 것이다. 이들은 현재 속한 병동 집단에 대한 태도를 언제까지나 유지할 수 있다고 생각하지 않을 것이며, 그렇다고 훨씬 규모가 큰 재활병동을 여기 병동집단에다 포함시킬 수도 없는 노릇일 것이다. 이들은 새로운 집단 속에서 자신들이 있을 자리를 찾게 될 것이며, 이곳 병동에서 했던 경험은 하나의 추억, 그래도 유익했기를 바라는 추억에 지나지 않을 것이다. 더군다나 재활병동으로 나간 병사들을 아침마다 열리는 집단 토의시간에 다시 불러올 것인가 하는 더 중요한 문제가 있었다. 문제는 이 토의에서 그들이 무엇을 얻어갈 수 있을 것인가가 아니라 (그들은 재활병동에서 우리가 지금껏 경험해보지 못한 흥미진진한 경험들을 하고 있는 것이 분명했다), 다른 집단 조직에서 돌아온, 이곳 병동집단과는 이미 접촉을 잃어버린 이들로 인해, 이곳에서 발을 붙인 상태로 지내고 있는 병

사들의 마음이 흐트러지지 않을까 하는 것이었다.

(b) '밖에서' 얻은 계급의 차이가 병동 안에서는 집단 구성원이 다른 구성원을 대하는 태도에 어디까지 영향을 줄 것인가? 평등에 기반한 시도가 이루어질 수 있을까? 아니면, 밖에서의 계급을 잊어버리는 게 어렵다 하더라도, 병동 안에 들어오면 계급에 상응하는 무언가가 새로이 나타난다고 생각하는 편이 더 나을까? 만일 계급에 상응하는 것이 나타난다면, 그것은 무엇을 바탕으로 생기는 것인가?

(c) 어떤 원인들로 인해 병동에서 불만족이 생기는가? 전쟁과 관련된 어떤 것 때문인가? 병동과 관련된 문제로 인해서? 아니면 병사들 사이에 이루어지는 관계 때문인가?

(d) 병동에서 만족과 행복감은 어디에서 나오는가? 개인이 사적인 계획들을 자유로이 표현할 수 있는지를 바탕으로 평가할 수 있는 개인적 자발성에서 나오는가? 아니면, 병동이 개인에게서 무엇을 필요로 하는지를 개인이 인식할 수 있음으로 해서 나오는 것인가? 이 두 가지 관점은 서로 간에 근본적으로 양립할 수 없는 것인가? 양립할 수 없다면, 그것은 모두에게 해당하는 것인가, 아니면 일부 구성원들에게만 해당하는 것인가? 일부에만 해당하는 것이라면, 그 일부에서는 무엇 때문에 두 관점이 양립할 수 없게 되었나? 그들이 일생을 통해 일관되게 보여왔던 특징 때문인가, 아니면 특정한 시기에만 더욱 강해지는 특징 때문인가? 특정 시기에만 강해지는 것이라면, 병동이 그런 성향을 지닌 이들의 마음을 상하게 하지 않으면서 그것을 줄여줄 수 있을까?

신경증 문제에 대한 이러한 접근이 가져온 효과는 상당한 것이었다. 공개된 자리가 되었든 사적인 자리가 되었든 간에, 성격 문제가 미치는 사회적 영향에 대해 기꺼이, 열성적으로 논의해보려고 하는 분위기가 있었다. 신경증 환자는 자기중심적이기 때문에 다른 이들과 협력하는 것을 싫어한다고 흔히들 생각한다. 하지만 이는 그가 모든 구성원들이 대인관계와 관련하여 똑같은 처지에 있는 환경에 놓여본 적이 별로 없었기 때문인지도 모른다.

인사이동으로 인해 실험이 도중에 중단되었기 때문에 임상적인 결과나 통계적인 결과를 내지는 못했다. 하지만 이 실험을 통해, 임상의가 집단의 구조와 그 구조 안에서 작용하는 힘들에 대해, 환자들과 접촉을 잃지 않으면서 주의를 기울이는 일이 가능하다는 사실과, 더 나아가 이러한 접근이 시행되는 경우 집단 안팎에서 불안이 발생할 수 있다는 사실을 보여줄 수 있었던 것 같다.

결론

이제 우리는 더 나은 위치에서 지금껏 목표로 해 온 '훌륭한 집단정신'이라는 것을 정의할 수 있게 되었다.

이는 개인에 있어서 좋은 건강상태라는 개념을 정의하는 것만큼이나 어려운 일이지만, 그 중 몇 가지 특징은 아래의 것들과 관련이 있는 것 같다.

(a) 공동의 목표. 이는 적과 싸워 이기는 것이 될 수도 있고, 사회적 관계가 이루어지는 장이나 신체 편의시설과 같은 영역에서 하나의 이상을 수호하고 보살피거나 창조적으로 건설하는 것이 될 수도 있다.
(b) 집단 구성원들이 자신이 속한 집단의 '경계'를 공동으로 인식하고, 더 큰 부대나 집단들과 맺는 관계에서 볼 때 자신이 어디쯤 위치하고 있고 무슨 기능을 수행하고 있는지를 파악할 것.

(c) 집단이 정체성을 잃어버리게 되리라는 두려움 없이 새로운 구성원들을 받아들이고 기존의 구성원들을 내보낼 수 있는 능력 – 말하자면, '집단의 성격'은 유연해야 한다.

(d) 경직된 (즉, 배타적인) 경계를 가진 내부의 하위집단이 없을 것. 하위집단이 존재하는 경우에는 그 회원들이나 하위집단 자체에만 관심을 쏟는 일이 – 주집단의 다른 구성원들을 마치 집단의 경계 바깥에 있는 사람들인 양 대하는 일이 – 없어야 한다. 한편, 주집단 기능에 긍정적인 영향을 미치는 하위집단의 가치는 널리 인정되어야 한다.

(e) 각각의 개인이 집단에 기여한 부분은 가치있는 것으로 평가되어야 한다. 개인은 집단 내에서 자유롭게 움직일 수 있어야 하며, 이동의 자유는 집단이 설정하고 부여한, 일반적으로 받아들일 수 있는 조건들에 의해서만 제한될 수 있다.

(f) 집단은 내부의 불만들을 피하지 않고 마주할 수 있는 능력이 있어야 하며, 불만에 대처할 수 있는 방안들을 가지고 있어야 한다.

(g) 집단은 최소 세 명 이상의 구성원들로 이루어져야 한다. 두 명이 맺는 관계는 개인적 관계일 뿐이다. 세 명 이상이 되어야 (대인 관계에서) 질적인 변화가 나타난다.

군 정신병원의 재활병동에서 이루어진 이 실험들을 통해, 우리는 집단의 구조와 더불어 집단 내부의 힘들 사이에서 이루어지는 상호작용에 대해 향후 더 많은 관찰이 이루어져야 할 필요가 있다는 사실을 알게 되었다. 심리학과 정신병리학이 개인에게 주의의 초점을 맞추는 동안, 그 개인이 속해있는 사회적 영역은 종종 무시되어 왔다. 개인심리학과 사회심리학 간의 상호작용에 관한 연구는, 이 두 요소를 동등하게 중요한 것으로 바라본다면, 장래에 유익한 것이 될 것이다.

집단에서의 경험

Experiences in Groups

I

1948년 초에 나는 타비스톡 클리닉 전문가위원회로부터 치료집단을 맡아 내 기법을 적용해 주었으면 한다는 부탁을 받았다. 이 부탁이 정확히 무슨 뜻인지는 알 수 없었지만, 내가 전에 치료집단을 '맡은' 적이 있다고 위원회가 생각하고 있다는 점만큼은 분명했다. 내가 환자들로 집단을 구성하여 그 안에서 나타나는 긴장에 대해 집단 스스로가 살펴볼 수 있도록 하는 과제를 수행했던 경험이 있었던 것은 사실인지라, 아마도 위원회는 내게 그러한 작업을 다시 한번 해주기를 바랐던 것이었으리라. 하지만 이를 통해 환자들이 치유를 얻게 될 것이라고 위원회가 믿고 있는 것이 아닌가 하는 생각이 들자 나는 적잖이 당혹스러웠다. 위원회는 내가 참여했던 집단에서 일어났던 일들에 대해, 나와는 처음부터 다른 기대를 가지고 있는 것 같았다. 내가 그나마 확신있게 말할 수 있는 치유라는 게 있었다고 해도, 그것은–내가 기울이는 노력에 집단이 기꺼이 따를 것이라는 믿음을 가지게 된 것과 같은–나 자신과 관련된 상대적으로 부차적인 문제에 지나지 않았다. 하지만 나는 부탁을 받아들이기로 했다. 그리하여 나는 여덟 내지 아홉 명의 사람들과–숫자는 때에 따라 조금씩 달랐지만–치료실에 앉아

있게 되었는데, 구성원이 환자들인 경우도 있었고 아닌 경우도 있었다. 집단이 환자가 아닌 사람들로 이루어지는 경우, 나는 궁지에 몰리는 특이한 상황을 종종 경험하곤 했다. 무슨 일들이 있었는지 묘사해보겠다.

약속 시간이 되자 집단 구성원들이 도착하기 시작했다. 사람들은 짧은 대화를 주고받으면서 서로 관심을 가지다가 일정한 수가 모이게 되자 정적이 내려앉았다. 잠시 후 두서없는 대화가 잠깐 이어지는 듯싶더니 다시 정적이 흘렀다. 어떤 의미에서든 집단의 관심이 나에게 쏠려 있다는 사실이 분명해 보였다. 그와 더불어 내가 어떤 행동을 해주기를 사람들이 기대하고 있다는 불편한 느낌이 들었다. 나는 사람들에게 내 불안한 마음을 솔직하게 털어놓았고, 내 태도가 오해를 불러일으킬 수도 있겠지만, 느꼈던 것 그대로를 이야기했다.

나는 이러한 고백이 사람들에게 썩 잘 받아들여지지 않았음을 곧 깨닫게 되었다. 집단은 당연히 나에게 무언가를 기대할 권리가 있는데, 이를 인정하기는커녕 어떻게 그런 감정을 표현할 수가 있느냐며 일부는 분노하는 것 같았다. 나는 말싸움을 벌이는 대신, 집단이 기대할 권리를 가졌다고 말하는 그 무언가를 내게서는 얻지 못할 것이 분명하다고 말하는 것으로 만족했다. 나는 그런 기대가 대체 무엇인지, 어떻게 해서 사람들이 그런 기대를 가지게 되었는지 궁금하다고 말했다.

집단이 내게 호의를 가지고 있었던 덕분에, 비록 그 호의가 쓰라린 시험을 받고 있긴 했지만, 사람들은 나에게 몇 가지를 알려주고자 했다. 구성원들 대부분은 내가 이 집단을 '맡기로 했다'는 이야기를 들었다고 했다. 내가 집단에 대해 아는 것이 많기로 명성이 자자하다고 말하는 이들도 있었고, 자신들이 무얼 해야 하는지를 내가 당연히 설명해주어야 한다고 느끼는 이들도 있었다. 몇몇은 이 모임이 일종의 세미나이거나 어쩌면 강의일지도 모른다고 생각했다. 내가 보기에는 이 모든 것들이 근거없는 소문에서 나온 것 같다고 말하자, 사람들은 내가 집단을 '맡아온 사람'으로서 그간의 명성을 부인하려 한다고 느끼는 듯한 분위기였다. 나는 집단이 나에게 많은 기대와 믿음을 품었지만, 안타깝게도 그게 사실이 아니었음을 깨닫고 분명히 실망한 것 같다고 말했다. 집단은 자신들이 기대를 품었던 것이 사실이며, 내 행동이 사람들의 약을 올려 일부러 실망시키려는 것처럼 보인다고 털어놓았는데, 마치 내가 원하기만 하면 달리 행동할 수 있으면서도 일부러 짓궂게 굴려고 이러는 거라고 말하려는 것 같았다. 나는 내가 집단을 맡는 방식이 원래 이렇다는 사실을 사람들이 받아들이기가 어려운 것 같다고 지적하면서도, 내가 이 방식을 계속 사용할 수 있도록 해주어야 한다고 덧붙였다.

당시 이루어진 대화를 떠올려보면, 이 시점에서 집단이 원래 가지고 있었던 목표에 변화가 일어난 것 같다는 생각이 든다.

뒤이어 일어난 일들을 이야기하기 전에, 집단만큼이나 내 행동이 당황스러웠을 독자들에게 몇 가지를 설명하고 지나가는 것이 나을 듯싶다. 물론 집단에서 이런 설명을 한다는 것은 꿈도 꾸지 못할 일이겠지만, 실제 일어나는 일들을 직접 경험하는 집단 구성원들과는 달리, 독자는 글로 쓰여진 내용만을 읽고 판단해야 하는 위치에 있기 때문이다. 여러 궁금증들이 독자에게 떠올랐을 것 같다. 집단에 대한 내 태도가 작위적이리만치 순진하고, 지나치게 자기중심적이라 생각할 수도 있다. 무엇 때문에 집단이 한 인물의 성격이나 지금껏 살아온 삶, 경력 등과 같은 부적절한 주제에 대해 논의하면서 언짢아해야 하는가? 이런 질문들에 온전히 답할 수 있을 것 같지는 않지만, 집단의 논의가 그런 방향으로 흘러가게 된 것이 사실이라고 해도, 내가 집단으로 하여금 나에 대해 논의하도록 강요한 것은 아니었다고 말할 수는 있을 것 같다. 모임의 목적과는 상관없는 내용인 것 같았음에도 불구하고, 내 성격에 대한 집착이 대화 중에 자꾸만 끼어들고 있는 것처럼 보였으며, 이는 집단과 나 모두에게 그리 달갑지만은 않은 상황이었다. 나는 단지 여기서 일어나고 있다고 생각되는 것들을 말하고 있었을 뿐이었다. 물론 내가 이런 상황을 부추겼다는 주장이 있을 수 있으며, 나는 그렇다고 생각하지 않지만, 그런 주장에도 꽤나 일리가 있음을 인정해야만 한다. 설사 내가 관찰한 내용들이 정확한 것이었다 하더라도, 그게 대체 어떤 유용한 목적에 도움이 되는지 의문이 들 수도 있다. 지금으로서는 나도 그게 어디에 도움이 되는지 잘 모르겠다는 이야기밖에 하지 못하겠다. 그렇다고 이런 종류의 관찰이 어떤 성격을 지니는지가 확실한 것도 아니다. 정신분석과의 유사성에 근거하여 이를 집단 전이의 해석이라고 부르고 싶은 마음이 들기도 하지만, 이런 설명이 타당성을 얻기 위해서는 그에 앞서 집단에서 얻은 충분한 양의 근거를 통해 검증을 거치는 작업이 필요할 것이라는 데 동의하지 않을 분석가들은 없을 것이다. 하지만 적어도 이런 종류의 관찰은 의지와 상관없이 절로 일어나는 것이며, 우리는 본디 의식적으로든 무의식적으로든 일상에서 그러한 관찰을 하게 되어 있고, 관찰을 통해 얻은 내용이 실제의 사실과 부합한다고 느껴지는 경우에는 그것이 매우 유용하게 쓰일 수도 있다는 점만큼은 말할 수 있을 것 같다. 우리는 집단이 우리를 대하는 태도가 어떻게 느껴지는가에 따라 끊임없이 영향을 받고 있으며, 우리가 집단을 어떻게 생각하는지에 의해 알게 모르게 동요하고 있다. 그렇다고 해서 집단에 대한 느낌과 생각을 내가 했던 것처럼 곧바로 드러내야 한다는 뜻은 아니라는 점은 굳이 설명하지 않아도 알 것이다. 고백하건대, 내 행동은 특이한 것으로 간주되어야 하며, 구체적인 사례를 먼저 들어야 하겠지만, 특정한 성격을 지닌 사람들, 특히 편집적인 성향이 있는 사람들이 이런 방식으로 행동하는 경우가 많다는 사실을 우리는 익히 알고 있다. 그렇게 즐거운 사례는 아니라고 독자들은 생각할 것이고, 집단 역시도 조만간 같은 생각을 하게 될 것이 분명하다. 하지만 지금은 앞서 변화의 과정을 겪고 있다고 말했던 집단의 이야기로 다시 돌아가보도록 하자.

우선 놀라웠던 것은 집단의 분위기가 전보다 나아졌다는 사실이었다. 호감 가는 성격을 가진 X씨가 집단을 이끌고 있었는데, 나로 인해 침통해진 분위기를 바꿔보려고 여러 가지로 시도를 하는 중이었다. 하지만 내 이야기가 이 상황을 거리를 유지하면서 바라보는 게 가능했다는 뜻으로 들린다면 잘못된 인상인 것이, 집단의 안녕이 걱정스러웠던 X씨는 당연하게도 이 난감한 상황이 어디서 비롯되었는지에 대해 주의를 돌렸고, 그가 보기에는 그 원인이 바로 나인 것 같았기 때문이다. 집단의 사기와 유대감을 해칠 수 있는 요소를 그가 즉시 터놓고 이야기하기로 한 것은 무척이나 옳은 생각이었을 것이다. 그는 내 목적이 무엇인지, 또 내가 스스로의 행동에 대해 솔직하게 설명하지 못하는 이유는 무엇인지 나에게 직접 물었다. 나는 미안하다고 말하면서, 내가 하려는 바가 집단에서 나타나는 긴장을 연구하는 것이라고 말한다 해도 그것이 내 동기를 적절히 설명해주지 못할 것 같은데, 이 이상으로는 나도 질문에 답하기 어려울 것 같다고 덧붙였다. 대답이 전혀 만족스럽지 못하자 그는 나보다 협조적이고 솔직할 것 같아 보이는 다른 한두 명에게 질문을 던졌는데, 집단은 이런 그에게 크게 동조하고 있었다. 하지만 내가 보기에 일부 사람들에게는 그가 집단을 이끌어가는 것이 그리 달갑지만은 않은 것 같았다. 이들은 타비스톡 클리닉이 나에게 집단을 맡기기로 한 데에는 무언가 정당한 목적이 있었을 거라고 여전히 확신하고 있는 듯했으며, 지금껏 지켜본 바에도 불구하고, 내가 맡는 집단을 경험하는 것은 분명히 가치있는 일이 되리라는 믿음을 놓지 않으려고 작정이라도 한 것 같다는 인상을 주었다.

그럼에도 불구하고 X씨는 얼마간 성공을 거두고 있었다. Y씨는 그에게 자신을 보호관찰관이라고 소개한 다음, 자신은 집단에 대한 과학적 지식을 얻기 위해 여기에 왔으며, 그런 지식이 자신에게 귀중한 것이 되리라는 느낌이 든다고 말했다. R씨는 직업적으로 관심이 있어서 온 것은 아니지만 집단을 과학적으로 연구하는 데에 전부터 항상 관심이 있었다고 말했다. X씨와 Y씨, R씨는 자신들의 배경에 대해 좀더 자세히 이야기한 뒤에, 이런 연구가 자신들에게 왜 도움이 될 것 같은지를 설명했다.

하지만 한편으로는 곤란한 상황이 펼쳐지고 있었다. 다른 구성원들은 Y씨나 R씨처럼 그리 호의적이지 않았다. X씨가 집단을 이끌고 있다는 사실에 오히려 불쾌함을 느끼는 이들도 있는 것 같았다. 사람들은 대답을 얼버무리기 시작했고, 질문의 의도와 그다지 맞지 않아 보이는 대답들을 하기도 했다. 대화가 점점 지리멸렬해지면서, 불만의 초점이 다시 나에게 쏠리고 있다는 느낌이 들기 시작했다. 어째서 이런 상황이 일어나게 된 것인지 이해할 수는 없었지만, 나는 집단이 정말 알고 싶어하는 것은 내가 여기에 참여한 동기인 것 같은데, 그게 여태까지 밝혀지지 않은 까닭에 집단이 다른 무엇으로도 만족하지 못하는 것 같다고 말했다.

사람들은 내 해석을 달가워하지 않는 것이 분명했다. 한두 사람은 내가 굳이 더 설명을 하지 않아도 될 만한 것들에 대해 왜 스스로가 궁금해하는지 알고 싶어했다. 사람들은 내가 현재 일어나고 있는 일들을 설명해 보기 위해 내어놓은 의견에 별다른 중요성을 부여하고 있지 않은 듯한 인상이었다. 집단은 내 해석을 아예 무시하거나, 내가 보는 시각이 뒤틀렸다는 증거로 받아들이고 있는 것 같았다. 설상가상으로, 나조차도 내가 한 해석이, 설령 그게 정확한 것이었다 해도, 정말로 그 순간에 가장 유익한 것이었는지 전혀 확신하지 못하고 있었다. 하지만 나는 해석을 했고, 뒤이어 무슨 일이 일어나는지 지켜보기로 했다.

내 묘사가 단조로운 까닭에, 당시 집단이 보이고 있었던 정서적 상태를 제대로 전달할 수 있을지는 모르겠다. X씨는 자신이 주도한 바가 잘 받아들여지지 않자 잔뜩 지친 기색이었고, 나머지 사람들도 제각각 불만스런 표정들이었다. 나로 말하면, 해석에 대해 집단이 보였던 그런 반응은 지금껏 내가 참여했던 모든 집단에서 익히 경험했던 것이었다는 사실을 털어놓아야겠다. 따라서 단순히 이 집단이 특이해서 그런 반응을 보인 것이라 치부할 수는 없는 일이다. 집단이 X씨를 어떻게 생각했건 간에, 집단은 나에 대해 훨씬 더 큰 의혹을 품고 있는 것이 분명했다. 더군다나 나 자신이 내 성격과 사회적 관계를 맺는 능력에 대해 스스로 의심을 가지고 있다 보니, 나에게 부여된 이 역할에 내가 과연 적합한 인물인지도 의문이었다. 그 순간을 곰곰이 되짚어보면, 집단에서 벌어지고 있었던 일들과, 그런 상황을 일부 야기한 나에 대한 불만들이 고조되고 있었던 터여서, 이 집단이 과연 계속 이어질 수 있을지조차도 내게는 의심스러운 문제였다. 집단이 내 행동을 견딜 수 없었던 관계로 이번 기획이 무산되었다고 전문가위원회에 보고하는 것으로써 모든 게 끝나지 않을까 두려워지는 순간들도 있었다. 표정들을 보아하니 비슷하게 우울한 생각들이, 각자 방향은 달랐지만, 모든 이들의 마음속을 뚫고 지나가고 있는 것 같았다.

긴장에 찬 분위기가 지배하고 있을 때에는 혼자만의 생각으로 위안을 삼아본들 충분치 않은 법이다. 한 가지 예로, 나는 최근에 한 집단에서 나를 배제하고 그것을 공공연하게 옹호했던 기억이 난다. 심심치 않게 경험했던 다른 예로는, 집단이 아무 말도 하지 않음으로써 나의 존재를 단순히 무시하고, 이를 통해 내가 마치 자리에 없는 사람인 양 효과적으로 논의에서 배제시켰던 경우를 들 수 있다. 간혹 이런 종류의 위기가 있을 때면, 나를 집단에서 배제시킨 것은 다름아닌 나 자신이며, 집단과 함께하지 않음으로써 상황을 어렵게 만든 것도 나라고 암시하면서 마음을 누그러뜨리곤 했다. 이러한 암시가 꽤 위안이 되는 만큼 내 마음도 따라서 누그러지곤 했지만, 이 방법을 처음 적용했을 때 내가 실제로 지위에서 해임되는 것으로 실험이 끝나게 되었던 일은 아직도 잊을 수 없다. 당시 나는 내가 해임된 것이 우연한 상황들 때문이라 믿고 싶어했지만, 그럼에도 내가 상대하고 있었던 환자들이, 무슨 까닭에서 그러는지는 알 수 없었으나, 내 기획을 훼방 놓기 위한 중대한 시도들이 있을 거라고 끊임없이 경고했던 기억이 난다. 따라서 내가 묘사하고 있는 것과 같은 상황에서 나타나는 불만은 실재하는 것이며, 이로 인해 집단이 쉬이 붕괴될 수도 있다고 믿는 것은 충분한 근거가 있는 일이다.

하지만 이번 경우 내가 느끼는 불안은 새로운 국면의 사건들로 인해 진정되었다. Q씨가 이런 상황에서는 논리에 기댄 논쟁을 해봐야 필요한 정보를 이끌어내는 내지는 못할 것 같다고 말하면서, 차라리 내가 그와 같은 해석을 한 이유를 설명하지 않는 편이 집단으로 하여금 집단 현상의 본질을 스스로 경험하도록 해 줄지도 모른다고 덧붙였다. 그는 내가 그런 행동을 취한 데에는 어쨌거나 무슨 이유가 있을 거라고 했다. 집단의 긴장은 즉시 완화되었고, 집단이 나를 대하는 태도 역시 훨씬 우호적으로 변한 것 같았다. 집단이 나를 높이 평가하고 있다는 사실이 분명해지면서, 내가 집단과 좀더 소통하지 않음으로써 집단을 부당하게 대했던 것은 아닌가 하는 느낌이 들기 시작했다. 순간 나는 이 우호적인 변화에 반응하여 전과는 다른 태도를 취해야 할 것 같은 압력을 느꼈고, 내가 했던 행동에 대해 조금은 설명을 해야 하는 게 아닌가 하는 생각이 들었다. 그 때 나는 스스로를 돌아보았고, 이런 변화는 단지 집단이 나에 대한 풍문을 사실이라 주장하던 예의 그 분위기로 돌아간 것일 뿐이라는 점을 깨달았다. 그래서 나는 태도를 바꾸는 대신, 집단은 지금 나를 달램으로써 내가 취하는 방식을 바꾸고 내 행동을 그들이 기대하거나 다른 곳에서 이미 익숙한 것에 맞추었으면 하는 소망을 드러내는 것 같다고 지적했다. 그리고 집단이 진정한 의미에서는 Q씨의 이야기를 무시하고 있다고 덧붙였다. 집단은 Q씨가 말하려는 바를 이해하려는 대신에 그의 이야기의 한 부분, 즉 내 행동의 이유를 본인은 알고 있을 것이라는 부분만을 강조하고 있었다. 달리 말하면, 집단에 참여하고 있는 개인이 집단이 받아들이고 싶어하지 않는 내용을 전달하기란 무척 어려운 법이다.

이제 집단은 정말로 짜증이 났는데, 집단이 그랬던 것도 무리는 아니었을 것이다. 내가 참석하는 집단에 참여한다는 것이 어떤 의미인지 사람들이 설명을 들어본 적이 없었다는 사실은 분명했다. 이 문제에 대해서라면, 여기 있는 모든 개별 구성원들이 참석한 집단에 참여한다는 것이 어떤 경험이 될지 나 역시도 전혀 설명을 들어본 바가 없었다. 하지만 지금까지는 이 집단에 참석한 사람들 중 불쾌감을 주고 있었던 사람은 나밖에 없었기 때문에, 내가 어떤 불평을 하더라도 그것을 다른 이들의 불평과 똑같이 받아들일 수는 없는 노릇이었다. 내가 처해있는 상황이 놀라우리만치 모순적인 구석을 가지고 있다는 사실이 그렇게 분명해 보일 수가 없었다. 나 역시도 내가 집단에 기여한 바가 크다는 소문들을 들어왔다. 그 기여가 대체 어떤 면에서 그렇게 훌륭하다고들 하는 것인지 나도 알아보려 최선을 다해 봤지만 아무런 해답도 얻지 못했다. 따라서, 당초 기대했던 바와 실제의 경험이 다르다고 느끼고 있는 집단에 나 역시 쉽게 공감할 수 있었다. 사회에서 자신의 입장을 전달하는 일이 흔히 그렇듯이, 내가 하는 말들도 집단에게는 틀림없이 부정확하게 들렸을 것이고, 게다가 나 이외에는 아무도 내 말을 타당하거나 중요한 것으로 생각하지 않으리라는 점도 충분히 이해할 수 있는 일이었다. 따라서 나는 이 상황을 지금까지보다 좀 더 넓은 시각에서 바라보아야 할 것 같다는 느낌이 들었다.

이를 염두에 두면서, 나는 내 해석이 집단을 불편하게 만든 것 같은데, 집단은 그것이 내 성격이 어떤지를 알려주는 것으로 해석한 것 같다고 말했다. 내 해석이 집단의 정신생활에 대해 묘사해주고 있는 측면이 있다고 생각해보려는 시도들이 물론 없었던 것은 아니지만, 그러한 시도들은 내 해석을 '해석'함으로써 무엇보다 내가 어떤 사람인지에 대한 실마리를 얻을 수 있지 않을까 하는 생각과, 그렇게 실마리를 얻고 보니 내가 구성원들이 집단에 오기 전에 가졌던 기대와는 너무나도 다른 사람일지도 모른다는 의구심이 들면서 빛을 잃어갔다. 이는 틀림없이 매우 불쾌한 경험이었겠지만, 상당히 다른 시각에서 바라보면, 집단 구성원들이 상자에 붙은 상표만 보고서 내용물도 훌륭할 거라고 너무 쉽게 지레짐작했던 것이라 생각할 수도 있는 일이다.

우리는 이제 위기가 찾아왔다는 사실을 받아들여야만 했다. 구성원들은 내가 일원으로 있는 집단에 참여한다는 것이 실은 자신들이 원치 않았던 경험이라는 사실을 깨닫게 되었을 것이다. 마치 누군가가 겉만 보고 실수로 잘못 들어간 방에서 나오려고 하는 것과 마찬가지로, 우리는 이 집단의 구성원들 역시 집단에서 떠나려 할 수 있다는 사실을 솔직하게 인정해야만 했다. 하지만 나는 이것이 그리 정확한 표현은 아니라고 생각하는데, 기억을 되짚어보면, 처음에 집단은 나에 대한 소문이 그리 정확한 것이 아닐 수도 있다는 생각을 좀처럼 받아들이려고 하지 않았기 때문이다. 따라서, 자기는 다른 사람의 말만 듣고 잘못 들어온 것이니 이제는 집단을 나가야겠다고 말하는 사람들이 있다면, 왜 처음에는 내가 집단에 크게 기여한 사람임에 틀림없다는 그들의 믿음이 틀릴 수도 있다는 말들을 그토록 듣고 싶어하지 않았는지 진지하게 고민해 보아야 할 거라고 생각한다.

이 시점에서 나는 이 상황에 깔려있는 정서적 힘들이 매우 강력했다는 점을 말해야 할 것 같다. 객관적인 사실이–즉, 어느 정도의 전문지식을 가지긴 했지만 나 역시 집단의 구성원 중 하나에 지나지 않으며, 그런 점에서는 다른 구성원들과 별반 다를 게 없다는 사실이–쉽게 받아들여질 것이라고는 전혀 기대할 수 없었다. 이를 거부하려는 힘들이 너무 강했다. 하나의 외부 집단이–즉, 내가 집단을 맡기로 했다고 말한 타비스톡 클리닉이–미지의 차원을 가진 신화에다 권위의 인장을 찍어 놓은 상태였다. 하지만 이와는 별개로, 집단 역시도 모든 일들에 전적인 책임을 지는 모종의 신이 있다는 믿음을 가지지 않고서는 내부에서 일어나는 정서적 긴장들을 직시할 수 없는 것이 분명했다. 따라서, 나나 다른 누군가로부터 어떠한 해석이 주어진다고 해도, Q씨의 경우에서 보았던 것처럼, 집단은 자신의 욕망에 맞추어 그것을 재해석할 가능성이 높다는 사실을 직면시켜야만 했다. 집단에서 이루어지는 의사소통 방식이라는 것은 극히 보잘것없는 것이며, 그게 어떤 영향을 미칠 수 있는지도 불확실하다는 점을 지적하는 것이 그래서 중요했다. 차라리 집단 구성원 각자가 남들이 이해하지 못하는 언어로 이야기하는 편이 오해를 줄일 수 있겠다는 생각이 들기까지 했다. 그렇게 되면 적어도 누군가가 이야기한 내용을 우리가 이해하고 있다고 착각하는 위험은 줄일 수 있지 않겠는가.

이제 집단은 다소 분노에 찬 상태로, 분노보다는 불안함이 더 큰 것 같기는 했지만, 다른 이에게 의지하고 있었다. 사람들은 그가 리더가 되어주기를 바라고 있었지만, 그가 정말로 리더가 될 수 있다고는 확신하지 못하고 있는 듯한 인상이었다. 문제의 인물이 스스로를 드러내고 싶지 않다는 뜻을 애써 내비치는 걸 보니 내가 받은 인상이 틀리지 않은 듯 했다. 대화는 점점 더 지리멸렬해졌고 집단 구성원들 대부분이 이런 경험을 고통스러워하며 흥미를 잃어가고 있다는 느낌이 들었다. 이 때 문득 새로운 생각이 떠올랐고 나는 그것을 이야기했다.

나는 집단에게 우리는 리더가 반드시 있어야 한다고 생각하는 것 같다고 말한 다음, 우리가 바라는 리더는 어떤 자질을 지니고 있어야 하는 인물인 듯 한데, 그동안 몇몇 사람들에게 그런 자질이 있나를 시험적으로 평가해 본 것 같다고 덧붙였다. 우리가 이들을 거부한 것으로 판단하건대, 우리는 우리가 무엇을 원하는지를 완벽히 알고 있는 것 같았지만, 여태까지 우리가 했던 경험으로 볼 때 바람직한 리더의 자질이 무엇인지 말하기란 동시에 무척 어려운 일인 것 같기도 했다. 더군다나 우리가 왜 리더를 필요로 해야만 하는지도 분명치가 않았다. 모임이 열리는 시간이야 이미 정해져 있는 것인 데다가, 집단이 결정해야 할 무슨 사안이 있는 것 같지도 않았다. 집단에게 실질적인 지시를 내리고 매 순간의 결정 사항을 이행하기 위해 리더가 있어야 한다고 생각하는 사람이 있을 수도 있다. 하지만 그렇다고 해도, 현재 우리의 상황에 그런 종류의 리더가 필요하다고 생각할 만한 사안이 뭐가 있는가? 그것은 외부 상황과 관련된 문제일 수도 없는 것이, 물질적으로 필요한 것들은 충분했고 외부 집단들과 맺는 관계도 안정적이었던 터라, 우리에게 조만간 무슨 결정을 내려야 할 상황이 닥칠 것 같지도 않았기 때문이다. 리더를 바라는 욕망이라는 것은 지금은 고대의 유물이 되어버려 쓸모가 없어진 집단의 정서적 생존 기제이거나, 혹은 아직 명확하게 드러나진 않았더라도 우리가 리더가 필요한 상황에 처해 있다는 어떤 인식의 표현인지도 모를 일이다.

내가 집단에서 일어난 일을 지금껏 꽤 적절하게 묘사했다 하더라도, 독자는 몇 가지 의혹을 경험하거나 속으로 이의를 품을 수도 있으며, 많은 의문점이 들지만 나중으로 논의를 미루자고 생각했을 수도 있을 것이다. 나 역시 지금 단계에서는 집단 경험에서 드러난 두 가지 특징에 대해서 살펴보는 것으로 그치려 한다. 하나는 집단에서 이루어지는 대화라는 게 아무런 소용이 없었다는 점이다. 사회적 교류의 일반적인 기준에 비추어보건대, 이 집단에서 이루어지는 대화에는 지적인 내용이 거의 들어있지 않았다. 게다가 단순한 가정에 불과한 것들이 별다른 저항 없이 사실처럼 언급되고, 또 사실로서 받아들여지는 것을 보면, 비판적 판단이라는 것도 거의 존재하지 않는 것 같았다. 이 점을 제대로 이해하기 위해서는, 독자는 지금 이 글을 판단력에 방해를 받지 않고 차분하게 읽을 수 있는 상태에 있다는 사실을 기억해야 한다. 집단 상황은 그렇지가 못했다. 무슨 일이 수면 위로 떠오르기만 하면, 집단은 개인에게 강력한, 하지만 겉으로는 잘 보이지 않는, 영향력을 행사하는 감정들로 뒤덮이기 일쑤였다. 개인의 감정들이 심히 동요하면서 결과적으로 그의 판단력을 흐트려 놓았다. 이로 인해 집단은 다른 상황이었다면 개인이 별 어려움 없이 해결할 수 있었을 거라 생각되는－이런 생각도 나중에는 착각이었음이 드러나겠지만－지적인 문제들과 씨름하느라 자주 전전긍긍하곤 했다. 우리 연구의 주된 목표들 중 하나가 집단의 합리적인 행동을 교란시키는 바로 이와 같은 현상을 탐구하는 것이 된 것도 당연한 일이다. 내가 지금껏 이 현상을 묘사해 온 방식은 우리 연구의 목적과 직접적인 관련성을 가진 사실들을 통해서라기보다는, 무슨 색채를 썼는지가 매우 중요한 어떤 그림을 묘사하면서 흑백 사진의 선들로 그 색채를 나타내려고 하는 것에 더 가까울 수밖에 없었다.

내가 언급해야 할 두 번째 특징은 내가 집단에 미친 영향에 관한 것이다. 내가 썼던 기법－기억하다시피, 전문가위원회가 내가 적용해주기를 바랐던 기법－에 대해 지금 논리적으로 설명할 수 있다면 만족스러운 일이겠지만, 그런 설명은 또한 매우 부정확하고 그릇된 것이 될 여지가 있다. 이어지는 장에서 내가 했던 말과 행동을 가능한 한 정확하게 묘사해보려고 하는데, 그런 말과 행동을 집단은 어떻게 받아들였는지도 함께 보여줄 계획이다. 이는 집단의 심리가 어떻게 작동하는가를 드러내는 데 그치는 것이 아니라, 최대한 많은 자료들을 제시함으로써 독자들이 스스로 결론을 이끌어낼 수 있도록 하는 역할도 할 것이다. 하지만 내가 했던 해석들, 즉 집단이나 몇몇 독자들에게는 내 성격에서 우연히 흘러나온 것으로 보였겠지만 실은 무척이나 신중히 생각한 끝에 나왔던 해석들에서 한 가지 측면은 강조하고 넘어가야 할 것 같다 – 그것은 이 해석들이 나 말고는 아무도 중요하게 생각하지 않는 문제들과 관련된 것이었다는 사실이다.

II

나는 이전 장의 말미에서, 집단의 행동을 나를 대하는 집단의 태도와 관련지어 해석한 내용이 사람들에게는 그리 정확하지도 않을 뿐더러 무례한 것으로 비쳐졌음에 틀림없다고 말했다. 내 행동의 이런 측면에 대해 비난하기 위해서는 그에 앞서 면밀한 검토가 필요한데, 뒤이어 일어난 일을 여기 묘사하는 것은 그런 비난에 대해 반박하려 함이 아니라 답변을 해보려는 것이다. 우선 집단에서 일어난 몇 가지 상황을 살펴보도록 하자.

우리는 대강의 원을 이룬 채 둥글게 앉아 있었고, 전등 하나가 방을 은은히 비추고 있었다. 한 여자 환자가 화를 내며 불평했다.

> 여러분은 (즉, 집단은) 언제나 제가 대화를 독점하고 있다고들 하는데, 저라도 말을 하지 않으면 여러분은 자리에 그냥 멀뚱히 앉아있기만 할 뿐이잖아요. 저는 여기 있는 모두에게 완전히 질렸어요. (눈썹을 치켜올리면서 짐짓 놀란 척 점잖게 꾸미고 있는 스물여섯 살 남자를 가리키며) 그 중에서도 당신이 제일 나빠요. 마치 착한 어린아이라도 되는 것처럼 아무 말

도 없이 거기 앉아서 집단을 짜증나게 하는 이유가 뭐죠? 여기서 말을 하는 사람은 비온 선생님뿐인데, 선생님도 도움이 될 만한 이야기는 전혀 하지 않아요. 좋아요, 뭐 그렇다면 제가 입을 닫죠. 저라도 말을 안 하면 어떻게 되나 한번 봅시다.

다른 일도 있었다. 같은 방이었고, 이번에는 여름의 저녁 햇빛이 들고 있었다. 한 남자가 말했다.

여기서 불만인 점은 이겁니다. 전 정말이지 단순한 질문을 던졌어요. 지금 무슨 일들이 일어나고 있는 것 같은지 제 생각을 말했죠. 비온 선생님에게 동의하지 않기 때문에요. 다른 분들은 어떻게들 생각하시는지 알 수 있다면 흥미로울 것 같다고도 했고요. 그런데 누구 하나 여기에 답한 사람이 있나요? 전혀, 아무도 없었어요. 특히 여자분들이 제일 나빠요. X양만 빼고요. 사람들이 아무런 대답도 안 하려고 하면, 대체 우리는 무얼 할 수 있나요? 제가 X양 이야기를 하니까 웃음들을 짓는데 무슨 생각들을 하는지 알아요. 하지만 틀렸습니다.

여기 다른 예가 있다. 한 여자 환자가 말했다.

모두들 비온 선생님이 방금 하신 말씀에 전적으로 동의하는 것 같은데, 5분 전에 제가 같은 말을 했지만, 제 이야기에는 누구 하나 털끝만큼도 관심을 보이지 않았죠..

그리고 또 하나가 사례. 한 여자가 말했다.

여자 : 음, 아무도 말을 하지 않는다면, 제가 꿨던 꿈에 대해 이야기해 보겠어요. 해변에 있었는데 막 수영을 하려던 참이었어요. 갈매기들이 많았고… 뭐 그런 일들이 여럿 더 있었어요.

집단의 어떤 이 : 그게 기억할 수 있는 다예요?

여자 : 아, 아녜요, 그렇진 않아요. 하지만 그러고 보니 제 이야기가 정말 바보 같네요.

집단은 아무런 말이 없었고, 사람들은 저마다의 생각에 몰두해 있었다. 집단 구성원들 간의 접촉은 모두 끊어져버린 것처럼 보였다.

나 : 왜 꿈 이야기를 계속하지 않지요?

여자 : 아, 아무도 별 관심이 없는 것 같아서요. 저는 어떤 이야기든지 그냥 시작해보려고 했던 건데.

나는 이 사례들에서 한 가지 측면에만 주목하려고 한다. 처음 여자 환자는 "여러분은 (집단은) 언제나 제가 대화를 독점하고 있다고들 하는데…"라고 말했다. 실제로는 그렇게 말한 사람은 한 명 뿐이었고 그가 그랬던 것도 한 번 뿐이었지만, 그녀는 집단 전체를 언급하면서 집단은 언제나 자신을 그렇게 생각한다고 단정짓고 있었다. 두 번째 남자는 "제가 X 양 이야기를 하니까 웃음들을 짓는데 무슨 생각들을 하는지 알아요"라고 했다. 세 번째 여자 환자는 "제 이야기에는 누구 하나 털끝만큼도 관심을 보이지 않았죠"라고 했고, 네 번째 여자는 집단이 관심이 없는 것 같아서 꿈 이야기를 포기하는 편이 낫겠다고 말했다. 나는 앞에서 현실과 어떤 식으로든 접촉하고 있는 사람은 누구나 의식적으로든 무의식적으로든 집단이 자신에 대해 어떤 태도를 취하는지 항상 가늠하고자 한다고 지적했다.

이 사례들은 우리가 마음만 먹는다면 환자 집단에서도 같은 종류의 일들이 일어난다는 사실을 입증할 수 있음을 보여준다. 나는 말하는 이의 특정 부분이 그가 처해 있는 상황을 평가하는 데 영향을 줄 수 있다는 것과 같은 분명한 사실은 당분간 고려하지 않으려고 한다. 자신을 대하는 집단의 태도가 어떤 것 같은지에 관심을 가질 사람은 여전히 본인뿐이겠지만, 나는 개인의 정신생활에 있어서 이와 같은 평가가 우리의 촉감을 통해 전달되는 정보를 평가하는 것만큼이나 큰 부분을 차지한다는 점이 분명히 전달되었으면 좋겠다. 따라서, 자신을 대하는 집단의 태도를 개인이 어떤 식으로 평가하는지 알아보는 것이 적어도 이 연구의 중요한 목적인 것이다.

한편, 무척이나 흔히 경험하는 마지막 사례는 개인의 이런 평가가 집단에도 중요하다는 사실을 보여주는데, 개인의 평가에 따라 집단의 사회적 생명이 만개할 수도 있고 쇠락할 수도 있기 때문이다.

집단이 개인을 어떤 태도로 대하고 있는가 하는 것을 내가 해석의 근거로써 사용한다면 어떤 일이 벌어질까? 우리는 이미 첫 장에서 몇몇 반응들을 살펴보았다. 그 사례들을 보면 내가 굳이 강조하지 않더라도 그와 같은 해석에 대해 집단이 어떤 반응들을 보였는지 알 수 있을 것이다. 하지만 그 중 흔했던 반응 한 가지만 여기서 언급하고자 한다. 집단은 나에 대해 더욱 깊이 몰두하기 시작했고, 한동안은 집단의 호기심이 충족되는 지점에 이른 것처럼 보이기도 했다. 이런 반응은 두세 회기 동안 지속되었던 것 같다. 그런 다음 이런 단계가 처음부터 다시 반복되었는데, 이번에는 나 말고 다른 구성원이 그 주인공이었다. 나에게 집중되었던 힘이 다른 대상으로 옮겨갔던 것이다. 집단을 확신시킬 만큼 증거가 충분히 쌓였다는 생각이 들었을 때, 나는 내가 관찰한 내용을 집단에게 이야기했다. 여기에는 한 가지 난점이 있었는데, 나에 대한 몰두가 다른 이에게로 넘어가고 있었던 시기였음에도, 집단은 새로운 대상에 대해 관심을 나타내는 와

중에 나에 대한 집착을 여전히 버리지 못하고 있음이 분명해 보였다는 사실이다. 이런 상황에 대해서는 첫 장에서 이미 묘사했으며(38쪽), 그 때 나는 집단이 다른 이들의 자질을 의심하면서 여전히 나에 대해 몰두하고 있다고 해석한 바 있다. 내가 당시의 정서적 상황을 지금 서술하고 있는 것처럼 하나의 이행 과정으로 해석하였더라면 좀더 정확한 해석이 되지 않았을까 하는 생각이 든다.

이 해석의 정확성을 두고 많은 이들이 이의를 제기했다. 집단 구성원들 대부분은 자신을 향한 집단의 태도를 의식적으로 혹은 무의식적으로 어떻게 평가하는가에 따라 개인의 행동이 영향을 받을 수 있다는 부인하기 어려운 증거를 접하고 있었음에도, 다른 구성원들이 자신을 어떻게 생각하는지 자신은 알지 못하며, 다른 이들도 그건 마찬가지일 거라고 말했다. 해석의 정확성이란 정도의 문제라고 주장한다 해도, 이런 이의는 받아들여져야 한다. 왜냐하면 이는 의심이라는 것은 개인이 자신에 대한 집단의 태도를 자동적으로 평가할 때 언제나 따르게 마련인 하나의 요소라는 사실을 사람들이 알고 있다는 표시이기 때문이다. 누군가가 자신은 조금도 의심하지 않는다고 주장한다면, 나는 그가 왜 의심을 하지 않는 것인지 정말 알고 싶어질 것이다. 집단의 태도가 의심의 여지 없이 분명한 경우가 있는가? 사회에서 현명하게 행동하려면 모든 일들이 정확해야만 한다고 생각하기 때문에 무지의 상태를 견디기 힘들어하는 것은 아닌가? 어떤 의미에서 보면, 개인에게 집단 경험이 유익한 것이 되기 위해서는, 집단이라는 정서적 장에서 그가 위치해 있는 자리를 좀 더 정확히 평가할 수 있게 되는 동시에, 그가 그것을 아무리 정확하게 평가한다 하더라도 안타깝지만 자신이 원하는 정도에는 미치지 못할 수도 있다는 사실 역시 받아들일 수 있어야 하는 것 같다.

해석이 정확하지 않을 수 있다고 시인함으로써 그런 해석에 의지해야 하는 기법의 기반이 무너지는 게 아닌가 하는 생각이 들 수도 있지만 그것은 그렇지 않다. 해석에 대한 정서적 경험이 어떤 것인가를 밝힌다 하더라도, 그것이 인간의 정신생활을 이루는 일부로서 피할 수 없는 것이라는 사실은 여전히 변함없으며, 이 기법에서 가장 으뜸이 된다는 사실 역시 변하지 않는다. 집단 연구와 더욱 밀접하게 관련된 문제들을 보다 정확하게 다룰 수 있는 다른 정신적 활동이 존재한다는 사실이 입증되지 않는 이상 그런 기반은 흔들리지 않는다.

해석의 정확성이 의심을 받은 사례를 하나 소개하겠다. 독자는 앞의 단락을 염두에 두면서, 내가 이 사례 및 다른 관련 사례들로부터 이끌어낸 결론을 고찰해 볼 수 있을 것이다.

사람들은 한동안 내가 하고 있는 해석들을 점잖게 듣고 있었지만, 대화는 점점 더 지리멸렬해져만 갔고, 나는 사람들이 내 해석을 원하지 않는다는 느낌을 받기 시작했다. 그래서 나는 다음과 같이 말했다. "지난 삼십 분 간 집단은 국제 정세에 대해 토론하고 있었습니다만, 저는 이 대화가 우리들 자신에 대해 무언가를 알려주고 있다고 계속해서 주장했습니다. 그 때마다 저는 집단이 제 이야기를 귀에 거슬리고 달갑지 않은 것으로 여기고 있다는 느낌을 받았습니다. 지금은 제가 그런 이야기를 그치지 않았기 때문에 여러분들에게 반감의 대상이 되고 있다는 확신이 듭니다."

잠시 동안 정적이 흐르다가 한 남성이 매우 정중한 태도로 자신은 내 해석에 전혀 반감을 느끼지 않았으며 다른 누군가가 반감을 가지는 것도 보지 못했다고 말했다. 두세 명의 사람들이 그에 동조했다. 더구나 이들이 말하는 태도는 겸손하고 매우 우호적인 것이었다. 나를 안심시키기 위해 불필요한 말을 해야만 한다는 것에 아마도 조금은 짜증스럽다는 기색을 내비쳤을 수도 있지만 크게 드러날 정도는 아니었다. 어떤 점에서 보면,

집단이 나를 대하는 태도가 성가시게 구는 아이를 인내심 있게 다루는 것과 비슷하다는 느낌을 주었다고 말할 수도 있겠다. 하지만, 나는 이 점에 대해 생각해보자고 그 자리에서 제안하는 대신, 적대감을 부인하고 있는 전체 집단을 잘 대변하고 있는 것처럼 보인 이들의 이야기를 매우 진지하게 받아들이려고 했다. 나는 이 상황을 정확히 평가하기 위해서는, 사람들이 나에 대해 반감을 느끼지 않는다고 말했을 때, 우선은 그들이 하는 말이 전적으로 진실하고 정확한 것이라고 받아들일 필요가 있다고 느꼈다.

비슷한 종류의 다른 사례가 떠오른다.

나 이외에 세 명의 남성과 네 명의 여성이 집단 회기에 참석해 있었다. 남자 하나와 여자 하나는 결석한 상태였다. 한 남성이 어떤 여성에게 말했다.

남자 : 지난 주 일은 어떻게 되었어요?

여자 : 파티 말인가요? 아, 좋았죠. 아주요. 그런데 왜요?

남자 : 음, 그냥 그게 궁금했어요. 그다지 떠올리고 싶지 않은가봐요?

여자 : (다소 심드렁해 하면서) 아, 네. 그래요.

남자 : 별로 말하고 싶어하지 않는 것 같군요.

여자 : 아, 네. 정말 그래요. 딱히 별 일 없었어요. 정말 좋았다니까요.

대화가 시들하게 느껴졌는지 다른 여자가 끼어들어 대화를 이어나가려고 했지만, 얼마 지나지 않아서 그녀 역시 포기했다. 잠시 정적이 흐르다가 이번에는 또 다른 여자가 한 주 동안 있었던 경험을 이야기하며 등장했다. 여자는 처음엔 기세 좋게 이야기를 꺼내는가 싶더니 곧 그만두었다. 다른 한둘이 여자보고 계속 해보라며 몇 가지 질문을 했지만 그들 역시도 다른 생각에 빠져있는 것 같다는 느낌이 들었다. 아무 결실이 없는 노력들로 집단의 분위기는 무거웠다. 사람들이 어떻게든 이 회기를 그들 생각에 성공적인 것으로 만들어보려 애쓰고 있다는 점만큼은 분명했다. 두 사람이 결석하지만 않았더라면 회기가 잘 진행되지 않았을까 하는 생각이 들었다. 나 또한 좌절을 느끼기 시작했고, 이전의 두세 회기도 한두 명이 결석함으로써 엉망이 되어버렸었다는 기억이 떠올랐다. 이번 회기에 참석한 사람들 중에도 이전 두 회기에 한 번 이상 빠졌던 사람이 셋 있었다. 모두가 최선을 다할 준비가 되어있는데 집단이 이런 식으로 흐지부지되는 것이 너무 유감스러웠다. 달리 어떻게 해볼 수 없는 무관심과 방해에 이렇게도 많은 기회를 넘겨주게 된다면, 어떤 문제에 대한 집단적 접근이라는 것이 대체 무슨 소용이 있을까 하는 의구심이 들기 시작했다. 노력들이 없었던 것은 아니었지만, 내게는 대화라는 것이 단지 시간 낭비로밖에 보이지가 않았다. 이 상황을 밝혀 줄 해석들이 머릿속에 떠오르길 기대했지만, 근거로 삼을 만한 재료들이 턱없이 부족했다. 집단의 여러 사람들은 절망적인 눈빛으로 나를 쳐다보기 시작했는데, 마치 자신들은 할 만큼 했다고 –이제는 모든 게 나한테 달려 있다고–말하려는 것 같았으며, 사실 그들이 그러는 것도 충분히 이해가 될 법하다는 느낌이 들었다. 사람들이 나에 대해 위와 같은 감정을 느끼고 있다고 말해보는 건 어떨까 하는 생각이 들기도 했지만, 그들이 이미 다 아는 사실을 이야기해본들 아무런 의미가 없을 것 같아서 그만두었다.

침묵이 점점 길어지고 상황에 대한 언급도 점차 소용없는 것이 되어가고 있을 때, 내가 지금 경험하고 있는 느낌이–즉, 집단의 무관심에 짓눌린 채 무언가 쓸모 있고 이해를 돕는 말을 해야 한다고 느끼는 압박감이 –여기 참석해 있는 다른 이들이 경험하고 있는 바로 그 느낌일지도 모른다는 생각이 떠올랐다. 구성원들이 꾸준하게 참석할 수 없는 집단은 개별 환자들의 고통에 냉담하고 무관심해지는 것이 분명하다.

무슨 해석을 할 수 있을지 고민하기 시작했을 때, 나는 독자들이 이미 떠올렸을 수도 있는 한 가지 어려운 문제에 부딪혔다. 우리의 작업에 아무런 관심이 없고 적대적이기까지 한 이 집단은 대체 무엇인가? 이 집단은 작업을 해보기 위해 열심히 몸부림치고 있었던 바로 그 사람들로 이루어져 있다고 보는 게 당연했지만, 어쨌든 나로서는, 두 명의 결석자들 역시 그 속에 포함되어 있다고 생각해야만 했다. 나는 너무 두껍게 만든 박편을 현미경으로 관찰했던 경험이 마음속에 떠올랐다. 초점을 한 곳에 맞추면 아주 선명하지는 않더라도 충분히 뚜렷한 상을 얻을 수 있다. 여기서 초점을 살짝 조절하면 또 다른 상이 보이게 된다. 내가 마음속으로 하고 있는 일을 여기에 비유하면, 내가 보는 초점을 달리한다면 집단에 대해서도 새로운 상을 얻게 될 것이다. 그렇게 얻은 새로운 상이 어떤 모습이었는지 이제부터 묘사하려고 한다.

자신들의 심리적 문제를 해결하기 위해 열심히 애쓰는 개인들의 모습은, 신경증 환자들 혹은 신경증적 문제에 대해 진지하게 접근하고 싶어하는 모든 이들을 향해 적대감과 경멸을 드러내기 위해 동원된 집단의 상으로 바뀌었다. 그 순간 집단은 회기에 빠진 두 사람이 이끌고 있는 것 같았는데, 이들은 내가 있는 집단에서 익숙하게 일어나는 종류의 경험보다 시간을 보낼 더 좋은 방법이 있다고 암시하고 있는 듯했다. 지난 회기에서는 지금 결석해 있는 두 사람 중 하나가 집단을 이끌고 있었다. 말하자면, 현재 이 집단을 이끌고 있는 이들은 지금 이 방 안에 없는 건지도 모른다. 그들은 그 두 명의 결석자들이며, 이들은 지금 집단을 경멸하고 있을 뿐만 아니라 그런 경멸을 행동으로 표현하고 있는지도 모른다. 집단에 출석해 있는 사람들은 이 둘을 따르고 있다. 나는 대화를 들으면서 내가 받은 인상들을 좀더 분명하게 나타낼 수 있을지 궁금해했다.

고백하자면, 처음에는 내 의구심에 확신을 줄 만한 별다른 증거가 보이지 않았다. 그런데 그 때 한 남자가 이상하리만치 거만한 어조로 질문하고 있는 것이 눈에 띄었다. 질문에 대한 답변을 듣고 그가 내보인 반응은, 마음의 현미경을 같은 초점으로 유지하면서 바라보자면, 그 답변을 믿지 못하겠다는 뜻을 공손하게 표현하고 있는 것 같았다. 여자 하나가 구석에서 다소 역겹다는 듯이 손톱을 다듬고 있었다. 침묵이 내려앉은 이 때, 이전의 초점으로 보면 집단의 작업을 지속시키기 위해 최선을 다하고 있는 것 같았던 한 여성이 불쑥 끼어들어, 이 따위 어리석은 놀음은 이제 그만두겠다는 뜻을 분명히 내비치면서 정적을 깼다.

내가 받은 인상을 정확히 전달하는 데는 그다지 성공한 것 같지 않지만, 첫 번째 사례에서 부딪혔던 어려움을 해결할 수 있는 길이 보이는 것 같았다. 기억하다시피, 당시에는 집단이 나에 대해 적대감을 느끼고 있는 것이 분명하다는 느낌이 들었지만, 이와 같은 해석을 설득력 있게 뒷받침할 증거가 전혀 없었다. 사실을 말하자면, 두 경험이 모두 당황스럽기는 마찬가지였다. 내가 취한 연구 방법은 더 이상 제대로 작동하지 않는 것처럼 보였다. 그것도 가장 확실하다고 생각되었던 부분에서 말이다. 개인 치료에 익숙한 사람들은 누구나 환자 집단이 해석을 부정하려 하며, 이를 위해서라면 무엇이든지 하늘이 내려준 기회로 이용할 것이라고 말했을지도 모르겠다. 하지만, 집단에게 회피하고 부정하기 위한 기회들이 많은 것이 사실이라면, 이런 회피와 부정이 어떤 방식으로 나타나는가를 살펴볼 기회도 그만큼 많을 것이 아니겠는가. 이 점을 연구하기에 앞서, 내가 제시했던 두 사례를 다시 살펴보고 이를 통해 이 연구의 바탕을 제공할 몇 가지 가설을 세워보도록 하겠다.

주지하다시피 집단에서 개인이 하는 말과 행동은 그가 가진 성격과 집단을 바라보는 그의 관점 모두를 드러내 보인다. 가끔은 둘 중의 어느 하나를 다른 것보다 더 많이 보여주는 경우도 있다. 그런데 개인이 어떤 말이나 행동을 그것이 틀림없이 자신으로부터 나온 것이라고 기꺼이 인정하면서 행하는 경우도 있지만, 어떤 경우에는 자신을 숨긴 채 익명으로 표현하고 싶어하기도 한다. 이처럼 개인이 익명으로 영향력을 행사할 수 있는 수단을 집단이 마련해줄 수 있으면, 회피와 부인을 위해 작동하는 성공적인 체계의 기초가 놓이는 셈이다. 그렇게 본다면, 첫 번째 사례에서 개인들이 적대감을 느끼면서도 그렇다는 사실을 그토록 진심어린 태도로 부인할 수 있었던 것은, 이러한 적대감이 익명을 통해 집단에 표현되고 있었기 때문이리라. 이처럼 익명으로 영향을 미칠 수 있는 수단을 집단이 어떻게 마련하는 것인지 알아보기 위해서는, 집단에서 이루어지는 정신생활을 가까이서 살펴보아야 할 것이다. 나는 익명적 작용들이 이루어지고, 그러한 작용들 밑에 숨어있는 충동과 욕망을 만족시키는 공동의 장으로서 집단 심리group mentality를 가정하려고 한다. 어떤 작용이 집단 심리에 영향을 미치기 위해서는, 집단에 존재하는 다른 익명적 영향들의 지원을 등에 업거나 이에 부합하는 것이어야 한다. 집단 심리를 만들어내는 것은 개인들이지만, 집단 심리는 획일성이라는 특징을 가진다는 점에서 개인의 심리에서 보이는 사고의 다양성과는 대조를 이룬다. 내가 가정하고 있는 집단 심리는 집단의 개별 구성원들이 겉으로 표명하는 목적들과 서로 대립할 수도 있다. 이 가설이 유용하다는 점이 경험적으로 증명된다면, 임상 관찰을 통해 집단 심리가 가지는 다른 특징들도 더 자세하게 밝혀볼 수 있을 것이다.

이와 관련이 있어 보이는 경험을 몇 가지 소개한다.

집단은 나를 포함해서 각각 네 명의 여자와 남자들로 구성되어 있었다. 환자들의 나이는 서른다섯에서 마흔 사이였다. 분위기는 대체로 온화하고 협조적이었다. 방에는 저녁빛이 편안하게 흘러들고 있었다.

X 부인 : 지난주에 끔찍한 경험을 했어요. 영화관에 들어가려고 줄을 서서 차례를 기다리고 있었는데 갑자기 이상한 느낌이 밀려드는 거예요. 정말이지 이러다 기절하는 게 아닌가 하는 생각이 들었어요.

Y 부인 : 영화관에도 가시고 참 운이 좋으세요. 저는 영화관 간다는 걸 생각만이라도 할 수 있다면 여한이 없을 것 같아요.

Z 부인 : X 부인 말씀이 무슨 뜻인지 알겠어요. 저에게 그런 느낌이 밀려왔다면 저는 바로 영화관을 떠나야 했을 거예요.

A 씨 : 허리를 구부려 보았으면 어땠을까요? 그렇게 하면 머리로 피가 다시 모이는데. 많이 어지러우셨던 것 같네요.

X 부인 : 글쎄요, 별로 어지러웠던 것 같지는 않은데.

Y 부인 : 운동은 언제나 좋은 거예요. A씨 이야기는 그런 뜻이 아닌가 싶네요.

Z 부인 : 의지력으로 이겨내야 하는 게 아닐까요? 저는 의지가 약해서 걱정이지만.

B 씨 : 저도 지난주에 비슷한 경험을 했어요. 물론 저는 영화관에서 줄을 서 있기는커녕 그냥 조용히 집에 앉아있었을 뿐이었지만요.

C 씨 : 집에 조용히 앉아있을 수 있다니 운이 좋으시네요. 저는 집에 조용히 앉아있을 수만 있다면 더 바랄 게 없을 것 같아요.

Z 부인 : 저는 집에 조용히 앉아있는 건 문제가 없는데, 어디든 외출한다고만 생각하면 마음이 괴로워요. 집에 앉아있기가 그렇게 어려우시면 영화관 같은 델 나가보시는 게 어때요?

한동안 이런 대화를 듣고 있노라니, 사람들이 신경증적 증상으로 고

생하는 이 집단의 누군가에게 하는 조언이라는 게 죄다 본인도 시도해보았지만 전혀 소용이 없었던 것이라는 점이 분명해 보였다. 더구나 자신의 신경증적 증상을 조금이라도 인내할 능력이 있는 이라고는 전혀 찾아볼 수 없었다. 이 집단에서 어떤 협력을 기대한다는 것은 가망이 없을지도 모른다는 의구심이 마음속에서 점점 커지더니 마침내 확신에 이르게 되었다. 나는 개인치료자로서 작업했던 경험을 떠올리면서 개인 치료에서였다면 내가 달리 어떤 것을 기대할 수 있었을지 스스로에게 물어보게 되었다. 환자들이 협력할 수 있는 능력을 거의 가지고 있지 않다는 사실은 나에게 무척이나 익숙한 것이었다. 그렇다면, 환자들로 이루어진 집단이 그런 모습을 보인다고 해서 내가 당황하거나 애석해 해야 할 이유가 어디 있는가? 어쩌면 바로 이러한 사실이 나에게 더욱 분석적인 접근을 해볼 필요가 있다고 변호할 수 있는 기회를 주는지도 모른다. 집단에서 벌어지고 있는 일들을 지켜보면서, 나는 이 집단이 모토로 삼고 있는 문장이 '돌팔이 약장수들은 서로 협심한다Vendors of quack nostrums unite.'가 아닐까 하는 생각이 들었다. 이 문장을 마음속으로 혼자 중얼거리면서, 나는 지금 집단이 불화하고 있는 것이 아니라 실은 협력하고 있다는 느낌을 받고 있다는 사실을 깨달았다. 뿐만 아니라, 집단을 보고 내가 이 문장을 떠올린 것이 우연이 아니었다는 것도 곧 알아차리게 되었는데, 내가 무슨 말을 해보려고 할 때마다 집단은 하나로 뭉쳐 나에게 맞서곤 했기 때문이다. 신경증 환자들이 협력할 수 없다는 생각은 수정되어야 한다.

나는 집단 심리의 특징이 되는 이런 단체행동의 사례를 더 제시하지는 않으려고 하는데, 현재로서는 이를 묘사할 마땅한 방법이 없기 때문이다. 이 논문들을 써 가는 과정에서 그와 같은 사례가 우연히 나오는 경우에는 내가 설명하고 있는 내용을 독자들에게 더 자세히 전달해보려 하겠지만, 집단에 직접 참여하고 있지 않은 입장에서 독자들이 생생한 이해를 얻을 수 있을지는 잘 모르겠다. 현재로서는 집단 심리가 개인이 행사하고 싶어하는 영향력을 익명으로 표현할 수 있는 수단이 되기도 하지만, 그와 동시에 개인이 집단에 참여함으로써 성취하고자 하는 목표를 이루는 데 가장 큰 장애물이 되기도 한다는 사실을 말하는 것으로 그치겠다.

집단에서 개인이 원하는 목표를 이루지 못하도록 방해하는 것들은 이 말고도 많다고 생각할지도 모르겠다. 나는 이 문제에 대해 속단하려는 것이 아니라, 당분간은 그것들에 너무 많은 중요성을 부여하지 않겠다는 뜻이다. 집단이 만들어질 때 그 집단을 만든 개인들은 분명 그로부터 어떤 만족을 얻게 되기를 바랄 것이다. 하지만 그들이 맨 처음 경험하게 되는 것은 좌절이라는 느낌이며, 이런 좌절을 일으키는 것은 다름아닌 그들이 속해 있는 집단이라는 점도 분명한 사실이다. 집단에서 어떤 욕구는 만족이 되고 어떤 욕구는 좌절되는 것이야 무척이나 불가피한 것 아니냐고 따질 수도 있겠지만, 이처럼 집단 상황 자체에 내재한, 예컨대 집단에서는 다른 사람들과 함께할 수밖에 없기 때문에 사생활이 없어진다는 등의, 어려움들은 집단 심리로 인해 발생하는 것과는 상당히 다른 종류의 문제를 일으키는 것이 아닌가 하는 생각이 든다.

지금껏 집단에 관해 논의하는 과정에서 나는 개인이라는 단어를 종종 언급해 왔다. 하지만 집단 심리라는 개념을 제시했던 부분에서, 특히 두 명의 결석자가 집단이 나아가는 정서적 방향에 큰 영향을 끼쳤던 사례에서, 나는 개인이 집단 심리에 기여하기도 하지만 어떤 점에서는 집단 심리와 대립하기도 하는 존재로 묘사했다. 이제 내가 개인에 대해 논의해야 할 때가 온 것 같은데, 신경증 환자들 또는 그들이 호소하는 문제들은 이 논의에서 제외하고자 한다.

아리스토텔레스는 인간은 정치적 동물이라고 말했다. 내가 그의 <정치학>을 이해한 바에 따르면, 이는 인간이 온전한 삶을 살기 위해서는 집단이 필수불가결하다는 뜻이다. 끔찍할 정도로 지루하기만 했던 이 책을 옹호할 마음은 없지만, 이 말만큼은 정신과 의사들이 잊지 말고 기억해두는 것이 자신들이 다루고 있는 문제를 균형 잡힌 시각으로 바라보는 데 도움이 되리라 생각한다. 내가 말하고자 하는 요지는 인간이 정신생활을 영위하는 데 있어서 집단이 필수적이라는 것이다 – 그것이 경제나 전쟁처럼 명백히 눈에 보이는 활동에 필수적인 것만큼이나 말이다. 내가 앞 장에서 묘사한 첫 번째 집단에서(33쪽 이하 참조), 집단이 나에게 필수적인 것은 내가 집단 연구를 하고 싶어하기 때문이라고 말할 수도 있었을 것이다. 아마 다른 구성원들 역시 똑같은 말을 할 수 있었을지 모른다. 하지만 내가 개별 구성원들의 목적이 그와 같은 것이라 시인한다 하더라도 – 기억하다시피 나는 그렇게 하지 않았다 – 집단에서 이루어지는 정신생활은, 일시적이거나 특정한 욕구와는 별 상관없이, 개인이 온전한 삶을 살기 위해 필수적인 것이며, 이러한 욕구를 만족시키는 일은 개인이 집단에 참여하고 있는 동안 계속해서 추구해야 하는 것이라는 사실에는 변함이 없다. 그런데, 내가 사례로 고른 모든 집단에서 드러나는 사실은 집단이 경험하는 가장 두드러진 감정이 좌절감이었다는 점이다 – 이는 만족감을 추구하려고 찾아온 개인에게는 무척이나 불쾌하고 경악스러운 경험이었을 것이다. 집단이 이러한 좌절에 분노한 것은, 내가 위에서 언급한 것처럼, 어떤 욕망들은 만족시키면서도 어떤 욕망들은 그러기를 거부하는 것이 원래 집단이 가진 본성이라는 점을 순진하게도 이해하지 못했기 때문이었을 수도 있지만, 대체로는 개인들이 익명을 통해 만족시키고 싶어하는 충동들을 표현하고, 이렇게 만족된 충동들이 개인들로 하여금 더욱 좌절을 느끼게 만들었기 때문일 수도 있다. 달리 말하면, 나는 집단 심리라고 잠정적으로 명명했던 이 영역에서, 개인이 집단에서 온전한 삶을 성취하는 데 실패하는 원인을 찾아볼 수 있다고 제안하는 것이다. 이런 상황이 역설적이고 모순적으로 보일 수도 있겠지만, 나는 이 모순을 지금 당장 해소하려고 시도하지는 않겠다. 나는 집단이 개인의 정신생활에 필요한 수많은 것들을 충족시킬 수 있는 잠재적인 능력을 지니고 있으며, 이러한 일은 집단을 통해서만 가능하다고 가정할 것이다. 나는 개인이 정신생활을 혼자서 충족시킬 수 있는 가능성에 대해서 분명히 배제하고 있으며, 가족 내에서 그런 충족이 이루어질 가능성에 대해서도 역시, 그보다는 덜 분명하게나마, 배제하고 있다. 개인의 욕구를 만족시킬 수 있는 집단의 힘은, 내가 말했듯이, 집단 심리에 의해 도전을 받는다. 집단은 특징적인 집단 문화culture of the group를 통해 이 도전에 대응한다. 나는 '집단 문화'라는 용어를 매우 느슨하게 정의하고 있는데, 여기에는 집단이 어떤 시점에 만들어낸 구조, 집단이 추구하는 업무, 집단이 채택한 조직 등이 포함된다. 나는 리더가 있어야 한다는 집단의 주장 밑에 어떤 동기가 깔려 있는지에 대한 이전의 고찰(44쪽)을 지금 다시 언급하려고 한다. 그 때 나는 리더를 바라는 욕망이란 지금은 쓸모가 없어진 집단의 정서적 생존 기제이거나, 혹은 아직 명확하게 드러나진 않았더라도 리더가 필요한 상황에 처해 있다는 어떤 인식의 표현일 수도 있다고 말했다. 당시의 상황에서 사람들이 가장 높은 위치에 자리한 리더와 그를 따르는 추종자들로 집단을 구성하고자 시도했던 일은 내가 문화라는 단어를 통해 의미하려는 바를 잘 보여주는 사례이다. 그 '명확하게 드러나지 않은 상황'이라는 것이 실은 내가 말한 집단 심리였다고 가정한다면, 그리고 이 가정이 터무니없는 것이 아니라면, 당시에 집단은 개인의 욕구를 충족시키는 집단의 능력에 도전장을 내민 이 집단 심리에 맞서기 위해 리더와 추종자라는 단순한 형태의 문화를 채택한 것이었다고 볼 수 있다. 내가 지금 제시하고 있는 도식으로 바라보자면, 집단은 개인의 욕구와 집단 심리, 집단 문화의 상호작용으로 생각할 수 있다. 이 상호작용이 무엇을 뜻하는지 자세히 설명하기 위해 여기 사례를 하나 더 소개한다.

삼사 주나 되는 기간 동안 나는 환자 집단에서 전혀 인정을 받고 있지 못했다-내가 하는 말은 무시당했고, 집단은 예의 바른 침묵으로 반응하기 일쑤였으며, 설령 대화가 이어진다 하더라도 그 속에 내 말이 영향을 미쳤다는 흔적은, 적어도 내 눈에는, 전혀 보이지 않았다. 그 때 갑자기 한 환자가 정신병적 증상들을 나타내기 시작하면서, 환각에서 나온 것으로 보이는 내용들을 이야기했다. 그 순간 나는 집단에 다시 받아들여져 있었다. 나는 훌륭한 리더였고, 상황의 통제자였으며, 이런 종류의 위기를 완벽하게 다스릴 수 있는 사람이었다-즉, 나는 이런 역할에 너무나도 적합한 인물이어서, 나 아닌 다른 누군가가 주제넘게 무슨 해결책을 제시한다는 것은 어림도 없는 일이었다. 나에 대한 실망이 무던한 만족으로 바뀌는 그 신속성은 보고도 믿을 수 없을 정도였다. 집단이 그 환자로 인해 경악하기 전에는, 내 해석들은 일종의 신탁의 선언과 같았고 사람들은 이를 의례적인 침묵과 함께 받아들였다. 하지만 이는 퇴락한 신탁이었으니, 신탁의 내용을 가치 있는 것으로 주목한 사람은 아무도 없었기 때문이다. 그러나 집단이 경악에 빠진 뒤에는 나는 어느 밀교집단의 전능한 교주가 되어 있었다. 진지한 작업을 해보려고 하는 사람의 일반적인 관점에서 보면, 두 상황 모두가 만족스럽지 못할 것이다. 어느 한 사람이 신이 되어 있는 집단은, 그 신이 숭배를 받든 불신을 받든 간에, 별달리 쓸모가 없는 집단이다. 이 사례에서 집단의 문화는 가히 고대 신정국가의 축소판이라고 할 만했다. 내가 이 말을 하는 이유는 그것이 문화의 의미를 정의하는 데 도움이 되어서일 뿐이지 달리 중요한 뜻은 없다. 문화에 대해서는 이미 설명했으니, 개인과 집단 심리, 집단 문화의 삼요소에 대한 나의 가설을 적절히 이용하기 위해, 나머지 두 요소들이 가진 특징에 대해서도 정의해 보도록 하겠다. 위기가 발생하기 전에 집단 심리는 다음과 같은 특징을 띠고 있었다. 개인이 가진 욕구는 환자들 사이의 우정 어린 관계와 나에 대한 적대적이고 회의적인 태도를 통해 성공적으로 부인되고 있었다. 하지만 그 별난 환자에 대해서는 집단 심리가 할 수 있는 일이 거의 없다시피 했는데, 그 이유는 굳이 더 설명할 필요가 없다. 당시의 경우에는 집단 문화에 대해 일부 설명함으로써 집단 심리 또는 집단 심리가 개인에 미친 영향에 대한 설명 없이도 집단에 변화를 가져오는 일이 가능했다. 집단은 다른 모습을 보이고 있었는데, 사람들의 표정과 행동을 보면 마치 잠재기 시절의 초등학생이라도 된 것 같았다. 심각한 혼란을 보였던 그 환자는, 적어도 겉으로는, 더 이상 혼란스러워 하지 않는 것 같았다. 사람들은 다시 자신들의 문제에 대해 말하기 시작했지만, 그것을 사소하거나 별로 고통스럽지 않은 것으로 표현하고 있었다. 나는 이 때 집단이 아이들 놀이터에서 보는 것과 유사한 문화적 양상을 취하고 있다고 말한 뒤, 집단은 이를 통해 자신이 처한 몇몇 어려움에 꽤 적절하게 대처하고 있다고－내 말은 집단 심리에 대처하고 있다는 뜻이었지만 표현은 다르게 했다－생각하는 것이 틀림없지만, 그것은 기껏해야 초등학생들도 해결할 수 있을 것 같은 종류의 문제만을 내어놓도록 허용하고 있는 문화인 것 같다고 덧붙였다. 집단은 다시 변화했고, 나를 포함한 모든 구성원들은 다소간이나마 동등한 위치에 서 있게 된 것 같았다. 이와 동시에 한 여자 환자가 육 개월 만에 처음으로 자신을 힘들게 하고 있던 심각한 결혼 문제에 대해 입을 열었다.

이 사례들을 통해 내가 말하는 문화의 의미가 조금은 전달이 되었기를 바라며, 이와 더불어 내가 가능한 선에서 밝혀야 할 필요성을 느꼈던 다른 두 요소들에 대해서도 얼마간 설명이 되었기를 바란다.

내가 대략적으로 묘사한 개념들을 가지고 단순화시켜 설명하고 있다 보니, 집단 상황이란 대체로 복잡하고 혼란스러운 것이라는 점을 독자들이 염두에 두지 않는다면 쉽사리 오해를 불러일으키게 될 수도 있을 것 같다. 내가 집단 심리나 집단 문화라고 부르는 현상이 눈에 띌 정도로 뚜렷하게 드러나는 경우는 그리 흔치 않다. 게다가, 집단의 정서적 상황에 함께 연루될 수밖에 없는 관찰자가 명료한 판단력을 유지하는 것이 쉬운 일도 아니다. 두 명이 결석했던 앞서의 집단 상황처럼, 개인들이 집단의 무관심에 맞서 싸우고 있는 것이 분명한 경우도 있다. 그 당시 나는 한두 사람이 보이는 행동에 근거하여 집단 전체의 행동을 평가했다. 여기에 이상한 점이라고는 아무 것도 없다. 학생 하나가 학교 전체의 명예를 실추시키고 있다는 이야기를 들을 때가 있는데, 이는 한 사람의 행동을 보면 모두의 행동을 알 수 있다고 우리가 생각하기 때문이다. 우리는 독일인들이 나치 지배 하에서 이루어진 만행들에 대해 책임을 져야 한다고 말한다. 침묵은 무언의 동의를 뜻한다. 이런 식으로 집단적 책임을 묻는 주장에 달가워할 사람은 아무도 없겠지만, 나는 집단이 지도자를 적극적으로 거부하지 않는다면 그것은 사실상 그를 따르겠다는 뜻이라고 생각한다. 요약하면, 내가 집단이 이러이러하게 느끼고 있는 것 같다고 말할 때, 그 말이 한두 사람이 보이는 행동만을 근거로 하여 나온 것처럼 보인다 하더라도, 그 한두 명이 집단을 이끌고 있는 것처럼 행동하고 있는 동안 집단이 그것을 거부하겠다는 표시를 명시적으로 드러내지 않는다면, 내가 하는 말은 충분히 정당한 것이라고 주장할 것이다. 나는 이러한 집단적 공모가 존재한다는 믿음을 뒷받침하는 증거가 그 반증보다 더 많다고까지 말할 수 있지만, 당분간은 그러한 반증이 존재한다는 사실을 언급하는 것으로 만족하려 한다.

III

이전 장들에서 나는 집단에서 내가 무슨 말들을 했는지 설명했다. 집단의 정서적 상황이 거의 항상 강렬하고 혼란스러운 까닭에, 자신도 집단의 일원일 수밖에 없는 정신과 의사가 현재 일어나고 있는 일들에 대해 이야기하는 것이 쉽지만은 않은 일이라고 말했다. 좌절감은 흔한 것이었고 따분함 역시 극심했는데, 이런 분위기는 집단 구성원들 사이에서 한바탕 분노가 일어나고서야 누그러지곤 했다. 몇 주 동안이나 모호하기만 했던 상황을 명료화하기 위해 내가 해석을 하면, 뒤를 이어 그만큼이나 긴 모호함의 시간이 바로 다시 찾아왔다. 나는 집단이 경험하는 감정들 속에서 나 자신이 주어진 순간에 어떤 위치를 차지하고 있는지 곰곰이 생각하면서 이 혼란스런 상황을 탐색했고, 자기만족에 지나지 않는지도 모르겠지만, 집단에서 다른 이들이 수행하는 리더십은 어떤 종류의 것인지도 관찰해보고 싶었다. 나는 집단 심리가 존재한다고 가정하는 것이 집단에서 일어나는 긴장을 설명하는 데 도움이 된다고 제안했다. 이 용어를 나는 집단의 의지를 구성원들의 합의를 통해 표현하는 일, 개인들이 익명으로 영향력을 행사해 의지를 표현하는 일을 설명하기 위해 사용했다. 나는 집단의 정신생활에서 나타나는 이 현상으로 인해 개인이 자신의 목적을 추구하는 데 어려움을 겪게 된다고 말했다. 내가 제안한 또 다른 가설은 집단 문화에 대한 것이었는데, 이 용어는 집단 심리와 개인의 욕망 사이의 갈등에서 나오는 것으로 보이는, 집단 행동의 어떤 모습들을 서술하기 위해 사용했다. 그리고 용어의 의미를 구체적으로 보여주는 몇몇 사례들을 제시함으로써, 어떤 경험들로 인해 내가 이 개념들을 제안하게 되었는지 설명했다.

집단에서 해석을 할 때 나는 집단 심리와 같은 용어는 가급적 사용을 피한다. 해석의 언어는 최대한 단순하면서도 정확해야 한다. 가령 집단 심리를 설명할 때는 이렇게 이야기한다. "지난 5분 동안 집단은 서로 힘을 모아, 제가 해석을 좀 더 이어나갈 수 있도록 도움을 준 한 구성원을 불편하게 만들려고 했다는 생각이 듭니다." 이렇게 해석을 한 다음에는 그 근거가 되는 사실들을 보여줌으로써 집단이 어떤 방식을 통해 그렇게 행동했는지, 무엇이 나로 하여금 집단이 하나의 팀으로서 서로 힘을 모으고 있다고 생각하게 만들었는지를, 비록 집단이 이런 '팀웍'을 어떻게 이뤄냈는지는 알지 못하더라도, 설명해야 한다. 팀웍을 어떻게 이뤄냈는지를 설명할 수 있는 근거가 있으면 그 근거도 함께 제시한다.

또한 집단 문화에 대해 말할 때는 다음과 같이 이야기한다. "우리는 지금 평등한 성인 남녀들처럼 행동하고 있고, 설령 의견의 차이가 있더라도 관대한 태도로 각자의 관점을 표현할 수 있는 '권리'를 존중하면서 자유롭게 서로의 문제에 대해 토의하고 있습니다."

개인에 대한 이야기는 이런 식으로 한다. "X씨가 곤란하신 듯한데, 어떤 문제를 다루어 보고 싶지만 계속했다가는 다른 사람들과 갈등이 생길까 봐 걱정하시는 것 같습니다."

이 마지막 사례는 첫 번째 사례에서처럼 집단 심리에 관해 설명하는 데에도 똑같이 적용될 수 있다. 이는 그 자체만으로는 중요한 문제가 아니지만, 정신과 의사는 어떤 설명이 집단 상황을 가장 명료하게 드러내어 주는지 결정한 다음, 그 설명을 어떤 말을 써서 집단에게 전달할 것인지 선택해야 한다.

해석을 표현하는 방법에 대해 더 이야기하지는 않겠다. 중요한 문제이기는 하지만 책에서 쉽게 전달할 수 있는 내용은 아니기 때문이다. 다만 집단 상황에 대해 설명할 때에는 구체적인 말을 사용하고, 최대한 온전하고 정확한 정보를 제공하며, 정신과 의사가 기반하고 있는 이론적인 개념들에 대해서는 가능하면 언급하지 말아야 한다는 점은 독자에게 전달이 되었으리라고 본다.

그런데 이 세 가지 개념, 즉 상호의존적인 현상으로서의 개인과 집단 심리, 집단 문화라는 개념은 실제 임상에서 잘 적용이 되었는가? 별로 그런 것 같지는 않다. 실제로 나타난 집단의 반응은 지긋지긋할 정도로 일정치 않은 것이었다. 내가 지금껏 개략적으로 묘사해 온 방식으로 해석을 한 뒤에 나타났던 집단의 반응을 보면, 때로는 그것이 내 해석에 따른 논리적인 귀결이라고 설명할 수 있는 경우도 있었지만, 그 중에는 나를 혼란스럽게 만드는 예외들도 있었다. 집단은 예상과는 다른 모습을 보이면서 나를 진퇴양난에 빠뜨리는가 하면, 내가 확신을 가지고 내 이론을 적용할 수 없게 만들기도 했다. 내 이론은 아예 적용 불가능한 것이거나, 적용이 가능하다 하더라도 어떤 상황에서 전혀 중요하지 않은 일부 측면만을 설명할 수 있을 뿐이라는 느낌이 들었다.

내가 구체적인 사례들을 제시할 수 있다면 좋겠지만, 실제로 어떤 말들이 오갔는지 기록할 수는 없다. 하지만 어느 경우든 간에, 내 이론에 구멍을 낸 것은 집단에서 오고 간 말들이 아니라, 그 말들에 동반한 감정이었다. 따라서 나는 주관적인 것이 될 수밖에 없는 설명에 기대려 한다.

나는 해석의 효과가 일정하지 않았다고 말했다. 하지만, 시간이 흐르면서 집단의 행동에 일정한 패턴이 반복되고 있다는 생각이 들었는데, 특별히 그 중 하나를 꼽으라면 다음과 같다. 서로 열심히 의견을 나누곤 하던 두 사람이 있었다. 둘 사이에 무슨 대화가 오고 갔는지 묘사하기는 어렵지만 둘이 서로 깊은 관계인 것만은 분명했고 집단 사람들 역시 모두 그렇게 생각하고 있었다. 두 사람이 대화를 나누고 있을 때 집단은 주의 깊은 침묵을 지키며 앉아있곤 했는데, 자신의 문제가 논의의 중심이 되지 않는 상황을 잘 견디지 못하는 신경증 환자들의 성마름을 고려했을 때 이는 놀라운 일이었다. 두 사람이 집단에서 이런 식의 관계를 맺기 시작할 때면 –이 둘은 남녀일 수도 있고 동성일 수도 있다– 어김없이 하나의 기본가정basic assumption이 있어서, 집단이나 지금 관계를 맺는 두 사람 모두가 이 관계는 성적인 것이라고 당연하게 받아들이는 것 같았다. 마치 두 사람이 함께 모이는 데에는 섹스 말고는 다른 이유가 없기라도 하다는 듯이 말이다. 집단은 이런 상황을 묵인하고 있었으며, 둘이 서로 웃음을 주고받고 있다는 사실을 알고 있으면서도 그런 행동을 끝없이 계속하도록 기꺼이 허용하고 있었다. 예외가 없는 것은 아니었지만, 집단의 다른 이들도 하고 싶은 말이 많았다는 점을 고려할 때, 우리가 생각하는 것만큼 예외가 많지는 않았다.

자, 집단에서 두 사람이 함께 만나는 목적이 비단 섹스만은 아닐 것임은 분명하다. 따라서 두 사람이 마음속에 의식적으로 품고 있는 목적을 추구하려는 욕망과, 두 사람이 만나는 목적은 오직 하나, 섹스뿐이라는 기본가정에서 생겨나는 감정 사이에는 상당한 갈등이 있을 수밖에 없다.

시간이 흐르자 그 둘은 조용해졌는데, 조용해진 이유를 묻는다고 해도 얼마든지 적당한 이유를 찾아 대답할 수 있었을 것이다–가령 집단의 대화를 독점하고 싶지 않아서라고 대답하면 그만인 것이다. 그와 같은 해명에도 나름의 정당성이 있음을 부인하지는 않겠지만, 한 가지 설명을 덧붙이자면, 두 사람이 접촉을 중단한 것은 그런 행동이 집단의 기본가정에 부합하지 않는다고 생각했거나, 기본가정에는 부합하지만 공공장소에서 적절한 행동이 무엇인가를 말하는 다른 관점들과는 부합하지 않는다는 사실을 인식했기 때문일 수도 있다.

두 사람 관계에 기반한 연구 기법을 적용하는 사람은, 정신분석의 기법이 그러한 것처럼, 한 사람의 심리를 다른 한 사람의 심리를 통해 연구하는 역할을 수행하며, 집단의 심리가 아닌 두 사람의 심리를 연구하는 사람이라고 볼 수 있다. 집단의 기본가정에 대한 나의 관찰이 정확한 것이라면, 그와 같은 연구를 통해 섹스를 중심적인 위치에 놓고 다른 감정들은 다소간 부차적인 것으로 치부하는 것처럼 보인다고 해서 그리 놀랄 일은 아니다.

두 사람과 관련한 기본가정이 둘은 섹스를 목적으로 만난다는 것이라면, 집단에 함께 모인 사람들과 관련한 기본가정은 어떤 것일까? 그것은 사람들이 집단을 보존할 목적으로 함께 하고 있다는 것이다. 회기에 결석한 회원은 집단의 결속을 해치는 위험한 사람이고, 출석한 회원은 출석해 있다는 사실만으로 도덕적인 사람이라는 생각에 사람들이 집착하면서 논의가 지지부진해지는 일은 집단에서 흔히 나타나는 것이다. 이와 같은 집단에 익숙하지 않은 사람은, 소위 지성적이라는 사람들로 이루어진 집단이 이토록 편협한 영역 안에 맴돌면서, 마치 이를 통해 정서적인 만족을 느끼기라도 하는 것처럼, 끝없이 이야기를 나누는 광경을 보고 놀라게 될지도 모른다. 집단을 보존할 만한 가치가 있도록 만드는 데에는 아무런 관심들이 없는데, 실제로 누군가가 이런 식으로 시간을 보내는 것에 대해 반대 의견을 내거나 다른 이야기를 해보자고 제안을 하면, 집단의 붕괴라는 두려운 상황에 대한 논의와는 관계없는 것으로 치부되어 버린다. 집단 밖에서, 가끔은 안에서도, 사람들은 집단이 시간을 어떻게 보내는가에 따라 그 집단에 회원으로 참석하고 싶은 바람이 얼마나 강해지는지가 결정된다고 생각하지만, 집단 안에서는 시간이 어느 정도 지난 뒤에야 집단에 충성하는 것 자체가 유일한 목표라는 느낌으로부터 사람들이 자유로워지기 시작한다.

다음으로 이야기하고 싶은 것은 집단이 알고 있는 자기보존의 기술은 오로지 두 가지뿐인 것 같다는 점이다. 싸우거나 도망치거나. 집단이, 그것이 하나의 집단이 되어 기능하고 있을 때, 자신의 문제를 다루기 위한 방법으로 이 두 가지 중 어느 하나에 의지하는 경우가 빈번하게 나타난다는 사실을 경험하게 되면서, 나는 집단과 관련해서 어떤 기본가정이 존재하는 게 아닌가 하고 처음 생각하게 되었다. 나는 임상 관찰을 통해, 그 기본가정이란 집단은 싸움-도주fight-flight를 위해 모인다는 것이며, 이는 집단이 자기를 보호하기 위해 모인다고 말하는 것만큼이나 합리적인 이야기라는 생각이 들었다. 이 중에서 후자는 싸움-도주의 형태를 띠지 않는 활동에 대해서 용인하지 않으려는 집단이 어째서 두 사람이 짝을 이루는 활동에 대해서만큼은 관용을 베푸는 것인지를 설명하는 데 편리한 가설이 된다. 번식은 싸움-도주만큼이나 집단의 보존을 위해 중요한 일인 것이다.

싸움-도주에 집착하다 보면 집단은 다른 활동들에 대해서는 무시하게 되며, 무시하는 게 불가능한 경우에는, 그것들을 억누르거나 그로부터 도망치려고 하게 된다. 두 사람과 관련한 기본가정이 둘에게 적합한 행동이 무엇인가 하는 점에서 다른 관점들과 충돌하듯이, 집단과 관련한 기본가정 역시도 집단이 할 수 있는 활동이 무엇인가 하는 점에서 다른 관점들과 날카롭게 충돌한다.

집단과 관련한 기본가정으로부터 여러 부수적인 가정들이 나올 수 있는데, 이 중에서 몇 가지는 즉각적인 중요성을 지닌다. 사람들은 집단에서 개인의 안녕은 일차적인 고려 대상이 아니라고 – 집단이 먼저이며, 도망치는 과정에서 개인은 뒤에 버려져도 된다고 – 느끼게 된다. 최우선 과제는 집단이 살아남는 것이지, 개인의 생존 따위가 아니기 때문이다.

이 기본가정은 사람들이 창조적인 작업을 하기 위해 집단에 모인다는 생각, 특히 집단 구성원의 심리적인 어려움을 다루기 위해 모인다는 생각과 극명하게 충돌한다. 집단의 유지를 위해서라면 개인의 안녕은 중요한 문제가 아니기 때문에, 개인의 신경증을 다루는 데 있어 신경증에 맞서 싸우거나, 아니면 그것을 가진 개인으로부터 도망쳐 달아나는 것 이외의 다른 방식은 존재하지 않으며, 존재하더라도 집단이 추구하는 선善과 직접적으로 대립하는 것으로 느껴질 것이다. 내가 적용한 것과 같은 기법이 집단이 기본으로 사용하는 이 두 방식과 어울리지 못하는 것도 무리는 아니다.

우리 모두는 집단 속에서 살고 있으며, 수많은 경험을 통해, 무의식적으로나마, 그것이 무엇을 뜻하는지 알고 있다. 따라서 내가 집단을 대하는 태도를 비난하는 사람들이 내 방식을 두고서 그것이 개인을 모질게 대하는 것이라거나, 개인이 가진 문제들을 회피하기 위한 방편임이 틀림없다고 느끼게 되는 것도 그리 놀랄 일은 아니다. 무리지어 사는 동물인 인간이 집단에 들어가기로 결정한다면, 그것은 그가 싸우거나 무엇으로부터 달아나기 위한 것이라고 우리는 가정한다.

이러한 기본가정이 존재한다는 사실은 집단의 리더로서 탁월한 역량을 가진 것처럼 보였던 내가, 어째서 동시에 자신의 직무에 태만한 사람이라고 느껴지게 되었는지 설명하는 데 도움을 준다. 집단이 타당한 것으로 인정하는 종류의 리더십이란 집단을 동원하여 누군가를 공격하거나, 그런 상황으로부터 달아나게 만드는 자의 리더십이기 때문이다. 이러한 맥락에서 본다면, 내가 리크만 박사[2]와 함께 노스필드 군병원에서 병사들을 치

2) 사전 연구, 13-30쪽 참조.

료하면서 실험을 진행하고 있었을 때, 사람들은 우리가 병사들을 다시 전장으로 내보내기 위해 애를 쓰고 있거나, 아니면 농땡이를 피우는 수많은 병사들이 계속해서 농땡이를 피우도록 성의껏 도와주고 있는 것으로 받아들이고 있었다고 말할 수 있다. 우리가 치료를 깊이 고민하고 있다고 주장하면, 그것은 겉은 그럴싸하지만 쉽게 간파할 수 있는 기만으로 간주되었다. 우리는 싸우지도 않고 그렇다고 도망치지도 않는 리더는 쉽게 이해받지 못한다는 사실을 배웠다.

이제 우리는 다음과 같은 결론에 이르렀다. 집단 심리와 집단 문화, 개인이라는 개념에 바탕을 둔 해석을 듣고 집단이 보인 반응으로 짐작하건대, 그간의 내 이론은 충분한 것이 아니었을 수도 있다. 상황을 다시 평가해본 결과, 두 사람이 만나고 집단이 모이는 목적과 관련하여 어떤 기본가정들이 존재한다는 사실이 드러났다. 이 기본가정들을 염두에 두면서 나는 집단 심리라는 개념을 다음과 같이 수정하려고 한다.

집단 심리는 집단의 의지를 구성원들의 합의를 통해 표현하는 것인데, 개인은 스스로 알아차리지 못하는 방법으로 집단에 영향력을 행사하게 되며, 이는 다시 그에게 영향을 끼쳐 자신이 생각하고 행동하는 바가 기본가정과 충돌할 때마다 불편한 기분을 느끼게 만든다. 집단 심리는 집단 생활을 기본가정에 부합하도록 만들기 위해 고안된 하나의 자동적 의사소통 장치인 것이다.

집단 문화는 개인의 욕망과 집단 심리가 서로 갈등을 일으킬 때 나타나는 관계를 표현한다. 따라서 집단 문화는 언제나 그 이면에 기본가정이 존재하고 있다는 증거가 된다.

내가 지금껏 설명한 두 개의 기본가정에 한 가지를 더 추가할 필요가 있다. 그것은 집단이 어느 한 사람에게 의존함으로써 안전을 도모하려고 한다는 기본가정이다.

나는 앞서의 설명을 통해(33-46쪽) 집단이 내게 기대했던 것과 실제로 알게 된 모습이 달라서 집단이 당혹스러워 했음을 보여주었다. 집단이 강의나 세미나처럼 정해진 형식을 따라 진행되지 않는다는 점도 집단에게는 불안한 것이었다. 개인들 각자는 우리가 모인 것이 집단에서 일어나는 긴장을 연구하기 위해서라는 점을 이해하고 있었지만, 정작 집단은 그러한 작업의 의미가 무엇인지 이해하지 못하는 것 같았다. 나를 대신하는 리더가 나타나기도 했지만, 집단은 오래지 않아 그를 버리고 나에게 다시금 충성을 바치기 시작했다. 내가 이끄는 방식을 여전히 이해하거나 받아들이려고 하지 않으면서도 말이다. 나는 집단이 나를 집단의 일원에서 제외시키고 싶어했던 적이 있다고 서술했다. 그와 크게 다르지 않은 것으로서, 집단 구성원들이 나에게 집단을 사보타주하기 위한 시도를 할 거라고 으름장을 놓는 경우도 있었다고 말했다. 그 단락에서 나는 집단이 리더에게 어떤 역할을 수행하도록 요구하고 있으면서도, 이를 위한 여지를 주지 않고 있거나, 적어도 내 눈에는 그런 여지가 보이지 않았다고 말했다.

내가 수정한 이론을 그 때 적용했더라면 당시의 상황을 좀 더 잘 이해할 수 있었을지도 모르겠다. 내가 했던 설명과 해석들을 방금 서술한 개념들과 관련지었다면 더욱 일관성 있는 것이 되었을 수도 있다.

우선, 집단을 일종의 세미나와 같은 것으로 생각하려는 시도는 집단을 교양있고 합리적인 행동 수준에서 벗어나지 않도록 하여, 개인이 추구하고자 하는 목적을 달성하는 데 적합하도록 만들어보려는 의도를 가지고 있었다. 마치 그런 시도를 하지 않으면 내가 적용하는 기법으로 인해 개인이 의식적으로 바라는 소망을 성취하는 데 도움이 되기보다는 방해를 받을 것처럼 말이다.

그러한 시도가 실패로 돌아가자, 내 이론을 적용하자면, 집단은 싸움-도주를 목표로 결속하려고 한다는 기본가정의 지배를 받는 집단이 모습을 드러내기 시작했다.

이런 집단이 등장하게 되면서, 내가 수행하고 있었던 리더십은 더 이상 리더십으로 인정조차 받지 못했다. 집단이 사보타주를 경고했던 상황에서, 만일 내가 집단이 기대한 모습을 가진 리더였다면, 나는 집단이 – 이러한 집단의 우선적 필요조건인 – 적의 존재를 인정하라는 유혹의 초대장을 보내고 있다는 것을 이해했을 것이다. 할 줄 아는 것이 싸우거나 도망치는 것뿐인 사람은 싸우거나 도망칠 무언가를 찾아내야만 하는 법이다.

나를 대신한 리더 역시 실패했는데, 이 점에 있어 집단은 기이한 구석이 있었다. 내 경험으로 볼 때 대부분의 집단은, 비단 환자 집단이 아니더라도, 집단을 흡족하게 하는 대체자를 곧잘 찾아내기 때문이다. 이런 대체자는 보통 편집증적 성향을 현저하게 지닌 인물인 경우가 많다. 적의 존재가 집단에게 분명해 보이지 않을 경우, 아마도 차선책은 적을 식별할 수 있는 누군가를 리더로 택하는 일일 것이다.

그동안 집단에서 경험한 바를 검토해보면, 내가 수정한 개념들이 실제의 경험과 크게 어긋나는 것은 아닌 것 같다. 이제부터는 내가 실제 임상에서 이 이론들을 어떻게 적용했는지에 대해 이야기해 보겠다.

어느 집단에서 있었던 일인데, 나는 해석을 통해 치료가 어떻게 해서 집단 구성원들에게 불쾌한 느낌을 불러일으키게 되었는지 보여주려 하고 있었다. 그러한 해석에 대해 사람들은 내가 '선량한' 집단을 위협하고 있다고 느끼고 있었다. 내가 Y양이 한 말을 근거로 삼아 해석을 했을 때였다. 그녀는 내 해석을 듣더니 마치 내가 아무런 이야기도 하지 않았다는 듯이 평온한 태도로 흘려보내 버렸다. 몇 분 뒤 내가 다시 유사한 내용의 해석을 했을 때도 같은 일이 벌어졌다. 그 다음 번에도 마찬가지였다. 집단은 침묵을 지키고 있었다. Y양이 내 해석을 무시하고 있었을 때, 나는 집단이 하나의 집단으로 뭉치고 있다는 사실을 알아차렸다. 이는 의심의 여지가 없었다. 세 번째 해석마저 무시당했을 때 나는 집단이 뭉치고 있을 뿐만 아니라, 집단의 그러한 행동이 나의 개입을 멈추게 하기 위한 것임을 확신했다. 항상 말없이 앉아있기만 했던 X씨는 이러한 집단의 결의를 몸으로 드러내고 있는 사람임이 분명하다는 느낌이 들었다. X씨는 강한 증오심을 지닌 동시에 자신의 공격성을 몹시 두려워하는 남성이었다. 그는 집단이 짝짓기pairing를 용인하거나 의존의 욕구를 만족시키고 있을 때에만 말을 하는 사람이었다. 집단이 이 두 가지 형태를 띠고 있을 때에도, 그는 소심한 태도로 자신이 드러나지 않는 선까지만 말을 했다. 하나로 뭉친 집단 속에서 그는 조용히 앉아 있었지만, 내 눈에는 그가 정서적으로 깊은 만족을 느끼고 있는 것처럼 보였다. 당시 그에 대한 내 인상은 그랬다.

그 침묵의 와중에 나는 강한 정서적 만족을 경험하고 있는 또 하나의 환자가 있음을 알게 되었다. 어떤 면에서 보면, 그는 집단에서 X씨만큼 중요한 위치를 차지하고 있지는 못하였으며, 실은 X씨를 추종하고 있는 사람이었다고 보는 편이 맞을 것이다. M씨는, 나는 그를 이렇게 부르겠다, X씨에게 시선을 고정한 채 의자에 앉아있었다. 그는 때때로 생각에 잠긴 듯한 모습으로 다른 구성원들에게 이리저리 눈길을 던지고 있었는데, 마치 자신의 시선을 알아차리는 사람이 있는지 알아보려고 하는 것 같았다. M씨가 자기 자신의 어려움을 이야기하는 경우는 드물었다. 그는 솔직함은 해가 되지 않는다고 공언하면서, 마치 자신은 집단을 격려하고 싶어한다는 듯이 말을 했다. 하지만 그의 목적이 그런 것이었다면 그는 실패할 수밖에 없었던 것이, 분별있는 사람이라면 그의 말과 행동 속에 겉은 번지르르하지만 꼼꼼하게 선별했다는 증거가 배어있음을 파악하고 다른 결론을 이끌어낼 것이 분명하기 때문이다. 그의 시선은 누군가에게 머물면서 이야기를 꺼내라는 메시지를 전달했지만, 그 메시지는 사람들의 주의를 끌지 못했다.

J양은 직장에서 겪은 몇 가지 불쾌한 일에 대해서 이야기했다. 그녀는 이야기를 마치자마자 서둘러 자신의 행동에 대해 스스로 잠정적인 해석을 덧붙였다. 그러고 나서 다시 몇 가지 일화를 설명하려는 듯했지만 결국 집단이 보이는 싸늘한 적대감의 벽에 부딪혀 포기했고, 자신은 너무 자의식이 강한 사람인 것 같다고 말하면서 입을 닫아버렸다.

뒤를 이어 나선 H양이 이 벽에다가 균열을 내어보려고 시도했지만, 몇 마디 말을 간신히 꺼내는가 싶더니 금방 무릎을 꿇어버렸다.

한동안 침묵이 이어진 뒤 나는, 특히 J양과 H양을 언급하며, 사람들은 그래야 할 것 같은 의무감으로 자신이 겪고 있는 어려움을 이야기함으로써 치료를 이어나가고자 애쓰고 있다고 말했고, 이는 한편으로는 그게 나에게 도움이 될 수 있으리라 느꼈기 때문이기도 하고, 한편으로는 집단에 만연한 적대감을 깨뜨리고 싶었기 때문이기도 하다고 덧붙였다. 침묵이라는 것은 집단이 느끼는 적대감의 표현이면서, 이런 식의 집단에서는 어떠한 창조적인 작업도 가능하지 않다는 점을 사람들이 알고 있다는 표시일지도 모른다는 생각이 들었다.

내가 묘사했던 상황은 정서적인 상황이었던 까닭에, 당시 나왔던 말들을 통해서 전달하는 것이 쉬운 일은 아니다. 내가 하나로 뭉친 집단에 대해 말을 할 때, 내가 이야기하고 있는 것은 바로 이와 같은 종류의 사례인 것이다. 집단이 이런 방식으로 뭉칠 때, 집단은 가족만큼이나 실제적이고 인생에서 많은 부분을 차지하는 무언가가 되기도 하지만, 그것은 결코 가족과 동일한 것은 아니다. 그러한 집단의 리더가 된다는 것은 한 가족의 아버지가 된다는 것과는 한참이나 거리가 먼 일이다. 나중에 묘사하게 될 어떤 특수한 정서적 상태에서는 리더가 아버지에 가까워지기도 하지만, 그러한 집단에서 어느 구성원이 부모의 속성을 내보이는 경우에도, 그는 일반적으로 부모와 관련되는 지위나 의무, 특권 같은 것들이 자신에게는 아무 것도 없다는 사실을 금방 깨닫게 된다. 실제로 정신과 의사인 내가 부모의 속성을 내보일 거라 사람들이 기대하고 있는 동안, 집단에서 내가 차지하는 위치는 모순적인 것이 되었으며, 그런 기대가 나를 집단에서 배제시키기 위한 추가적인 근거로 작용하기도 했다 – 집단은 이미 내가 하는 행동을 보고 서로 단결하여 집단의 적인 나에게 맞서고 있었다는 사실에 덧붙여서 말이다. 개인의 안녕을 우선적으로 생각하는 사람은 이 자리에 어울리지 않는다는 뜻을 기본가정이 내비치고 있을 때, 집단은 이와 같은 상황을 나에게 조금이라도 알려주기 위해 정신과 의사로서 내 지위가 가지는 권위에 호소했다.

X씨는 집단에서 말을 할 필요가 없었다. 그와 집단은 한 몸이나 다름없었던 것이, 그를 죄책감에 시달리게 만들었던 파괴적인 증오심은 집단은 싸움-도주를 위해 모인다는 기본가정의 승인을 받고 있었기 때문이다.

M씨의 역할은 흥미로운 것이었는데, 이에 대해서는 깊이 주의를 기울여야 할 필요가 있었다. 그의 얼굴에 드러나는 표정과 집단 구성원들의 참여를 독려하기 위해 그가 눈길을 주는 순서를 유심히 살펴본 후에야, 나는 비로소 집단이 이해할 수 있을 만한 해석을 할 수 있었다. 그것은 마치 오케스트라 지휘자가 등장하는 한 편의 무성 영화를 보는 것과 같았다. 그는 어떤 종류의 음악을 상연하고 싶었던 것일까? M씨의 역할은 집단의 적대감을 생생하게 유지시킴으로써, 그런 상황에서는 내가 집단에 어떠한 변화도 일으킬 수 없으리라는 사실을 모든 이들에게 전달하는 것이었다.

나는 이 상황에 드리워진 특이한 정서적 분위기에 대해 계속해서 면밀하게 주의를 기울였고, 다음과 같이 지적할 수 있었다. 집단은 도움을 얻기 위해 자신의 문제를 꺼내는 사람들에 대해 무시하거나 모른 척하고 있고, 회기를 건설적으로 만들어 보려는 시도들에 대해서도 그와 비슷하게 대하고 있으며, 집단의 모든 구성원들 사이에는 서로를 이해한다는 미묘한 분위기가 있는 것 같고, 우리가 하는 이 모든 일들을 우리는 하나의 팀으로서 함께 행하고 있다고 나는 말했다. 이와 더불어, 집단의 여러 구성원들은, 예컨대 M씨처럼, 일련의 은밀한 몸짓들을 통해 다른 이들과 의사소통하고 있는 것 같으며, 우리의 관찰력이 미약한 관계로 아직은 인지하지 못하고 있지만, 이 말고도 다른 의사소통 방식들이 더 존재하고 있는지도 모른다고 덧붙였다.

내 해석이 무시당하고 있었다고 말하는 것은 그리 정확한 표현이 아닐 것이다. 내가 하는 이야기가 조금은 받아들여지고 있다는 느낌을 주는 무엇인가가 있기는 했지만, 겉으로 드러난 모습만 가지고 본다면 나는 방음 유리벽에 의해 집단의 다른 이들로부터 차단되어 있는 것 같았다. 내 해석은 집단의 행동에 한 치의 변화도 일으키지 못했음이 분명했고, 집단은 회기가 끝날 때까지 족히 삼십 분 동안을 무반응으로 일관했다. 독자들이 상상하는 것처럼, 나는 반응이 없는 이유가 무엇인지 스스로에게 물어보아야 했다. 내 이론이 또다시 틀렸거나, 혹은 내 해석이 정확하지 않았을 수도 있었다. 그러나 실제로는 내가 다루고 있었던 상황이, 정신분석에서 환자가 반응을 보이지 않았다고 생각했는데 다음 회기에서 그게 좁은 생각이었음을 알게 되는 것과 유사한 상황인지도 모른다는 느낌이 들었다.

실제 일어난 일도 그와 같았다. 다음 회기에서 집단은 내가 짝짓기를 목적으로 만난다고 서술했던 부류의 집단이 되어 있었다. 하지만, 나는 이 집단에 대해 더 깊이 묘사하는 대신에, 하나의 집단 문화에서 다른 문화로 변화하는 과정을 밝히는 데 도움이 될 다른 집단의 사례를 서술하고자 한다. 지금 제시하는 사례에서는 내 해석들이 회기와 회기 사이에서 효력을 발휘하는 것처럼 보인다. 이제부터 그러한 변화가 실제로 일어났던 회기 하나를 묘사해보려 한다. 나는 싸움-도주 집단에서 다른 집단으로 변화했던 사례를 골랐다.

집단은 싸움-도주의 상태에 빈번하게 머물러 있었다. 집단의 많은 이들은 이러한 집단 문화에 점점 질려가고 있던 터였다. 그 때 한 남자가 나와 대화를 나누기 시작했다. 나에게 대답을 요구할 만한 충분한 이유가 있었기 때문에, 그 대화가 무의미했다고 볼 수만은 없을 것이다. 그는 몇 마디 말을 꺼내는가 싶더니 갑자기 말을 멈추었는데, 마치 무언의 대화 기술에 쓰일 재료들이 바닥이 났다는 것을 깨닫고, 더 이상 말을 하지 않음으로써 이러한 사실이 밖으로 드러나지 않도록 하려는 것 같았다. 그의 뒤를 이어 나선 한 여성도 그와 거의 흡사한 행동을 보였다. 두 사람은 모두 마치 자신들의 모험어린 시도가 성공했다는 것에 만족이라도 한다는 듯이 행동했다. 그들 각자는 집단의 다른 두 구성원에게 차례로 같은 시도를 되풀이했다. 이 시점부터 다른 이들 역시 두 선구자의 뒤를 따라 유사한 방식으로 대화를 시도했는데, 이제 대화는 더 이상 무의미하지 않은 것이 분명했다.

만일 이러한 행동을 정신분석 상황에서 보았다면, 나는 환자가 나와 우호적인 접촉이라고 느껴지는 관계를 맺음으로써 위안을 얻고 싶어하면서도, 자신이 위안을 통해 벗어나고 싶은 불안이 어떤 성질의 것인지는 전혀 드러내려 하지 않는다고 생각했을 것이다.

집단 상황에서도 같은 해석을 할 수 있었겠지만, 해석이라는 행위가 지금-여기서 나타나고 있는 정서적 경험에 정확히 부합해야 하는 것이라면, 그것은 개인들이 수행하고 있는 사회적 기능이 무엇인지에 대해서도 마땅히 고려해야 할 필요가 있었다. 그런 이유에서 나는 이들의 행동을 집단을 자신들의 뜻대로 움직이기 위한 시도라고 해석했다. 사람들은 짝짓기 관계pair relationships를 맺음으로써 싸움-도주의 문화를 끝내려 하고 있다. 이런 시도를 위한 첫 발걸음으로 사람들은 나와 접촉했는데, 이는 지금까지의 경험을 통해 내가 아마도 집단 상황에 정서적으로 덜 휘말려 있는 사람이며, 따라서 나라면 어떤 반응을 이끌어낼 수 있으리라고 그들이 생각했기 때문이다. 집단의 다른 구성원들에게 같은 시도를 하기 위해서는 여기서 한 발자국만 더 나아가면 되었으며, 이 시점부터 채 몇 분이 지나기도 전에 집단은 짝짓기를 목적으로 하는 집단으로 탈바꿈했다. 집단에 이런 일들이 일어나면서 개인의 문제에 대해 논의하는 것이 다시 가능해졌던 것이다.

내가 이 사례를 제시한 것은 집단에서 변화가 실제로 어떻게 일어났는지를 보여주기 위해서였지만, 이 사례를 계속 이어감으로써 하나의 집단 문화에서 다른 문화로 이행하는 과정과 다시 원래의 상태로 돌아오는 과정에서 개인들에게는 어떤 일들이 일어나는지를 설명하고자 한다.

앞서 이야기했듯이, 이 집단은 싸움-도주의 문화를 견디느라 좌절을 겪고 있었다. 반갑게도 짝짓기 집단이 등장하면서 잠시나마 이 상황에서 벗어나게 해주는 것처럼 보였지만, 오래지 않아 이러한 종류의 집단 역시 나름의 문제가 있다는 사실이 분명해졌다. 한 가지 이유로, 내가 하는 역할이 썩 만족스럽지 못했다는 점을 들 수 있다. 싸움-도주 집단에서는 기본가정으로 인해 개인들이 나의 말과 행동에 많은 관심을 기울이기가 어려웠다. 한편, 짝짓기 집단에서는 기본가정으로 인해 개인이 나와 충분한 대화를 이어나가기가 쉽지 않았다. 이 때 기본가정은 어떤 두 사람의 대화도 어렵게 만들었겠지만, 치료자는 집단에서 특수한 위치를 점하고 있는 터라 그 어려움이 더욱 가중되는 것이다. 정신분석 이론에 익숙한 사람들이라면 대화가 진행되는 도중에 끼어드는 이런 어려움이 어떤 것인지 알아차릴 수 있으리라.

나는 싸움-도주의 문화에서는 집단이 보이는 반응으로 인해 편집적인 성향을 지닌 개인이 중요한 위치로 부상하게 된다고 언급했다. 집단이 다른 문화를 지닌 집단으로 이행할 때에도 이와 유사한 결과가 나타난다. 집단이 어떤 기본가정을 지닌 집단 문화에서 다른 기본가정을 지닌 집단 문화로 변화하고 있다는 사실을 알아차릴 수만 있다면, 이러한 변화를 임상 관찰에 유익하게 사용할 수 있는 가능성이 열리게 된다. 마치 다른 분야의 과학자들이 파장의 변화를 이용하여 자신이 연구하고자 하는 대상의 다양한 사진상을 얻는 것처럼 말이다.

지금껏 내가 언급한 두 집단 문화에서 정신과 의사는 어려움을 겪을 수밖에 없는데, 그가 수행하는 역할이 기본가정이 집단의 리더에게 요구하는 역할과 잘 맞아떨어지지 않기 때문이다. 이로 인해 집단은 치료자가 하는 이야기를 선뜻 받아들이지 않으려 하게 된다. 집단에서 무반응을 경험하고 있는 치료자는 이러한 요인이 집단이 그를 거절하는 다른 요인 못지않게 중요한 부분을 차지한다는 점을 염두에 두어야 한다. 치료자 자신이 스스로 대단하다는 느낌이 들면서 집단 역시 이와 같은 생각을 하고 있다는 의심이 든다면, 그가 집단의 기본가정이 요구하는 리더의 역할에 자신을 맞추기 시작한 것은 아닌지 자문해 보아야 한다.

이제부터는 내가 '의존의dependent' 집단 문화라고 말한 상태에 대해 고찰해보겠다.

이 집단 문화의 기본가정은 미숙한 개체들에게 안전을 제공하는 역할을 수행하는 외부 대상이 존재한다는 것이다. 이는 집단이 느끼기에 어떤 인물이 집단이 필요로 하는 것을 제공하는 위치에 있으며, 나머지 사람들은 자신들이 필요로 하는 것을 제공받는 위치에 있다는 것을 의미한다. 집단이 이런 문화를 보이기 시작하면서 그것이 기존의 집단 문화를 대체하는 것으로 자리를 잡게 되면, 내가 앞서 싸움-도주 집단에서 짝짓기를 위한 집단으로 변화할 때 언급했던 것과 같은 종류의 위안이 뚜렷하게 나타난다. 하지만 이 집단 문화가 점점 공고해지게 되면 개인들은 또다시 불편함을 표현하기 시작한다. 그 중 빈번하게 나타나는 현상 하나는 개인들이 자신의 탐욕에 대해 죄책감을 느끼기 시작한다는 것이다. 조금만 생각해 보면 이는 충분히 예상할 수 있는 일임을 알 수 있다. 싸움-도주의 문화나 짝짓기를 목적으로 하는 집단의 문화는, 개인들에 관한 한, 그 용어 본래의 뜻을 넘어서는 사고방식을 유지하지 못한다는 것을 뜻한다. 이 두 가지 문화를 집단의 초기 형태라고 생각할 수도 있지만 말이다. 반면, 의존 상태를 고착시킬 목적으로 생겨난 집단은 개인이 지나치게 오래도록 부모의 보살핌을 요구하는 탐욕스런 아이와 같은 상태에 처하게 됨을 의미한다. 따라서 이 집단에서는 의존의 기본가정과 개인이 성인으로서 가지는 욕구들 사이에 극심한 충돌이 빚어지게 된다. 한편, 앞의 다른 두 집단 문화에서는, 이러한 충돌이 기본가정이 성인인 개인에게 요구하는 것과, 성인으로서 그가 기꺼이 내어놓고 싶어하는 것 사이에서 일어난다. 의존 집단에서는 정신과 의사를 부모처럼 느끼는 경향이 훨씬 더 강하며, 이로 인해 우리가 예상할 수 있는 복잡하고 어려운 문제들이 나타나게 된다. 자신이 의존하는 위치에 있다는 데서 느껴지는 분노가 그에 따른 안도감만큼이나 뚜렷해진다. 성적인 당혹감은 짝짓기 집단에서 보이는 그것과 다르다. 분노와 질시가 더욱 쉽게 표출되지만, 질적인 면에서는 크게 심각하지 않으며, 싸움-도주 집단에서와 같은 두려움을 불러일으키지 않는다. 이는 물론 개인들이 무책임하게 행동하더라도 별다른 일이 생기지 않을 거라고 확인해주는 존재가 있다는 기본가정을 전제하고 있기 때문이다. 싸움-도주 집단에서 나타나는 증오에는 이러한 확인이 결여되어 있으며, 리더는 오히려 증오와 같은 종류의 감정을 표출하기 위해 존재하는 것처럼 느껴진다. 의존 집단에서 개인이 자신의 감정을 더 자유로이 표현함으로써 얻을 수 있는 위안이 있다고 해도, 위안을 얻고자 하는 욕망과 성숙하고자 하는 욕망 사이에서 갈등이 일어날 수밖에 없다.

사람들이 집단 회기를 세미나와 같은 것으로 생각하려 했을 때, 나는 그 한 가지 이유로서, 집단을 어떤 완결된 구조에 매어두지 않으면 내가 설명했던 종류의 집단이 쉽게 나타날 수 있고, 집단이 하나로 뭉치면서 집단에 참여한 개인들이 겉으로 표방하는 목표가 이루어지는 대신에 좌절될지도 모른다는 두려움을 무의식적으로 느끼기 때문이라고 말했다. 이러한 충동은 치료집단에서 종종 표출되곤 하는데, 이는 그것을 '치료집단'이라고 부르는 것에서도 알 수 있다. 우리가 집단을 '치료적'이라고 생각하는 것, 정신과 의사를 집단의 리더로 여기는 것, 그리고 집단에서 우리는 오로지 신경증적 증상에 관해서만 이야기해야 한다고 말하는 것이 무척이나 합리적으로 보이는 까닭에, 우리가 이런 방식으로 생각하고 그에 맞추어 행동하려는 것이, 집단을 어떤 행동 양식에다 매어둠으로써 우리가 두려워하는 종류의 집단이 등장하지 못하도록 막아보려는 시도라는 사실은 눈에 잘 보이지 않을 수도 있다.

IV

앞 장에서 나는 환자들이 사전에 어떤 기대preconception를 가지고 집단에 참석하며, 이러한 기대는 집단의 행동을 높은 수준sophisticated* 에 매어두려는 의도로 구성되는 조직의 기반으로 매우 적합하게 쓰인다고 말했다. 그 기대란 집단은 의사와 환자로 이루어진다는 것이다.

가령 어떤 위원회와 같은 모임에 사람들이 서로 모이면, 절차에 관한 규정이 만들어지고 어떤 의제가 상정되는 게 보통이다. 작업이 진행되는 형식적 절차는 집단마다 다양하다. 정신과 의사로 참여한 집단에서, 나라는 존재는 내가 가진 지위로 인해 집단의 규정을 만들 수 있는 권한이 부여된 인물로서 가장 두드러지게 부각되었다. 나는 이런 지위를 이용하여 어떠한 규정이나 의제도 만들어내지 않았지만 말이다.

내가 하는 일이 그렇다는 사실이 분명해진 시점부터, 집단은 내가 빠

* 높은 수준sophisticated : 이 장에서 언급되는 수준 높은 집단sophisticated group은 나중에 나오는 작업 집단work group과 같은 뜻을 가진 말이다. 비온은 기본가정에 의해 잠식당한 채 머물러 있는 기본가정 집단과, 현실과 지속적인 접촉을 유지하면서 창조적인 작업을 이루어내려는 작업 집단을 대비시킨다. 'Sophisticated'는 문맥에 따라 '높은 수준의' 또는 '수준 높은'으로 번역했다.

뜨린 부분을 벌충하려는 시도에 착수했는데, 집단이 어찌나 강력하게 그런 시도에 매달리는지 지금 위기에 처한 것은 비단 효율성에 대한 열의만은 아닌 것 같았다. 집단이 스스로를 보호하기 위해 막으려고 했던 것은 다름 아니라 내가 앞 장에서 설명했던 형태의 집단 – 즉, '싸움-도주 집단 fight-flight group', '짝짓기 집단pairing group', '의존 집단dependent group' – 이 나타나는 현상이었다. 집단은 마치 어떤 조치를 취하지 않으면 집단이 쉽사리 기본가정에 따라 움직이는 방식으로 스스로를 조직하게 되리라는 사실을 이미 알고 있는 것만 같았다. 학생 집단이 수준 높은 조직을 만들기 위해 강의나 세미나 참석을 계획하는 것처럼, 환자 집단은 신경증적 장애는 질병이며 치료자는 '의사'라는 일반적인 통념을 바탕으로 그러한 조직을 구성하려 한다.

의존 집단

의존 집단은 이와 같은 의사-환자의 개념을 가능한 한 확고하게 만드는 데 우선적으로 집중한다. 집단은 즉석에서 만들어진 엄격한 규율을 따르면서, 그리 중요하지도 않은 주제에다 조심스럽게 대화를 국한시키려고 하는데, 환자는 의사에게 이야기를 하는 사람이라는 관점을 지지하는 내용의 대화는 예외적으로 허용한다. 집단은 이를 통해 자신이 처한 상황이 익숙한 것이며 변화가 없을 것이라는 느낌을 확립하려고 한다.

이 때 집단이 오직 의사만이 중요한 인물이라고 주장하면서도, 한편으로는 의사인 그가 자신의 임무를 파악하고 있다고는 믿지 않는다는 것을 행동을 통해 드러내는 일은 흔한 것이다. 정신과 의사 스스로가 의사로서의 권위를 내세우면서 수준 높은 조직을 복원시키는 데 일조해야 할 것 같은 의무감을 느끼고 있다면, 이는 상황이 익숙하기를 바라고 있는 것이 비단 환자들 뿐만은 아니라는 사실을 보여준다. 수준 높은 조직을 유지하려는 노력은 조직이 현재 위태로운 상태에 처해 있으며, 쉽게 무너질지도 모른다는 느낌과 관련되어 있다. 집단이 이 문제를 붙들고 씨름하는 것을 보고 있노라면, 최근 들어 자주 등장하는, 우리 문명이 위기에 처해 있다는 경고가 마음속에 떠오른다. 리더가 당면하는 문제는 언제나, 사람들이 집단에 속해 있는 동안 하나의 개인으로 존재할 수 있는 자유를 보장해 줄 수 있는 수준 높은 조직을 위험에 빠뜨리는 일 없이, 어떻게 기본가정과 관련된 감정들을 동원할 것인가 하는 것으로 보인다. 내가 앞에서 집단 심리와 집단 문화, 개인 사이에 이루어지는 평형 상태라고 서술했던 것은 바로 이러한 긴장의 균형 상태를 말하는 것이었다.

내가 말했던 것처럼, 의사-환자 관계는 수준 높은 조직을 세우는 데 적합한 토대가 아니라는 사실이 금방 드러나게 되는데, 하나의 이유를 들면, 그것은 의존 집단을 은폐하기 위한 허술한 위장에 불과했던 터라, 의존 집단 고유의 정서적 반응이 곧 유발되면서 수준 높은 조직을 만들기 위한 시도는 무너지기 십상이기 때문이다.

이것이 왜 중요할까? 나는 앞 장에서 이런 상황에서 나타나는 몇몇 심리적 불편함에 대해 주의를 기울였는데, 지금부터 몇 가지를 더 살펴보도록 하겠다. 의존 집단은 한 인물을 떠받들려고 하는 특징으로 인해, 야심을 가진 이들은 물론, 집단에서 발언할 기회를 찾고 있는 모든 사람들을 어려움에 빠뜨린다. 왜냐하면 집단의 눈에는, 그리고 그 자신들의 눈에도, 이런 사람들이 리더와 경쟁 관계에 있는 것으로 비쳐지기 때문이다. 유익한 것들은 더 이상 집단에서가 아니라 오로지 집단의 리더로부터 나오는 것으로 느껴지며, 그 결과 개인은 리더와 이야기를 나누고 있을 때에만 치료를 받고 있다고 느끼게 된다. 이로 인해 개인은 자신이 속고 있거나 굶주리고 있다는 느낌을 받는다. 이런 느낌은 자신이 주는 것도 없으면서 집단에 너무 많은 것을 요구하고 있다는 느낌과 연결되면서 더욱 불쾌한 것이 된다. 정신과 의사가 각각의 개인을 보살피고 있다는 생각에서 나오는 위안은, 집단이 언제부터 있어왔건 간에, 치유란 즐거운 느낌을 일시적으로 경험하는 것과는 다르다는 사실을 알게 된 이상 더는 집단에 확신을 주지 못한다. 개인 각자가 정신과 의사와 이야기를 하고 있는 동안에만 치료가 이루어진다고 생각하는 까닭에, 회기의 진전 속도는 모든 구성원들에게 매우 비경제적인 것으로 보이게 된다. 이런 인상을 부분적으로나마 완화하기 위해서는, 집단이 언짢음을 느끼면서도 의존적인 구조에 어떤 식으로 매달리고 있는지를 상세하게 밝혀내야 한다.

이런 종류의 심리적 불편함이 가진 본질적인 특징은 그것이 집단 자체의 본성에서 비롯한다는 것이며, 이 점이 언제나 집단에게 설명되어야 한다. 의존의 구조가 현저하게 나타나고 있을 때, 개인이 자신의 불쾌한 정신적 경험을 이야기하기 위해 집단에 참석하는 것은 무척이나 흔한 일이다. 그를 대하는 집단의 태도가 개인의 문제에 대해 고찰하는 일을 어렵게 만들고, 이와 관련되어 있는 환자의 목표가 좌절되는 것으로 인해 이러한 집단 기법에 심각한 결함이 있는 것처럼 보일 수도 있지만, 우리는 다음의 사실을 염두에 두면서 생각을 가다듬어야 한다. 우리의 관심사는 공개 석상에서 개인 치료를 하는 것이 아니라 집단에서 일어나는 실제 경험에 주의를 기울이는 것이며, 따라서 이 경우에서는 집단이 그 개인을 어떤 방식으로 대하는지를 살펴보아야 한다. 주목할 점이 하나 더 있다. 집단의 환자는 종종 자신이 해야 할 말을 신중하게 준비한 상태로 회기에 참석하며, 자신이 예상한 방식으로 대화가 진행되고 있다는 생각이 들 때에만 말을 꺼낸다. 정신과 의사가 마치 공개 석상에서 개인 치료를 수행하듯이 반응을 하면, 그는 자신이 집단에 맞서서 작업을 하고 있으며 집단의 편에서 작업하고 있는 것은 환자라는 사실을 금방 깨닫게 될 것이다. 그가 정신력을 발휘하여 이러한 함정을 피해나가는 경우, 그는 환자가 자신의 긴급한 문제가 무시당하고 있다며 분노를 표현하는 것을 관찰할 수 있는데, 이는 얼핏 보면 무척이나 타당한 것 같지만, 환자가 분노하는 것은 자신의 정당한 목표가 좌절되어서라기보다는, 환자가 당초에 논의하게 되리라 예상하지 못했던 문제들, 특히 그가 집단 구성원으로서 보이는 특징이나 집단의 일원이 된다는 것의 성격, 집단에 존재하는 기본가정 등과 같은 것들이 밖으로 드러나게 되었기 때문이다. 예컨대 어떤 여성이 사적인 어려움을 털어놓으면서, 정신과 의사가 자신이 내어놓는 연상들을 분석함으로써 그 어려움을 덜어줄 것이라고 기대하고 있을 때, 정신과 의사가 그와 같이 반응하지 않는다면, 그녀에게 이러한 상황은 전혀 예상치 못한 것이 되어버린다. 이 때 정신과 의사는 집단이 겪는 어려움을 설명할 수 있어야 하는데, 해당 환자의 문제도 사실은 이와 무관하지 않으며, 환자는 이를 별로 중요하지 않게 생각할지도 모르지만, 결국 나중에는 그것이 자신에게도 중요했던 문제였음이 밝혀지게 된다. 이처럼 환자가 당초 예상하지 않았던 주제에 대해 이야기를 나누게 되는 상황은 정신분석에서도 무척이나 흔히 일어나는 일이기는 하다. 하지만 정신분석가가 집단 회기를 공개 석상에서 이루어지는 정신분석처럼 진행한다면, 그는 개인 분석에서라면 좀처럼 저지르지 않을 커다란 실수를 하게 될 수도 있다는 점을 깨닫는 것이 중요하다. 정신과 의사는 자신이 지금 다루고 있는 문제가 환자나 집단이 의사가 의당 다루어야 한다고 생각하는 문제와 일치하는 것은 아닌지 의심해 보아야 한다. 이 점은 결정적으로 중요하다. 만일 정신과 의사가 스스로의 존재에 대해 많든 적든 무의식적으로 미안함을 느끼면서 시간을 보내는 대신에 과감하게 집단을 이용할 수 있다면, 당장은 어려움을 겪을지도 모르지만 자신의 도구를 적절하게 사용함으로써 얻게 되는 이득이 그보다 훨씬 크다는 사실을 알게 될 것이다.

의존 집단에서 도주는 집단의 몫으로, 싸움은 정신과 의사의 몫으로 국한된다. 집단의 충동은 적대하는 대상에서 멀리 떨어지려고 하는 반면, 정신과 의사의 충동은 그 대상을 향해 다가가려고 한다. 이와는 별개로, 집단의 감정은 오로지 의존 집단의 심리 상태에서 다른 두 기본 집단의 심리 상태로 이행하는 과도기에만 관련되어 있는 것 같다. 의존 집단은 개인이 맺는 관계의 미성숙함과 집단이 맺는 관계의 비효율성을, 기본 집단의 눈에는 그게 효율적으로 보이겠지만, 특징으로 하는데, 두 상태 모두는 집단에서 이루어지는 의사소통을 과도하게 의식하게 만들면서 개인이 가진 능력의 최대치를 발휘할 수 없도록 방해한다. 이러한 문제들이 지닌 중요성을 온전하게 파악하기 위해서는 다른 종류의 집단에서 이에 해당하는 상황을 찾아 서로 비교해 볼 필요가 있다.

리더인 경우가 아니라면, 두려움은 이런 종류의 집단에서 개인이 가질 수 있는 최고의 덕목이 된다. 이러한 정서적 장에 참여하고 있다는 것은, 어떤 구성원이든지 두려움을 경험하자마자 즉시 도망칠 수 있는 능력이 고조되어 있음을 뜻한다. 그러한 상태는 다 자란 성인으로서 자신의 욕망을 어쨌든 온전하게 의식하고 있는 개인에게는 매우 불쾌한 것이다.

집단은 종종 짝짓기 집단과 싸움-도주 집단에서 특징적으로 나타나는 정서적 경험을 회피하기 위하여 스스로를 의존 집단으로 조직하기도 한다. 어떤 면에서 볼 때 의존 집단은 이러한 역할에 매우 잘 어울리는데, 앞서 이야기했듯이 집단은 스스로에게 오로지 달아나는 경험만을 허용할 뿐이며, 집단이 회피하려고 하는 문제에 전념하는 일은, 그에게 그럴 의향이 있다면, 분석가가 경험해야 할 몫으로 치부해버리기 때문이다. 집단과 정신과 의사인 나 사이에서 이루어지는 이러한 공생 관계는 집단 구성원들이 아직 다룰 준비가 되어있지 않은 집단생활의 어떤 측면들을 경험하는 것으로부터 그들을 보호하는 역할을 한다. 그리하여 그들은 나와 수준 높은 관계를 발전시키기 위해 노력해야 하는 의무로부터 면제된다. 나는 '나와의 관계'라고 말했는데, 적어도 의존 집단의 초기 경험들을 보면, 집단의 개인들 쪽에서 볼 때 서로가 서로에게서 어떤 가치있는 것을 배울 수 있으리라고 믿는 일은 거의 불가능한 것 같기 때문이다.

지금껏 내가 한 이야기를 통해, 의존적인 심리 상태에 있는 집단 구성원들은 자신들의 경험을 점차 불만족스러워 하게 된다는 점이 분명해졌을 것이다. 어찌되었건 간에, 사람들이 오로지 리더에게만 주의를 집중하면서 자신들은 다만 의자에 기대어 앉아 리더가 모든 문제를 해결해주기를 기다리고 있을 때, 그들의 심적 상태와 실제 경험 사이에는 뚜렷한 간극이 생기게 된다. 만약 내가 이에 대해 해석을 하지 못했다면, 사람들은 당시 자신들이 느낀 환멸을 오로지 집단에서 마땅히 해야 할 의무를 다하지 못한 리더의 탓으로 돌렸을 것이다. 사실, 집단이 그와 같은 생각에서 벗어나지 못하고 있다면, 그것은 다만 집단에서 벌어지고 있는 일을 밝히는 데 내가 완전히 실패하고 있기 때문인지도 모른다. 요점은 의존의 기본가정과 그에 수반되는 정서적 장으로 인하여 특유의 좌절들이 발생한다는 것이며, 이러한 좌절들 중 일부는 어떤 환자에게, 일부는 다른 환자에게 더 분명해 보인다는 것이다.

의존 집단에 대한 연구를 진행하다 보면, 지금부터 주목해야 하는 어떤 특징들이 나타나는 것을 관찰할 수 있게 된다. 집단은 내가 집단의 리더로서 권위 있게 행동하기를 바라고 있다는 점을 언제나 분명히 표현했고, 나는 그러한 책임을, 비록 집단이 바라는 것과는 다른 방식으로였지만, 받아들였다. 초기 단계에서는 이러한 권위가 나는 의사이며 그들은 환자라는 생각에 기초하고 있다고 여기는 것이 일리가 있어 보였지만, 시간이 지남에 따라 나타나는 집단의 특징적인 행동 양상들은 상황이 좀더 복잡하다는 사실을 알려 주었다. 집단의 주의를 끌 자격이 있는 사람은 오로지 나뿐이라고 고집스럽게 주장할수록, 집단은 내가 하는 행동에 대해 그만큼이나 확실한 실망감을 경험했다. 또한 내가 수련과 경험을 통해 집단을 이끌 자격을 갖춘 인물임에 분명하다는 믿음이 확고해질수록, 집단은 내가 하는 모든 이야기에 요지부동 무관심한 태도로 일관했다.[3]

집단의 정서적 분위기를 고려하면 – 이를 무시하기란 보통의 능력으로는 어려운 일이다 – 집단이 내가 하는 말의 요지를 이해하는 데는 관심이 없고, 내 이야기에서 일부분만을 잘라내어 자신들이 이미 확고하게 만들어놓은 믿음 체계corpus of belief에다 편리하게 끼워 맞추는 데에만 신경을 쓰고 있다는 사실이 분명했다. 몸짓과 억양, 태도와 표정, 심지어는 내 이야기의 주관적인 내용까지도, 이러한 믿음 체계에 들어맞는 것이기만 하다면 그 모든 것이 의심의 여지 없이 옳은 것이 되곤 했다. 집단은 자신이 의지할 수 있는 대상의 확고부동한 그림을 얻기 위해 서로 결속하고 있었다.

처음에는 이러한 그림이 나타내는 특징들을 알아내기가 쉬운 일은 아니었지만, 그게 의사가 지니고 있는 특징들이 아니라는 점만은 분명했다. 내가 차지하고 있는 위치로 올라섰던 다른 구성원들도 여지없이 같은 운명에 빠지게 되었고, 그 결과 집단의 개인들은 예외 없이 자신들이 변덕스럽고, 스스로 표현하고자 애쓰는 생각과 어떤 관련이 있는지 모호하기만 한 방식으로 집단에 영향을 끼치고 있다는 사실을 알게 되었다. 내가 기울

3) 내 기법이 전쟁 당시 영국군 장교훈련 지원자 선발 과정에서 사용되었던 리더 없는 집단 기법에 기초하고 있다고 말하는 사람들이 있는데, 사실은 그렇지 않다. 내가 1940년에 작성한 보고서에 자극을 받은 리크만 박사가 원클리프 응급 병원Wharncliffe Emergency Hospital에서 실험을 진행하였고, 이는 나중에 원클리프 실험이라고 알려지게 되었다. 이 때의 경험이 계기가 되어 나는 리크만 박사와 함께 노스필드 군 병원에서 또 하나의 실험을 수행하게 되었다. 이 실험을 통해 얻은 명성, 혹은 악명은 통칭 '노스필드 실험'이라는 이름으로 불리게 된다. 이 이름은 그 이후로 절제와 애국심으로 유명한 영국 군대의 전통과 관련한 활동들에 임의로 전용되면서 현재의 평판을 얻기에 이르렀다.

였던 노력은, 집단이 처해 있는 상황의 이러한 모호함들을 명료한 생각을 분명하게 표현함으로써 밝혀보려는 것이었다. 이는 그나마 상황이 나았을 때에도 상당히 야심찬 목표이기는 했지만, 시간이 흐르면서 이런 목표를 이루기 어렵게 만드는 요인 중 하나가 이에 대해 집단이 보이는 적대감이라는 사실이 분명해졌다. 이러한 적대감의 본질은 모든 과학적 방법에 대한 적대감, 즉 과학이라는 이상에 도달하려는 모든 활동에 대한 적대감으로 설명할 때 가장 잘 이해할 수 있다. 사람들은 내가 하는 말들이 너무 이론적이며 지식화하려는 시도에 지나지 않는다고, 내 태도에서는 따뜻함이 느껴지지 않는다고, 나는 너무 추상적인 사람이라고 말하며 불평들을 늘어놓을 것이다. 하지만 일정 기간 동안 집단 연구를 해보면, 집단의 개인들 각자가 힘든 작업을 해낼 수 있는 능력을 충분히 가지고 있다는 데에는 의심의 여지가 없지만, 개인들이 모여 만든 집단은 이들이 어떤 작업을 하기 위해 모였다는 생각을 도무지 떠올릴 수 없도록 만들며, 사람들은 오히려 어떤 작업을 수행하게 되면 마치 모종의 중요한 원칙이 무너지기라도 할 것처럼 반응한다는 것을 알게 된다. 이 점에 대해서 나는 더 자세히 들어가지는 않으려고 하지만, 집단이 보인 행동에 대해 내가 앞서 서술한 내용을 독자들이 다시 떠올린다면, 아마도 몇몇 특징적인 양상을 알아차릴 수 있을 것이다(특히 44쪽과 58-59쪽을 참조할 것). 의존 집단이 보이는 행동의 모든 측면들을 서로 연결지어 파악하기 위해서는, 이 집단에서는 힘이 과학이 아니라 마법으로부터 흘러나온다는 믿음이 지배하고 있다는 가정을 해보면 된다. 그렇다면, 집단의 리더에게 요구되는 자질들 중 하나는 그가 마법사이거나, 마법사처럼 행동해야 한다는 것이 된다. 따라서 의존 집단에서 나타나는 침묵이란 과학적 탐구를 위해 필요한 재료들을 리더에게 제공하지 않음으로써, 마법사의 손에 의해 보살핌을 받고 있다는 데서 나오는 안전이라는 환상을 손상시킬지도 모르는 이러한 탐구가 더 진행되지 못하도록 막아보겠다는 결정의 표현이거나, 마법사인 리더에게 바치는 숭배의 표현인 것이다-해석 뒤에 종종 이어지는 침묵은 사고의 중단이기보다는 경외에 찬 헌사에 더 가깝다.

집단 회기가 진행되어 이와 같은 단계에 이르면, 정신과 의사는 자신이 일반적인 의미에서의 '저항'을 다루고 있다는 생각을 하게 될 수도 있다. 하지만 나는 집단을 자신의 종교적 믿음이 어떤 적대적인 세력에 의해 공격받고 있다고 느끼는 하나의 공동체로 바라보는 편이 더욱 생산적이리라 믿는다. 실제로 이 단계에서는 종교에 대한 언급이 자주 나타나는 것을 꽤 흔히 관찰할 수 있다. 개인은 자신을 연구자와 동일시하기도 하고, 연구 대상과 동일시하기도 한다. 전자의 경우엔 개인이 짐짓 자신에 찬 태도를 취하는 것을 볼 수 있는데, 마치 자신이 과거의 흥미로운 유물을, 혹은 불교나 기독교처럼 잘 알려진 종교를 연구하고 있다는 인상을 주려는 것처럼 보이기도 한다. 그가 이러한 태도를 취하는 것은 자신이 지금 연구하고 있는 것이 정서적 생명 유지에 필수적인 '종교'이며, 이 종교를 따르는 신도들이 자신을 둘러싸고서 까딱 잘못하면 자신을 덮칠 태세를 갖추고 있다는 사실을 깨닫게 되길 원하지 않기 때문이다. 만일 정신과 의사가 자신의 연구를 꿋꿋하게 밀고 나간다면, 그는 집단이 드러내는 적대감을 생생하게 느끼는 동시에 그가 다루어야 하는 이 현상이 지닌 생명력을 정서적으로 뚜렷이 확인하게 될 것이다. 그는 자신이 밀교 집단의 교의dogmata 뿐만 아니라, 이와 관계된 모든 현상들, 이를테면 이 밀교 집단이 신도들의 생명을 좌지우지할 수 있다는 등의 사실까지도 고려해야 한다는 점을 알고 있어야 한다. 이 현상들 중 몇 가지는 집단 스스로도 목격할 수 있다. 독립적 사고의 탄압과 이단 사냥, 그것이 역으로 불러오는 반란, 강요된 제약을 이성에의 호소를 통해 정당화하려는 시도 혹은 합리화와 같은 것들 말이다. 하지만 개인들이 자신의 일상에 대해 보고하는 것을 듣다 보면 다른 특징적인 현상이 있다는 사실이 분명해진다. 집단 '종교'를 따르는 '신도'들은, 그들이 반항적이든 아니든 간에, 일상생활을 하는 동안에도 여전히 '신도'로 남아 있기 때문에, 그들이 일상에서 겪는 갈등들 중 일부는 일상적인 생각이 요구하는 것들과 집단이라는 '종교적' 공동체의 일원으로서 요구받는 것들을 조화시키려는 시도에서 비롯하는 것일 수도 있다. 집단을 이렇게 바라보는 관점은 중요한 함의를 지닌다. 내가 의존 집단에서 이러한 측면을 관찰하면 할수록, 나는 환자들이 하나의 집단으로 단기간 함께 모여있을 때나 각자 일상으로 흩어져 있을 때나, 의존 집단이라는 하나의 '종파'에 소속되어 있다는 것이 그들의 정신생활에 광범위한 영향을 미치고 있음을 뒷받침하는 자료들을 환자들이 줄기차게 내보이고 있다는 사실을 더욱 확신할 수 있게 되었다.

이제부터는 다른 문제에 대해 이야기해 보도록 하자.

경험에서 배우기를 증오함

집단이 높은 수준의 구조를 유지하기 위해 끊임없이 노력한다 하더라도, 세 가지 기본가정들 중 어느 하나를 향해 반대 방향으로 끌어당기는 힘이 존재할 수밖에 없으며, 이러한 각도에서 집단을 바라보는 일은 중요하다. 그러기에 앞서 나는 관점을 지속적으로 변화시키는 기법을 적용할 필요가 있다는 점에 대해 간략히 언급하고 넘어가려 한다. 정신과 의사는 모든 상황의 앞면뿐만 아니라 그 뒷면도 가능한 한 살펴볼 수 있어야 한다. 그는 일종의 심리적 전환 기법을 적용할 수 있어야 하는데, 이러한 전환은 잘 알려진 아래 그림의 비유를 통해 적절하게 설명할 수 있다.

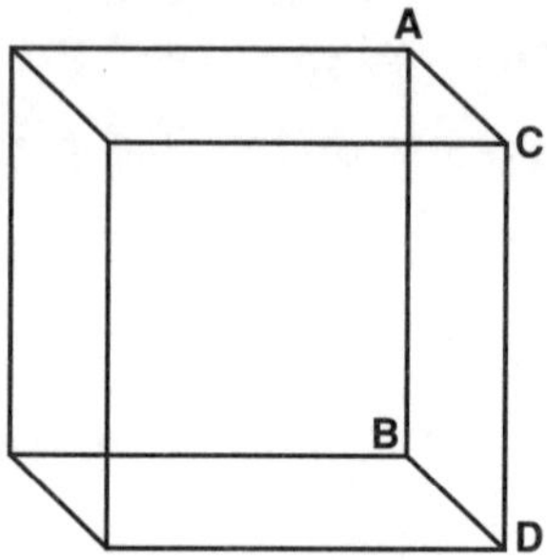

관찰자는 이 그림을 모서리 AB가 앞쪽에 위치한 상자로 볼 수도 있고, 모서리 CD가 앞쪽에 위치한 상자로 볼 수도 있다. 관찰 대상이 되는 그림의 선들은 전체적으로 변화가 없지만, 관찰자는 전혀 다른 형태의 상자를 보게 된다. 집단에서도 이와 마찬가지로, 일어나고 있는 일들은 전체적으로 변화가 없지만, 관점을 변화시킴에 따라 전혀 다른 현상들을 보게 되는 것이다. 정신과 의사는 집단에서 자신이 관찰한 내용을 묘사하기 전에 언제나 주저 없이 관점을 변화시킬 수 있어야 한다. 많은 경우 그는 자신이 방금 묘사한 상황을 집단이 예전에도 언젠가 경험한 적이 있지만, 당시에는 같은 상황이 다른 말로 표현되었을 수 있다는 점을 지적할 필요가 있다. 예를 들어(개인의 사례를 들면), '실신할 것 같다fainting off'며 상당히 불안해하는 환자가 있었다. 때때로 그는 같은 현상을 '의식하지 못하게 될 것 같다becoming unconscious'고 표현하곤 했다. 나중의 어느 회기에서 그는 다소 의기양양한 태도로, 집단에서 탐탁치 않은 일들이 일어나도 자신은 그런 일들을 단순히 무시하면 그만이라고 이야기했다. 이 때 우리는 그가 정확히 같은 상황을 이야기하고 있으며, 예전에는 '실신할 것 같다'고 불안해하며 표현했던 것을 이번에는 자신감에 찬 태도로 표현하고 있다는 사실을 그에게 알려줄 수 있다. 집단에서 벌어지는 일들을 대하는 그의 태도는 집단의 기본가정이 변화하면서 함께 달라졌던 것이다.

앞면과 뒷면의 비유나 관점 전환의 비유 모두 정신과 의사가 적용해야 하는 기법을 온전히 설명해주지는 못하는 것 같다. 따라서 내 말의 의미를 분명하게 나타내기 위해 수학에서 말하는 쌍대 원리principles of duality를 비유로 사용하여 설명해보도록 하겠다. 이 원리에 의하면, 하나의 정리가 공간상에서 점, 선, 면이 이루는 관계를 증명한다면, 이 정리는 면, 선, 점으로 각각 용어를 바꾼 그 쌍대dual가 이루는 관계를 똑같이 증명한다. 집단에서 정신과 의사는 자신이 관찰하고 있는 정서적 상황에 대응하는 '쌍대'는 무엇인지 수시로 고민해야 한다. 또한 그가 방금 묘사한 상황에 대응하는 '쌍대'를 이전의 어느 회기에서 이미 경험하고 묘사했던 적은 없었는지도 생각해야 한다.

이제 이 원리를 집단 관찰에 적용해보도록 하자. 기억하다시피 나는 이 사례를 어디에선가 설명했던 적이 있다. 집단이 모인 다음이었지만, 아직 사람들이 내 기법에 익숙해지기 전이었고, 모두들 '집단이 시작하기를 기다리는' 동안 잠시 정적이 흐르고 있었다. 이런 때 누군가가 나서서 집단이 언제 시작하는 거냐고 묻는 상황은 무척이나 흔한 일이다. 하나의 관점에서 보자면 집단은 10시 30분에 시작한다고, 혹은 모이자고 약속한 시간에 시작하는 것 아니냐고 간단하게 답할 수 있겠지만, 내가 어느 정도 관점을 전환해서 바라보면, 집단 현상은 아직 '시작하지' 않았음을 알게 된다. 내가 관심을 가질 만한 상황들이 계속해서 일어나고 점점 발전하고는 있지만, 집단은 아직 시작하지 않았다. 따라서 집단에서 작업을 할 때 나는 이러한 질문에 대답하지 않는다. 예상할 수 있는 것처럼, 집단이 내가 수행하고자 하는 것과는 다른 종류의 리더 역할을 나에게 부여하려고 애를 쓰는 경우, 집단이 언제 시작하는지, 시작한다면 언제 끝나는 것인지를 아는 것은 나의 소관임이 당연하다고 사람들은 생각하겠지만 말이다. 집단이 듣고 싶어하는 대답을 하지 말아야 할 이유는 없다. 다만, 지금 내가 말하는 내용이, 지금 당장은 무슨 의미인지 분명해 보이지 않더라도, 나름의 중요성이 있고, 상당한 역할 변화를 수반한다는 사실은 염두에 두고 있어야 한다.

집단이 수준 높은 구조를 유지하려 노력하고 있다는 사실을 입증하는 일에 내가 성공했다면, 나는 그에 대응하는 '쌍대'를 입증하는 일에도 틀림없이 성공했을 것이다. 다음에 해야 할 일은 그 '쌍대'를 기술하는 일이다. 처음에는 그것이 수준 높은 구조를 유지하려는 시도와 밀접한 관련이 있다는 사실을 알아채기가 어려울 수도 있지만 말이다.

어느 집단에서든 환자들이 다음과 같이 불평하는 것을 때로는 흔히 경험하게 된다. 치료가 오래 걸린다고, 이전 회기에서 무슨 일들이 일어났었는지 항상 잊어버리게 된다고, 아무 것도 배우는 게 없는 것 같다고, 그리고 해석이 자신들의 문제와 무슨 관련이 있는지 알 수 없을 뿐더러, 내가 주의를 기울여보자고 하는 정서적 경험이라는 것도 자신들에게 무슨 중요성이 있는지 모르겠다고. 환자들은, 정신분석에서도 그렇지만, 자신들에게 경험에서 배울 수 있는 능력이 있다는 것을 별로 믿지 않는다 – '우리가 역사에서 배우는 것은 우리가 역사에서 아무것도 배우지 못한다는 사실이다' *.

이 모두는, 그리고 이와 비슷한 다른 불평들 역시도, 실은 성장을 위해 거쳐야 하는 과정에 대한 증오로 귀결된다. 치료가 오래 걸린다는 불평만 보더라도, 겉으로는 충분히 일리가 있어 보일지 모르지만, 성장 과정에 필수적인 요소 중 하나인 시간에 대한 불평에 지나지 않는다. 경험에서 조금도 배우지 않으려는 증오가, 그리고 그런 방식의 배움이 지닌 가치를 인정하지 않으려는 믿음의 결핍이 있다. 집단을 조금이라도 경험해 본 사람

* 헤겔의 말이다.

이라면 이것이 단순히 부정적인 태도의 문제가 아니라는 사실을 금방 알게 된다. 성장 과정은 그 본성이 금방 드러나지는 않는 몇 가지 다른 심리 상태들과 뚜렷이 대비된다. 이러한 심리 상태에 깔려있는 믿음은 일상생활에서 종종 모습을 드러내곤 하는데, 아무런 노력 없이도 항상 반에서 일등을 하는–'공부벌레'들과는 정반대인–영웅이 있다고 생각하는 초등학교 아이의 믿음에서 아마도 가장 분명히 드러날 것이다.

집단에서 겪어야 하는 작업 과정 대신에 사람들이 열망하는 것은, 아무런 훈련이나 성장을 거치지 않고서도 어떻게 살고 행동해야 하는지, 집단 속에서 자신의 존재를 어떻게 자리매김해야 하는지를 본능적으로 파악하는 성인의 모습을 완벽하게 갖추게 되는 것임이 매우 분명해진다.

이러한 이상에 근접하는 부류의 집단과 인간은 각각 오직 하나뿐이다. 의존, 짝짓기, 싸움-도주의 세 기본가정 중 하나가 지배하는 기본 집단 basic group과, 자신의 정체성을 무리 안에다 침잠시킬 수 있는 인간.

나는 단 한 순간도 이러한 이상이 현실과 부합한다고 생각해 본 적이 없다. 왜냐하면, 당연하게도, 집단 치료의 전체 경험으로 보면, 집단과 그에 속한 개인들은 하나의 성장 과정에 어쩔 도리 없이 전념할 수밖에 없었기 때문이다. 우리의 먼 조상들의 경우는 어땠는지 모르겠지만 말이다.

사실 내가 겪은 집단 경험들을 보면, 사람들은 두 가지 상황에 하릴없이 전념하고 있는 것 같다. 어느 집단에서든지 자신을 온 마음을 다해 기본가정과 동일시하려는 사람과, 반대로 온 마음을 다해 수준 높은 전망과 동일시하려는 사람을 볼 수 있다. 그가 기본가정에–달리 말해, 무리에–전심으로 동일시하는 경우, 그는 건조하게만 느껴지는 집단의 지적 작업, 특히 해석을 통해 이루어지는 지적 작업에 의해 박해받고 있다고 느끼게 된다. 한편, 그가 가능한 한 자신을 순수하게 지적인 전망과 동일시하는 경우, 그는 자신이 어떤 내적 대상에 의해 박해받고 있다고 생각하게 되는

데, 이러한 내적 대상은 그가 속해 있는 집단이 넌지시 암시하는 정서적 움직임을 실제로 알고 있는 듯한 모습을 지닌다. 이와 같은 몇몇 설명들은 개인이 집단에 의해, 내적으로나 외적으로나, 박해받고 있다고 느끼게 되는 이유를 밝히는 데 분명 도움이 될 것이다.

집단에서 환자는 협력을 위해 노력해야 할 것만 같은 느낌을 받는다. 그는 자신이 가진 협력할 수 있는 능력이 기본 집단에서 정서적으로 살아남기 위해 없어서는 안될 요소라는 사실을 알게 되는 한편, 기본 집단의 방식과 쉽게 어울리지 않는 목표를 추구해 나가는 과정에서, 그러한 능력이 일종의 상호 이해에 달려있기는 하지만, 이는 기본 집단의 감정을 묵묵히 따르는 데서 나오는 급격한 정서적 반응과 비교했을 때 매우 이루기가 어렵다는 것을 깨닫게 된다.

집단에서 개인은 상대적으로 고립된 상태에 있었더라면 오로지 잠재적인 것으로만 남아있었을 능력들이 자신에게 있다는 사실을 알게 된다. 이처럼 집단의 개인은 고립 상태의 개인 이상이기 때문에, 집단은 개인의 단순한 총합 이상인 것이다. 하지만, 개인은 집단의 구성원이 됨으로써 깨어나는 이 특별한 잠재적 능력들 중 많은 부분들이 기본 집단, 즉 기본가정에 따라 함께 뭉쳐 행동하는 집단에서 발휘되는 데에 최적화되어 있다는 사실 또한 알고 있다.

그렇다면 집단 치료의 문제들 중 하나는, 개인이 집단을 이용하려는 것은 종종 집단에 완전히 침잠함으로써 자신이 살아있다는 감각을 얻기 위해서이거나, 반대로 집단을 완전히 거부함으로써 개인으로서 독립되어 있다는 감각을 얻기 위해서라는 사실, 그리고 집단에 의해 끊임없이 자극되고 일깨워지는, 개인 정신생활의 이와 같은 부분은 무리를 이루어 사는 동물로서 그가 물려받는 양도불능의 유산이라는 사실에 있다.

개인이 어느 순간 이미 전념하고 있는 일련의 사건들을 도무지 따라

잡지 못할 것만 같은 느낌을 받게 되는 것은 집단의 일원이 된다는 것이 지니는 이러한 특징 때문이다. 개인의 틀이 아니라 기본 집단의 틀 속에 바탕을 둔 어떤 사고의 모체matrix가 존재한다. 한편, 자기 운명의 주인은 자기 자신이라고 느끼고자 하는, 진실로 자신만의 것이며 자신으로부터 비롯한 것이라고 느낄 수 있는 정신생활의 측면에 집중하고자 하는 개인적 욕망 또한 존재한다. 그가 스스로 '시작한다'고 당연히 이야기할 수 있는 종류의 집단과 관련된 현상들을, '시작'이라는 개념 자체가 존재하지 않는 종류의 집단과 관련된 현상보다 더욱 기꺼운 마음으로 관찰하게 되는 것은 이러한 욕망 때문이다.

안전에 대한 욕망만이 개인에게 영향을 미치는 전부라면 의존 집단만으로도 충분하겠지만, 그가 안전 이상의 것을 원한다면 다른 종류의 집단이 필요하다. 개인이 성장의 고통을, 그리고 배움에 요구되는 모든 노력들을 기꺼이 견뎌낼 준비가 되어있다면, 성장하는 그에게 의존 집단은 더 이상 맞지 않을 것이다. 하지만 그가 의존 집단에 만족하지 못하겠다는 충동을 느낀다 하더라도, 성장에 따른 고통을 겪어내지 않고서 집단 생활을 위한 모든 채비를 갖출 수 있기를 바라는 상태에 머물러 있는 한, 그는 짝짓기나 싸움-도주를 목적으로 조직되는 집단을 향해 이끌리게 될 것이다.

V

기본 집단에 고유한 정서 상태는 전적으로 유쾌한 것만은 아니다. 사람들이 집단과 맺는 관계는 정신분석 상황에서 분석가와 맺는 관계와 유사한 면이 있다. 내 집단 기법을 적용하여 작업하는 동안, 개인은, 그가 집단의 지지를 받고 있는 경우, 집단의 좋은 면을 나쁜 면과 분리시켜 간직하고자 하는데, 자신이 집단으로 인해 '좋은' 감정을 느끼고 있거나, 반대로 집단으로 인해 '나쁜' 감정을 느끼고 있다는 생각을 유지하려고 하면서도, '전보다 나은 느낌이다'라고 표현되는 어떤 기분 좋은 정서 상태가 자신이 불만을 느끼고 있는 집단으로부터 비롯할 수 있다는 사실이나, 반대로 '전보다 나쁜 느낌이다'라고 표현되는 어떤 정서적 경험이 지금 당장은 좋은 면만을 가지고 있다고 믿고 싶은 집단에 자신이 참여하고 있다는 것과 불가분의 관계를 가진다는 사실은 쉽게 인정하지 않으려고 한다. 개인이 이런 행동을 보이는 데에는 정신분석에서 흔히 발견할 수 있는 이유들도 있겠지만, 집단에 속한 개인의 경우에는 그와 더불어 기본가정과 관련된 정서 상태의 특이성에서 직접 기인하는 이유 또한 작용한다. 이제부터 내가 이야기하고자 하는 것은 이러한 특이성에 관해서이다. 내가 이에 대해 연구를 시작하게 된 것은, 어떠한 기본가정과 관련된 감정들이건 간에 개인은 그 감정을 하나의 전체로서 경험하는 것처럼 보인다는 사실에 주목하면서부터였다. 기본가정에 따라 움직이는 집단에 대해 내가 이전에 서술했던 내용은 지금 논의하려고 하는 집단 행동의 몇몇 특징들을 제대로 보여주지 못했다. 독자들은 집단이 하나의 공통된 가정을 먼저 만들어 내고, 그와 관련된 정서 상태를 포함한 다른 모든 것들은 이러한 가정으로부터 흘러나온다고 생각했을 수도 있다. 이러한 생각은 내가 가진 믿음을 잘 반영하지 못한다. 나는 반대로 정서 상태가 먼저 존재하고 기본가정은 그로부터 도출되는 것이라고 생각한다. 집단의 경우, 기본가정은 본질적으로 암묵적인 가정이다. 개인들은 자신이 마치 그러한 가정을 이미 알고 있다는 듯이 행동하는데, 기본가정에 대한 해석이 설득력을 지니게 되는 것은 이 때문이다. 해석이 집단 행동의 의미를 전체적으로 드러내는 진술이기는 하지만, 집단이 기본가정에 따라 행동하고 있을 때조차도 이러한 가정은 명시적으로 표현되지 않는다. 따라서 우리는 사람들이 개인으로서는 기본가정을 의식하고 있다는 듯이 행동하지만, 집단의 구성원으로서는 그것을 의식하지 못하는 것처럼 행동하는 상황에 놓이게 된다. 이것은 당연한 일이다. 집단은 의식이라는 것을 가지고 있지 않으며, 생각이나 감정을 언어로 표현하지도 못한다. 이 두 가지는 개인의 몫으로 남겨진다.

세 가지 기본가정 집단과 관련된 각각의 정서 상태에는 안전감이 공통으로 깔려있다고 말할 수 있다. 하지만 의존 집단에서 경험하는 안전감은 의존 집단의 기본가정을 구성하는 다른 느낌이나 생각들과 분리할 수 없이 결합된 상태로 존재하기 때문에, 싸움-도주 집단이나 짝짓기 집단에서 경험하는 안전감과는 다른 모습을 띠게 된다. 이 두 집단에서도 역시 안전감은 각 집단 고유의 느낌, 생각들과 불가분의 관계로 결합되어 있다. 예컨대 의존 집단으로부터 나오는 안전감은 부적절감이나 좌절감과 불가분의 관계에 있고, 집단의 누군가를 전지전능한 인물로 상정함으로써 유지된다. 정신과 의사를 전지전능한 인물이라고 믿고 싶지만 그가 보통은 집단이 원하는 대로 움직여주지 않기 때문에, 우리는 사람들의 안전감이 개인에게 전지전능할 것을 요구하는 집단의 압력에 의해 제한을 받는다는 사실을 알게 될 것이다. 이와 마찬가지로, 싸움-도주 집단에서는 안전감이 개인에게 용기와 자기희생을 요구하는 집단의 압력과 맞물려 있다. 요약하면, 중요한 것은 어떤 하나의 감정-예컨대, 안전감과 같은-이라기보다는, 그 감정이 어떤 것들과 함께 결합하여 존재하는가 하는 점이다. 그 자체로는 불쾌하지 않은, 개인이 정말이지 느껴보았으면 하고 바라는 다양한 감정들도 그리 원치 않는, 종종 상당히 혐오스럽기까지 한 다른 감정들과 함께 결합을 이룬 상태로만 경험되기 때문에, 개인은 자신을 집단으로부터, 그리고-무리를 이루어 사는 동물로서 불가피하게 물려받은-자신의 '무리짓기groupishness' 본성으로부터 스스로를 멀리하고자 분열splitting이라는 방법에 기댈 수밖에 없게 된다. 집단에서는 도무지 사고하기가 어렵다는 불평을 흔히 듣는다. 개인은 집단에 참여함으로써 안전하다는 느낌을 경험하려고 하면서도, 자신이 바라는 안전감과 결합되어 있는 다른 불쾌한 감정들은 분열시켜 내쫓아버리려고 애써 노력한다. 그는 이러한 불쾌한 감정들의 근원이 자신이 바라는 안전감 자체에 내재해 있다고 생각하지 않고 다른 이유의 탓으로 돌리려 한다-예컨대 지금 속해 있는 집단이 별로 중요하지 않아서라거나, 어떤 덧없는 외부 사건 때문이라거나, 혹은 자신의 신경증 때문이라는 등의 이유를 대면서 말이다. 따라서 이러한 감정들을 강화시키는 원인이 되는 기본가정을 밝히고, 이어서 환자들이 종종 신경증적 증상이라고 부르며 의논해보자고 내어 놓는 정서적 경험들이, 실은 환자들이 정서적으로 강화되어 있는 이 집단의 다른 구성원들과 뜻을 함께하고 있다는 데서, 그리고 자기 자신이나 자신이 속한 집단과는 갈등하고 있다는 데서 비롯하는 것이라는 사실을 증명하는 데는 상당한 시간이 소요된다. 내가 하고자 하는 말의 요지는 기본가정에 연루되는 일은 불가피한 것일 뿐만 아니라, 어떤 감정들을 함께 공유한다는 것을 의미한다는 것이다. 이 감정들은, 심리학적 연구를 통해 그것을 드러내는 일이 가능하다면, 각각 별개이며 서로 분리되어 있는데, 사실은 겉으로만 그렇게 보일 뿐이라 하더라도, 이처럼 분리된 수준에 이르러서야 비로소 분명한 심리학적 현상으로 모습을 나타내게 된다. 그 결과 정신과 의사에게는, 하나의 기본가정이 작동하고 있을 때 어떤 이유로 인해 그와 관련된 감정들이 공고하게, 고유한 패턴으로, 마치 화학 결합을 연상시키는 방식으로 언제나 서로 연결되는 것인지를 설명해 줄 수 있는 관찰 결과들이 존재하지 않는다.

물론 상황이 항상 그럴 것이라는 말은 아니다. 집단 기법이 발전하여 어느 수준에 이르면 지금은 인지하지 못하고 있는 현상들을 지각할 수 있게 될지도 모른다. 어쨌든 현재로서는 내가 지금껏 이야기한 내용을 통해, 개인이 경험하는 심리적 괴로움은 지금 작동하고 있는 기본가정과 독특한 관계를 맺고 있다는 사실, 다시 말하면 이 괴로움은 그가 집단의 정서 상태와 겪는 갈등, 그리고 그러한 정서 상태를 유지하려고 하는 집단에 함께 참여하려고 하는 그 자신의 일부와 겪는 갈등에서 비롯한다는 점을 강조하고 싶다.

각각의 기본가정과 관련된 정서 상태는 나머지 두 기본가정에 고유한 정서 상태들과는 양립할 수 없지만, 수준 높은 집단과 관련된 감정들과는 공존이 가능하다. 지금껏 나는 수준 높은 집단에 대해서는 별로 이야기하지 않으면서, 개인과 기본 집단 사이에서 일어나는 갈등, 그리고 개인과 기본 집단의 수호자이자 참여자인 자기 자신 사이에서 일어나는 갈등을 설명하는 것에 만족해 왔다. 하지만, 높은 수준의 개인들 사이에서 이루어지는 협력을 통해 만들어지는 집단—수준 높은 집단—과 기본 집단 사이에서 일어나는 갈등 또한 존재하는데, 이 때 수준 높은 집단과 기본 집단이 맺는 관계는 세 가지 기본가정에 각기 관련된 정서 상태들 사이에서 나타나는 관계와는 차이가 있다. 기본가정들 사이에는 직접적인 갈등이 존재하지 않고 오직 하나의 상태에서 다른 상태로의 변화만이 존재하는데, 이러한 변화는 자연스럽게 서서히 일어나기도 하고 수준 높은 집단의 개입을 통해 일어나기도 한다. 기본가정들은 서로 갈등하지 않는다. 서로 번갈아가면서 나타날 뿐이다. 갈등은 오직 기본 집단과 수준 높은 집단이 교차하는 지점에서만 일어난다.

기본가정 집단들이 서로 갈등하기보다는 번갈아 나타나는 것으로 보인다 할지라도, 수준 높은 집단의 개입은, 그것이 기본 집단들 간의 상호 교대에 영향을 미치는 까닭에, 외양과 결과를 놓고 보면 어느 정도는 갈등을 일으키는 것 같다. 특히, 집단의 정신생활에 지금 당장은 영향을 미치고 있지 않는 기본가정과 관련된 정서적 결합들은, 종종 상당한 기간 동안, 휴면 상태에 머물러 있다. 예컨대 어느 집단이 의존 집단의 감정들로 채워져 있는 경우, 싸움-도주 집단과 짝짓기 집단의 정서 상태는 당분간 드러나기를 멈춘다. 그것은 의존 집단의 감정들이 나타나는 방식으로 발현되지 않는다. 이런 관점에서 보면, 갈등은 하나의 기본가정에서 나오는 감정들로 채워진 수준 높은 집단과 나머지 다른 두 기본가정들 사이에서 일어난다고 할 수 있다. 이와 같은 맥락에서 내가 하는 해석들은, 그것이 받아들여지는 경우, 그 자체가 수준 높은 집단이 하는 해석이라고 생각할 필요가 있다. 이러한 사실은 즉시 어떤 고찰을 하도록 만든다. 해석의 형태로 주어지는 개입과 수준 높은 집단에서 이루어지는 다른 종류의 개입들은 서로 어떻게 다른가? 수준 높은 집단에 의한 개입이 외양과 결과 면에서 하나의 기본가정과 나머지 기본가정들 사이에 갈등을 일으킨다면,

해석 역시도 그러한 갈등을 일으키는가? 만일 해석이 갈등을 일으키지 않는다면, 해석이 하는 역할은 무엇인가? 나는 이러한 물음들에 대한 대답은 당분간 접어두고, 어느 시점에 활동하지 않고 잠복해 있는 기본가정들이 나타내는 잠재적 정서 상태는 어떤 운명을 맞게 되며, 그러한 정서 상태가 수준 높은 집단과는 어떤 관계를 가지는지에 관해 먼저 고찰하고자 한다.

수준 높은 집단에서 이루어지는 개입의 종류는 다양하지만, 모두 다음과 같은 성격을 지닌다는 점에서 공통적이다. 그것은 마법의 효과에 기대기보다는 성장을 해야 한다는 인식의 표현이다. 그것은 기본가정들에 대처하려는 의도에서 나온 것으로서, 하나의 기본가정에 속한 감정들을 동원하여 다른 기본가정에서 나타나는 감정과 현상들을 다루어보려고 시도한다. 내가 이미 언급한 기본가정들 간의 표면적인 갈등은 이로 인해 생겨나는 것이다. 수준 높은 집단이 이렇게 작동함에 따라 발생하는 결과 중 하나는, 집단의 수준이 점점 높아지면서 행동을 계속해서 높은 수준으로 유지해 낼수록, 하나의 감정 연결 패턴을 통해 다른 패턴을 억제하는 방법을 사용함으로써 기본가정에 더욱 효과적으로 대응할 수 있게 된다는 것이다. 예컨대 의존 집단과 관련된 감정들의 연결 패턴은 싸움-도주 집단과 짝짓기 집단에서 나타나는 감정의 연결 패턴들이 집단에 쉽게 침투하지 못하도록, 혹은 그런 침투가 아예 불가능하도록 만드는 일에 사용될 수 있다.

작업 집단

내가 담당했던 몇몇 집단에서는 내가 '수준 높은 집단'이라고 명명했던 집단을 자발적으로 '작업 집단work group'이라는 이름으로 불렀다. 이 명칭이 더욱 간결할 뿐더러 내가 설명하고자 하는 현상의 중요한 측면을 잘 표현해주기 때문에, 나는 앞으로 '수준 높은 집단' 대신에 이 명칭을 사용하려고 한다. 하나의 집단이 모이는 것은 어떤 특정한 작업을 수행하기 위해서이며, 오늘날 대부분의 인간 활동에서 협력은 수준 높은 방법을 통해 이루어져야 한다. 내가 이미 지적한 것처럼, 절차에 관한 규정들이 도입된다. 예컨대, 확립된 행정 체계와 그것을 담당하는 관료들이 있고, 집단의 나머지 사람들은 이들을 관료로서 인정한다. 이런 수준에서 작동하는 협력의 역량은 대단한 것이며, 누구든 집단을 경험해 본 사람이라면 이러한 사실을 인정할 것이다. 하지만 이는 기본가정 수준에서 나타나는 협력의 역량과는 다른 종류의 것이다. 내 경험으로 보면 작업 집단의 심리적 구조는 매우 강력하며, 주목할 만큼 끈질긴 생명력을 통해 살아남기 때문에, 작업 집단이 기본가정들 고유의 정서 상태의 늪에서 헤어나오지 못할까봐 두려워하는 것은 무척이나 도가 지나친 일이다.

나는 앞에서 집단이 처음부터 수준 높은 구조를 유지하기 위해 열심히 애를 쓰며, 여기에 기울이는 노력의 정도를 보면 기본가정과 관련된 감정의 강도가 어느 만큼인지를 가늠할 수 있다고 말했다. 이에 대해서는 여전히 같은 생각이지만, 작업 집단의 구조를 유지할 수 있을까 두려워하는 것은 작업 집단이 맞서 싸워야 하는 힘들이 무엇인지를 집단이 모르고 있다는 표현이라는 점을 덧붙이고 싶다. 치료집단은 기본가정 집단에 대해 느끼는 두려움에 지속적으로 주의를 기울여야 하며, 집단이 느끼는 두려움의 대상은 집단에서 가장 중요한 비중을 차지하고 있는 심리 상태가 어떤 것이냐에 따라 상당히 달라진다는 점을 이해해야 한다. 예를 들어, 의존 집단이 가장 현저하게 나타나고 있는 상태라면–다시 말해, 집단이 의존 집단과 동일시하고 있는 것처럼 보일 정도로 현저한 상태라면–이러한 두려움의 대상은 작업 집단 자체가 된다. 기본가정 집단에서 나타나는 감정들이 서로 연결되어 있는 것과 마찬가지로, 작업 집단에서 나타나는 심리 현상들 역시 서로 연결되어 있다. 작업 집단에서 뚜렷하게 중요한 역할을 하는 어떤 생각들이 있다. '본능적으로 모든 채비를 갖추려고' 하기보다 '성장해야' 한다는 생각이 작업 집단의 본질적인 부분을 차지하는 것처럼, 어떤 문제에 대해 합리적이고 과학적인 방식으로 접근하는 것이 중요한 가치를 지닌다는 생각 역시도 작업 집단의 중요한 일부이다. '성장'에 관한 생각에 불가피하게 수반되기 마련인, 경험에서 배우기의 중요성을 인정하는 것 역시 그와 마찬가지다. 그러나 집단이 의존의 기본가정과 동일시하고 있는 경우에는 이 모든 생각들이 두려움의 대상이 되는데, 이런 생각들 자체만으로도 물론 두려움을 느끼게 하지만, 그것이 집단 내에서 실제 작업으로 이어지게 되는 것도 집단으로서는 두려운 일이다. 의존 집단은 그 구조에 내재한 본질적인 부분 중 하나가 집단의 어느 한 구성원을 전지전능하다고 믿는 일이라는 사실을 금방 드러내 보인다. 이런 믿음이 지닌 성질을 연구하려 할 때마다 그에 대한 반응으로 내가 떠올렸던 연상은, 가감 없이 말하자면, 종교 대 과학 논쟁이다. 사실 이 문제를 연구하는 일은, 내가 앞서 이야기한 것처럼, 집단이 믿는 종교를 과학적으로 연구하는 일이다. 집단의 신적 존재—보통은 정신과 의사이기 마련인—가 지닌 성질에 관한 연구를 포함하는 작업 집단의 활동은 무척이나 다양한 반응과 마주치게 되는데, 이런 반응들을 전체적으로 고려한다면, 동일실체론 논쟁homoousian controversy* 을 다룬 기번Gibbon* 의 서술이 실은 의존

* 동일실체론 논쟁homoousian controversy : 예수와 하느님의 관계가 어떤 것인가에 관해 벌어졌던 논쟁으로, 기원후 325년에 열린 제 1차 니케아 공의회에서 예수와 하느님은 동일한 실체라는 것이 기독교의 정식 교리로서 채택되었고, 이에 반대하는 아리우스파는 이단으로 축출당했다.

* 기번(Gibbon, Edward : 1737-1794) : 18세기 영국의 역사가로서, 저서 <로마제국 쇠망사>를 통해 기원후 2세기 트라야누스 황제 시기부터 1454년 콘스탄티노플 함락으로 인한 동로마제국 멸망까지의 로마 역사를 상세히 다루었다.

의 기본가정이 작동하고 있는 치료집단의 회기에 대한 보고서가 아닐까 상상하게 될 수도 있다. 아마 그럴지도 모른다. 정말이지 내 집단 기법에 흥미를 느끼고 적용해보고자 하는 정신과 의사가 있다면, 숭배자들이 번성하고 있던 시대에 신이 어떤 성질을 가졌는가에 관한 논쟁만큼 집단의 감정을 강력하게 자극했던 일이 역사적으로 그리 많지 않았다는 사실을 기억하는 것이 도움이 될 것이다. 나는 번성한다는 말을 긍정적인 동시에 부정적인 의미로도 사용하고 있다는 사실, 즉 집단이 신을 믿고 있거나 믿지 않는 경우 모두에 사용하고 있다는 사실을 덧붙여야 할 것 같다. 집단이 정신과 의사에게 어떤 요구를, 그것이 환상에 지나지 않는 요구임을 설명을 통해 아무리 밝혀낸들, 멈추지 않고 있는 현실과, 이러한 설명이 집단의 적개심을 불러일으키고 있는 현실에 대해 그가 일관된 태도로 주의를 기울이는 일은 필수적이다. 기본가정과 관련된 감정들의 힘과 작업 집단이 동원할 수 있는 활동력과 생명력 모두를 알아볼 수 있는 것은 이와 같은 경우에서다. 인간이라는 존재는 현실을 제대로 파악하지 않고 행동해야만 할 때 고통스럽고 종종 치명적이기까지 한 결과들이 일어날 수 있으며, 따라서 자신이 발견한 것들을 평가할 때 진실이 그 판단 기준이 되어야 한다는 사실을 이미 알고 있는 것만 같다.

이제 우리는 작업 집단이 하나의 기본가정과 결합함으로써 다른 두 기본가정들의 명시적인 활동을 억제하는 방식으로 수행하는 역할의 몇 가지 측면들에 대해 고찰해 보아야 한다. 현재 활동하지 않는 두 기본가정들은 어떤 운명을 겪게 되는 것일까? 나는 이 물음을 앞서 대답하지 않은 채 남겨두었던, 감정들이 어떤 기본가정과 연관을 맺으면서 이루는 결합은 어떤 성질과 기원을 지니는가에 대한 물음과 연결시켜 보려고 한다. 당시 나는 기본가정과 관련된 감정들이 그처럼 공고하고 유일한 패턴으로 서로 결합하는 이유를 설명해줄 만한 관찰 결과가 현재로서는 정신과 의사에게 존재하지 않는다고 말했다. 이러한 결합을 설명하기 위해, 그와 더불어 비활성 상태에 있는 기본가정들의 운명을 설명하기 위해, 나는 '원정신적 proto-mental' 현상들이 존재한다고 가정하고자 한다. 나는 경험을 넘어서는 개념을 제시하지 않고서는 나의 견해를 제대로 표현하지 못할 것 같다. 나는 임상에서 심리적 접근을 하는 사람인지라, 어떤 현상들이 심리적 양상을 띠고서 분명하게 나타날 때에만 그 현상을 주목한다. 그럼에도 불구하고, 정서 상태는 기본가정보다 앞서 경험되며, 그것이 표현하는 어떤 원정신적 현상들보다는 늦게 경험된다고 생각하는 것이 내게는 편리하다. 이러한 언급도 내가 원래 의도했던 것보다 원인과 결과의 순서를 경직되게 만드는 까닭에 그에 대한 반론이 있을 수 있는데, 임상적으로는 사건들이 일련의 순환적인 연쇄를 통해 일어난다고 여기는 편이 유용하기 때문이다. 가끔은 기본가정이 활성화된 것은 생각들을 의식적으로 표현할 수 있게 되었기 때문이며, 그렇지 못했다면 원정신적 활동으로 인해 감정이 크게 동요된 상태로 남았을 거라고 생각하는 것이 편리할 때도 있다. 현재 일어나고 있는 일들을 이해하는 데 도움이 된다면, 이 연쇄 과정의 어느 한 지점을 골라서 시작해보는 것도 해가 되지는 않을 것이다. 예컨대 원정신적 사건들의 수준에서 시작한다면, 우리는 집단이 발전함에 따라 집단의 감정들을 심리학적 용어로 표현할 수 있는 지점에 이른다고 말할 수 있다. 집단이 마치 기본가정에 따르는 '것처럼' 행동하고 있다고 내가 말하는 것은 이러한 지점에 이르렀을 때다.

원정신적 체계에는 세 기본가정의 원형들이 존재하며, 그 각각은 개인이 집단의 일원이 되면서 나오게 된 것으로, 어떤 부분도 나머지 부분들과 분리될 수 없는 하나의 전체로서 존재한다. 오직 다른 수준, 즉 사건들이 심리적 현상으로 출현하는 수준에 이르러서야, 각각의 기본가정을 구성하는 요소들이 구별 가능한 것으로 보이게 되며, 이런 수준에서 우리는 두려움이나 안전감, 우울, 섹스 등에 대해 이야기를 할 수 있다.

나는 원정신적 체계를 신체적인 것과 심리적 혹은 정신적인 것이 분화되지 않은 것으로 마음속에 그려본다. 그것은 어떤 모체matrix 인데, 처음에는-심리적인 수준에서 그리고 심리학적 연구의 관점에서 보면-서로 느슨한 연결만을 가지는 별개의 감정들로 보이는 현상들이 여기에서 솟아난다. 이 모체로부터 기본가정에 고유한 감정들이 흘러나와 힘이 강해지고, 구석구석 번져나가, 때로는 집단의 정신생활을 지배하기에 이른다. 그것은 신체적인 것과 정신적인 것이 분화되지 않은 수준에 자리하는 까닭에, 이로부터 괴로움이 생겨날 경우 신체적 형태로도, 심리적 형태로도 나타날 수 있음은 당연한 일이다. 비활성 상태에 있는 기본가정들은 원정신적 단계의 경계 안에 갇혀 있다. 이를테면, 수준 높은 집단이 의존의 기본가정과 연관된 감정들로 채색되어 있는 경우, 싸움-도주의 기본가정과 짝짓기의 기본가정은 원정신적 단계의 경계 안에 갇혀 있는 것이다. 그것들은 수준 높은 집단과 현재 작동하고 있는 기본가정 사이에 이루어지는 공모의 희생양이 된다. 분화되지 않은 상태로 남은 채 정신과 의사가 의존의 기본가정이 작동하고 있음을 알아볼 수 없도록 만드는 경우는 의존 집단이 원정신적 단계에 머무르고 있을 때 뿐이다.

집단 질병group diseases의 모체를 제공하는 것은 이러한 원정신적 수준들이다. 이 질병은 개인 속에서 모습을 드러내지만, 병에 걸린 것은 개인이 아니라 집단이라는 사실을 명백히 드러내는 특징들을 가지고 있는데, 싸움-도주 집단에서 보호받고 있는 것은 언제나 개인이 아니라 집단인 것처럼 보이는 것도, 반대의 의미에서이긴 하지만, 이와 매우 흡사하다고 볼 수 있다. 요약하면, 이 모든 것들로부터 알게 되는 것은, 어느 집단에서든 현재 경험하고 있는 불편함dis-eases의 모체는 다음의 두 곳에서 탐색되어야 한다는 것이다-하나는 개인이 기본가정 집단과, 그리고 그 집단의 유지에 참여하는 이로서의 자기 자신과, 맺는 관계 속에서이고, 다른 하나는 나머지 두 기본가정들이 머무르고 있는 원정신적 단계 속에서이다.

내 이야기의 뜻을 더욱 분명하게 하기 위해 나는 신체 의학에서 비유를 끌어오려고 하는데, 내가 이것을 단지 하나의 비유로 사용하고 있다는 점을 독자들이 기억한다면, 내 말의 의미가 무엇인지 이해하는 데 도움이 될 것이다. 불안 증상으로 고통받고 있는 환자의 증례를 가정해 보자. 진찰 과정에서 환자가 다양한 심리적 어려움과 더불어 손의 미세한 떨림 증세를 함께 가지고 있다는 사실을 알게 되었다. 더 자세히 진찰한 결과 갑상선중독증을 시사하는 징후들이 드러났고, 치료 방법을 결정하기 위해 신체적 접근 방식이 우선되어야 할 정도로 이 징후들이 꽤 심각했다고 가정하자. 이런 경우, 통용되는 전문 용어를 써서 질병이 신체적 기원을 가지고 있다고 말한다. 나는 이러한 표현보다는, 질병의 모체가 원정신적 사건들의 영역에 자리하며, 만약에 환자가 너무 이른 시점에 진료를 받게 되어 신체의학이나 정신의학의 기법들을 통해 오늘날의 표준적인 진단기준에 해당하는 질병의 징후를 전혀 발견할 수 없었다면, 환자는 내가 원정신적 사건들의 단계라고 부르는, 신체적인 것과 심리적인 것이 아직 분화되지 않고 어떤 상황에서는 신체적, 심리적 요소를 지닌 집단 질병을 일으키는 근원이 되기도 하는 상태가 무엇을 의미하는지 은밀히 보여주는 매우 훌륭한 사례를 제시하고 있다고 말하는 편을 더 좋아한다. 나의 견해를 표현함에 있어 이런 비유가 제대로 적용되지 않는 지점은 개인이 접하고 있는 원정신적 사건들의 영역에 대해 설명할 때이다. 내 생각으로는 원정신적 사건 영역은 독립된 개인만을 다루어서는 이해할 수 없으며, 집단에 함께 모인 개인들을 대상으로 연구를 해야만 원정신적 사건들이 가진 역동을 이해할 수 있다. 개인에서 나타나는 원정신적 단계는 원정신적 체계의 일부에 지나지 않는데, 원정신적 현상들은 집단의 작용으로 인한 것이고 따라서 집단에서 연구되어야 하는 것이기 때문이다.

원정신적 체계의 개념을 발전시키는 과정에서 나는 하나의 기본가정에 속한 모든 감정들이 서로 공고하게 맞물려 있는 것처럼 보인다는 설명에서 출발하였으며, 그와 더불어 지금은 비활성 상태에 머물러 있지만 집단에게는 언제라도 다시 활동을 시작할 수 있을 것처럼 느껴지는 까닭에 '어딘가에는' 존재하고 있다고 생각해야만 하는 기본가정의 행방을 설명할 수 있는 개념을 제시하였다. 하지만 이런 종류의 개념을 상정하고 보니, 이 새로운 이론을 애초에 의도하지 않았던 목적으로 사용해보면 어떤 일이 일어날지 알아보면 유용하겠다는 생각이 종종 들곤 했다. 나는 이러한 목적으로 자유롭게 고찰을 계속해 나가는 일이 다른 무엇만큼이나 훌륭한 실험 영역이라는 생각이 들며, 이를 통해 원정신적 체계라는 개념이 단지 내 관찰 결과를 종합해주는 하나의 이론에 지나지 않는 것인지, 혹은 더 깊은 연구의 필요성을 자극하는 하나의 가설인지, 아니면 임상적으로 관찰 가능한 하나의 사실인지를 판단하는 데 한걸음 더 나아갈 수 있기를 희망한다.

나는 우선 이해 가능한 연구 단위intelligible field of study*를 구성하는 요소가 무엇인지에 대해 고찰해야 한다. 소규모의 치료집단은 내 기법이 지금보다 더욱 발전하지 않는 한, 설령 내 기법이 발전하거나 관찰력이 향상된다 하더라도 다른 영역에서 해법을 모색하는 것이 더 현명하지 않을까 하는 의심이 그치지 않는 한, 적합한 연구 단위가 될 수 없다. 프로이트

---

* 이해 가능한 연구 단위intelligible field of study : 토인비는 그의 저서 <역사의 연구>에서, 역사를 제대로 이해하기 위해서는 하나의 국가 혹은 기간이 아니라, 보다 큰 전체로서의 '사회society'를 연구 단위로 삼아야 한다고 말한다. 토인비는 이에 따라 세계 문명을 서구 기독교 사회, 정교 기독교 사회, 이슬람교 사회, 힌두 사회, 극동 사회로 분류하고, 역사의 변천 및 여러 세력들 사이의 상호 영향 등에 관해 사회라는 보다 넓은 맥락에서 바라보았다. 토인비의 원래 용어는 'intelligible unit of study'이지만, 비온이 사용하는 용어의 의미도 그와 동일한 것이기 때문에 같은 말로 번역하였다.

이전에는 신경증 연구를 진전시키려는 시도들이 대부분 별 소용이 없었는데 이는 개인을 이해 가능한 연구 단위로 생각했기 때문이며, 프로이트가 두 사람 간의 관계에서, 전이에 대한 연구를 통해, 해법을 모색하기 시작한 다음에야 적어도 신경증 환자들이 제기하는 몇몇 문제들을 연구하기 위해서는 무엇을 이해 가능한 연구 단위로 삼아야 하는지를 깨닫게 되었고, 여태껏 해법을 찾기 위해 시도된 모든 노력들을 무색케 했던 문제들이 그제서야 비로소 의미를 가지기 시작했다. 그렇게 시작된 연구는 지금까지 이어져오면서 점차 깊어지고 확장되었다. 소규모의 치료집단은 연구 단위를 변화시킴으로써 그 이상의 결과들을 만들어낼 수 있는지를 알아보기 위한 하나의 시도이다. 때로는 집단 스스로가 자신의 목적을 위해 연구 단위를 의도적으로 변화시키려 한다는 사실을 고려할 필요가 있지만, 지금은 이런 변화를 통해 소규모의 치료집단을 새롭게 이해할 수 있는 길이 있는지를 살펴볼 수 있는 여지가 있다고 여기고 싶다. 소규모의 치료집단은 신체 질환에 관한 근거를 내가 원하는 만큼 신속하고 충분하게 제공하지 못한다. 따라서 나는 질병에 대한 통계적인 근거를 얻을 수 있을 만큼 충분한 규모의 집단에서 일어나는 일들을 바탕으로 내 연구를 진행시키는 편이 더 낫다고 생각한다(Toynbee, 1935, pp. 12, 17 참조). 나는 결핵이나 성병, 당뇨 등과 같은 질병에 관한 근거들을, 특히 유병률이나 병원성, 질병 분포 등이 어떤 변동을 보이는가와 관련하여 얻고 싶은데, 이러한 변동은 해부학이나 생리학, 그리고 공중보건연구와 통상적으로 관련된 기타 분과들을 통해서는 잘 설명되지 않기 때문이다. 이와 더불어, 중요한 시기에 해당하는 유효한 통계 자료를 얻는 일도 필수적일 것이다.

앞으로 나는 기본가정과 그에 관계된 정서 상태를 나타내기 위해 ba라는 약자를 사용하고자 한다. 의존의 기본가정은 약자 baD로, 짝짓기와 싸움-도주의 기본가정은 각각 baP와 baF로 표시하겠다. 원정신적 체계는

pm으로 표시하려고 하며, 예컨대 pmDP는 의존과 짝짓기의 기본가정이 더 이상 심리적 현상으로 인지되지 못하고 현재로서는 드러나지 않는 모종의 잠복기 속에, 신체적인 것과 정신적인 것이 분화되지 않은 원정신적 체계 속에 들어가 있는 상태를 의미한다. pmPF나 pmDF에 대해서도 마찬가지다. 수준 높은 집단 혹은 작업 집단을 나타낼 때에는 W를 사용하겠다.

(a) 어떤 질병 X가 의존 집단과 짝짓기 집단의 원정신적 단계에서 발생한다고 가정하자. 이 때 두 원정신적 현상은 명시적으로 표현된 baF에 의해 억제되어 있다. 내 이론으로 보면 질병 X는 D 집단과 P 집단에 부속되어 있으며, 따라서 질병이 명시적으로 드러나면 baD와 baP의 감정들을 심리적인 부속물affiliations로 가지게 될 것이다. 그리고 이 경우 질병의 모체는 pmD와 pmP가 될 것이고, 질병의 심리적 원인은 baF*에 자리할 것이다. 이는 내가 모든 질병에 다른 원인들과 비교해 동등한 중요성을 지니는 심리적 원인이 있다고 생각한다는 것을 의미하지는 않는다. 하지만 질병을 온전하게 이해하기 위해서는 이런 방식의 분류가 필요하며, 이를 통해 우리는 의학에서 통상적으로 기술되는 사실들뿐만 아니라, (i) 질병의 모체(내가 제시한 사례에서는 pmD와 pmP)와 (ii) 질병의 심리적 부속물(baD와 baP), (iii) 질병의 심리적 원인(baF)까지도 알 수 있게 된다고 생각한다.

마찬가지로, 나는 우리가 신체 질환이 다른 신체 질환들과 맺는 부속관계들, 해부학이나 생리학 연구를 통해 이미 잘 알려진 것 이외의 부속관계들에 대해서도 알아야 할 필요가 있다는 점과, 이러한 부속 질환들을 찾아내려고 노력하면서 어떤 신체 질환들이, 내가 제시한 사례의 경우, 아래와 같은 분류를 따를 수 있는지에 대해 고민해야 한다는 점을 덧붙이고 싶다.

* 원문에는 baP로 나와있지만, 문맥으로 볼 때 이는 baF의 오기로 보인다.

모체　pmD와 pmP
부속물　baD와 baP
원인　baF

이는 어떤 신체 질환이 다른 질환과 맺는 관계를 제시해 줄 것이며, 이러한 관계는 해부학이나 생리학, 세균학에서 – 심지어는 정신병리학에서 – 나오는 것이 아니라, 개인이 한 집단에 소속됨으로 인해서 나오는 것이라는 사실을 알려줄 것이다.

(b) 나의 논지는 신체적인 것과 정신적인 것이 분화되지 않은 단계가 존재한다는 주장을 바탕으로 하기 때문에, 예컨대 결핵처럼 질병이 신체적으로 나타나는 경우 거기에는 심리적 대응물 혹은 상관물이 존재한다고 말할 수 있다. 이러한 대응물이 지닌 정확한 성질은 더 조사되어야 하겠지만, 지금 논의에서는 이를 baD라고 가정하도록 하겠다. 이러한 대응물은 원인이나 결과가 될 수 없는데, 만일 이 둘 중의 어느 하나라면 완전히 다른 계열의 원정신적 사건들이나 혹은 지금 활동 중인 기본가정으로부터 유래하는 것이어야 하기 때문이다. 결핵이 부속관계를 맺고 있는 정신적 사건들은 필연적으로, 나의 정의를 따르자면, 원인이나 결과가 될 수 없다. 이 사건들은 결핵 자체가 발생한 것과 동일한 원정신적 현상으로부터 파생되고 전개된 것들이다. 결핵은 집단의 심리에 매우 민감하게 영향을 받는다고 알려져 있으며, 집단 심리의 변화에 따라 모종의 동조를 하는 것처럼 유병률에 변동을 보인다. 이 질병은 지속적인 보살핌과 간호를 요하며, 치료에 필요한 식이요법은 인간이 초기 유아기 때 했던 먹기 경험을 떠올리게 한다. 결핵은 baD의 많은 특징들과 연관을 맺고 있는 것이 분명하며, 개인들은 자신의 병과 그 병으로 인해 발생하는 수많은 제약들에 대해 하나의 유사한 성격 특성을 지닌 개인들이 baD에 대해 나타내는 방식

으로 반응한다. 이러한 사실들로 인해, 결핵 병변이 확인되기 전에는 환자가 꾀병을 부리는 게 아닌가 하는(Wittkower, 1949), 혹은 나의 용어를 써서 표현하면, baD가 질병의 목적론적 원인이 아닌가 하는 의심이 종종 들기도 하지만, 그럼에도 내가 제시한 이유들로 인해 baD는 어떠한 경우에도 원인으로 간주될 수 없다. baD는 결핵과 부속관계를 맺고 있는 심리 상태이며, 따라서 원인도 결과도 아닌 것이다. 증상의 원인을 찾기 위해서는 – 물론 나는 지금 설명하고 있는 도식의 일부로써 이해할 목적으로 원인이라는 말을 언급하는 것이지, 의학적으로 완벽하게 잘 알려지고 확립된 원인에 대해서 이야기하고 있는 것은 아니다 – 결핵 발생률의 변동이, 결핵 환자 수가 조사된 다양한 시대에 집단에서 우세했던 ba와 어떤 상관관계를 보이는지 알아볼 필요가 있다. 결핵 환자 수의 최고치가 항상 baF와 함께 나타났다고 가정해보자. 이 때 우리는 결핵이 이미 알려진 것 말고도 다음과 같은 특징을 가진다고 분류할 수 있다.

원인	baF
부속물	baD
모체	pmDP

이런 식으로 분류를 시도하는 일은 기껏해야 사견에 불과하거나 최악의 경우엔 터무니없는 추측이 될지도 모른다. 하지만 나는 이러한 시도를 해볼 필요가 있다고 생각한다. 어떤 시도가 과학적이기 위해서는 연구가 아직 무르익지 않은 상태를 허용할 수 있어야 하며, 이는 어떤 시기의 ba를 평가할 때 특히 그렇다.

지금까지 나는 원정신적 체계의 개념이, 기본가정에 관한 이론과 더불어, 신체질환, 특히 정신신체질환이라고 불리거나 정신사회의학과 사회

역학(Halliday, 1948, pp.142 이하 참조)의 한 부분으로 생각되어 온 질병들에 대해 새로운 시각을 제공하는 데 사용될 수 있다고 주장해왔다. 하지만 우리가 신체질환에 대한 온전한 이해에 도달하기 위해 신체질환의 연구 영역을 확장시켜 기본가정과 원정신적 체계 등에 관한 연구를 아우르는 일이 가능하다면, 이처럼 확장된 영역을 이용하여 그 반대의 과정을 수행하는 일도 마찬가지로 가능할 것이다. 기억하다시피 정신질환과 관련하여 어떤 체계를 원정신적이라고 가정했다면, 이와 동일하게 신체질환의 경우에는 원신체적proto-physical 체계라는 것도 가정할 수 있을 것이다. 그럼에도 불구하고, 신체적으로 접근하는 방식을 통해 신체 질환의 모체가 되는 원정신적 체계를 탐색하는 기법을 찾아내는 편이 좀더 수월할 가능성이 있다. 만일 신체적 접근을 통해 원정신적 체계의 신체적 측면을 탐색할 수 있다면, 우리는 어느 시기에 집단의 원정신적 체계가 포함하고 있는 것들을 일부 알아낼 수 있는 방법을 발견할 것이며, 그것으로부터 정신적 사건에 대응하는 원정신적 현상들을 관찰할 수 있는 기법을 발전시키는 방향으로 한 걸음 더 나아가게 될 것이다. 관찰 기법이 이런 식으로 발전한다면, 집단의 심리 상태가 향후 어떤 모습이 될 것인가를 기본가정이 명시적으로 드러나기 훨씬 전부터 예측하는 일이 가능해질 것이다. 이것은 나에게 중요한 문제이다. 왜냐하면, 환자 집단이 다른 집단과 구별되는 특징 중의 하나는 환자 집단이 근본적으로 기본가정에 따라 행동하는 경향이 강하다는 점이기 때문이다.

영국의 환자들은 국가 무상의료체계 덕분에, 환자들 간의 관계나 의사와의 관계에서, 경제적 요인들로 인해 발생하는 문제들에 대해서는 대부분 대처하는 데 큰 어려움을 겪지 않는다고 느낄 수 있다. 그렇다고 하더라도 경제적 문제들이 언급되는 경우가 없지만은 않은데, 이런 언급들이 마치 개인의 집안 사정인 것처럼 보이는 경우라 할지라도 그것을 개인이 속한 집단의 정신생활이 지닌 일부 측면을 간접적으로 표현하는 것으로서 해석할 수 있는 여지가 있다. 따라서 나는 지금까지 신체질환의 영역에서 적용했던 것과 유사한 방식으로 돈의 영역에서도 내가 제안한 개념을 이용할 수 있을지 살펴봄으로써 원정신적 체계에 대한 고찰을 이어가고자 한다.

'일반적으로 통용될 수만 있다면 거의 모든 물품이 교환 수단이 될 수 있다'고 일컬어져 왔다(Clay, 1916, pp.164). 화폐는 교환 수단일 뿐만 아니라 가치를 정하는 표준이기도 하다. 원시 화폐에 대한 최근의 연구를 보면, 화폐는 물물교환이 발달함에 따라 생겨난 것도 아니고 교역의 일부분으로서 생겨난 것도 아니다. 그와는 반대로 교역을 하는 사람들이, 일반적으로 통용 가능하며 이미 확립되어 있는 가치를 지닌 매개 수단을 찾는 과정에서, 자신에게 필요한 용도로 사용하기 위해 원래는 속죄금wergild*과 신부값bride-price*의 거래 업무를 용이하게 하기 위해 만들어진 화폐를 받아들인 것이다. '신부값과 속죄금이 화폐를 발생시켰다는 주장은 황당하게 들릴지도 모르지만, 그것들이 가치의 표준을 세우고 특정 교환수단을 합법화시켰다는 점은 분명하다.' (Hingston Quiggin, 1949, pp.7 이하). 아인치히Einzig는 이 문제를 논의하면서, 어떤 물건들이 화폐로 선택된 것은 아마도 그것이 소비재나 장신구처럼 사람들이 일반적으로 필요로 하는 것이었기 때문이라고 말하면서도, 화폐의 통용가능도를 결정했던 것은 어떤 물건이 교회의 봉헌물이나 정치적 지불금(벌금, 공물, 배상금 등), 신부값과 같은

* 속죄금wergild : 고대 게르만 혹은 앵글로색슨 국가에서 통용되었던 법으로, 누군가를 죽였거나 다치게 했을 때 피해자의 가족 혹은 족장에게 그 죄에 대한 대가를 일정 금액의 돈으로 대신 치르게 했던 제도이다.

* 신부값bride-price : 남성이 결혼을 할 때 신부를 데려오는 조건으로 신부의 가족에게 돈이나 물건으로 그 대가를 지불하는 것을 말한다. 고대 이래로 많은 문화권에서 발견되며, 지금도 일부 지역에 관습이 남아 있다.

용도로 사용될 수 있는지의 여부처럼 비상업적인 고려였던 것 같다고 덧붙인다(Einzig, pp. 353 이하).

속죄금과 신부값 모두는 집단 구성원들 중 하나를 잃어버린 대가로 집단에 지불하는 보상금이라고 볼 수 있다는 점에서, baF에서와 같이 개인에 대한 집단의 우위를 반영한다. 같은 맥락에서, 속죄금은 공동체가 개인에 대해 매기는 가치를 표현하는 것으로 볼 수 있는 까닭에, 그것을 baF의 측면에서 해석할 수도 있고 경우에 따라 baD의 표현이라고 이해할 수도 있다. 마찬가지로 신부값은 baP를 나타낸다고 볼 수 있다. 하지만, 나는 지금 시점에서는 이 두 가지 관습이 어떠한 특정 ba에 기인하는 것인지에 대해 관심을 기울이기보다는–그것은 임상 관찰의 임무가 될 것이다–신체질환에 대해 논의하는 과정에서 내 이론을 적용함으로써 신체의학 분과를 통해 이미 알려진 지식 위에다 질병에 대한 추가적인 지식과 이해를 얻을 수 있는 가능성을 발견했던 것과 마찬가지로, 교환의 메커니즘과 관련된 질병을 이해함에 있어서도 내 이론을 통해 경제학 분과에서 나온 기존의 지식에 더하여 새로운 이해를 얻을 수 있는 가능성이 있다는 점을 제안하고 싶다. 왜냐하면, 화폐 가치가 발생하는 원천이 화폐로 사용되는 물건이 본래부터 지닌 가치라든가 아인치히가 말한 다른 요소들에만 있는 것이 아니라 ba에도 역시 존재하고 있다면, 우리는 예컨대 baF에서 발생하는 심리적 가치는 baP나 baD에서 발생하는 그것과는 다를 것이라고 예측할 수 있을 것이기 때문이다. 뿐만 아니라, 우리는 어떤 화폐의 가치는 그 화폐의 심리적 가치가 발생하는 원천–기본가정들–이 변동함에 따라 함께 변화할 것이라고 예측할 수도 있을 것이다. 우리가 baF와 baD, baP 하에서 화폐 가치가 나타내는 특징을 임상적으로 확인할 수 있다면, 화폐가 교역 목적으로 사용될 때 그 가치가 변동을 보이는 근본적인 이유 중 하나를 추적할 수 있을지도 모른다.

대규모 집단에서 수행되는 화폐 연구의 한 가지 이점은 그것이 통계적 접근법을 이용할 수 있다는 점이다. 화폐 연구는 그다지 민감한 주제가 아닌 까닭에, 이와 관련한 통계자료들이 질병에 관한 자료들만큼이나 연구자들이 이용할 수 있게 개방되어 있는지는 잘 모르겠지만, 그럼에도 연구는 시작되어야 하며 통계학 교육을 받은 유능한 사람들이 이러한 역할을 담당해야 한다. 하지만 화폐의 가치 변동과 ba의 변화 사이에 존재하는 모종의 상관관계를 밝혀내는 작업은, 집단에서 질병에 대한 통계자료들이 보이는 패턴과 화폐 가치 변동을 나타내는 통계자료들 사이에 어떤 상관관계가 존재한다는 것이 밝혀지는 경우 더욱 진정한 가치를 발휘하게 될 것이다. 화폐 가치의 심리적 원천에 대한 평가, 즉 속죄금과 신부값의 원천에 대한 평가가 달라짐에 따라 나타나는 가치의 변동을, 화폐 가치가 발생하는 그 밖의 다른 원천과 분리해서 생각하려는 시도는, 내가 생각하는 것처럼 통화 가치에 대한 평가가 상상했던 것보다 훨씬 큰 정도로 심리적인 기초에, 특히 현재 우세한 기본가정과 pm에 달려있는 것이 아니라면 분명히 매우 야심적인 일이 되고 말 것이다. 만약에 그러한 상관관계가 실제로 존재한다는 것이 사실로 밝혀진다면, 우리는 기본가정에 임상적인 중요성을 부여할 수 있는 근거가 마련되었다고 당연하게 느끼게 될 것이며, 원정신적 체계의 본질에 관한 개념들도 그에 따라서 조금은 명료하게 정리할 수 있을 것이다.

하나의 ba에서 나타나는 감정들은 서로 연결되어 있다고 설명하면서, 나는, 예컨대 불안과 같은, 어떤 감정을 그것이 어떤 ba의 일부인가에 따라 다르게 볼 필요가 있다고 말했다. 이와 마찬가지로 우리는 예를 들어 baD 하에서의 화폐 가치는 baF에서의 그것과는 다르다고 생각해야 하는데, 이는 화폐 가치가 질적인 면에서나 양적인 면에서나 모두 다르다는 것을 뜻한다. 내 말의 의미를 이해하기 위해서는, W가 충분히 강하여 baD

의 활동이 확연히 드러나는 종교 집단에서 돈을 대하는 태도와 돈에 부여하는 가치를 고려한 다음, 이를 baF가 우세한 전시 국가에서 돈에 부여하는 가치와 비교해 보면 된다. 후자에서는 돈이 전쟁에 필요한 물자로 얼마만큼 전환될 수 있는가에 따라 가치가 정해지는 반면, 전자에서는 선하다는 느낌을 구매함으로써 합당한 수준의 시간적 경계를 넘어서까지 초인간적인 부모에게 의존하고 있다는 죄책감을 얼마나 해방시킬 수 있는가에 따라 가치가 정해질 것이다. 한편, baP에서는 돈의 가치가 신부값이나 결혼지참금을 통해 배우자를 얼마나 용이하게 얻을 수 있는가에 따라 정해지는 것으로 보인다.

내가 지금까지 했던 고찰은 기본가정과 원정신적 체계라는 개념을 그것이 원래 비롯한 영역 이외의 다른 곳에도 적용하여 탐구를 촉진할 수 있다는 점을 시사하지만, 추가적인 연구를 위한 충분한 근거가 확립되었다고 가정하고 이를 바로 실행에 옮기기보다는, 그에 앞서 나의 고찰이 실제 사실과 밀접한 관련을 맺고 있는가를 먼저 조사함으로써 그 타당성을 확인할 필요가 있을 것이다. 가장 어려운 문제는 대규모 집단에서 어떤 기본가정이 작동하고 있는지를 밝히는 일이다. 예를 들어, 우리는 전쟁 중인 국가의 ba는 baF라고 말할 수 있는가? 그렇게 말하는 것이 가능하다면, 이는 국가의 모든 부분들에 – 예컨대 농촌 사회에도 – 똑같이 적용될 수 있는 것인가? 만일 전쟁 중인 국가가 baF의 예를 대표한다고 가정한다면, 문제의 국가가 기본가정과 관련된 현상을 연구하기 위한 이해 가능한 연구 단위를 제공해 준다고 가정할 수도 있는가? 우리는 질병의 변동에 관한 통계적 근거를 어디서 찾을 것인가? 어떤 통계 자료들이 통화 가치의

* 1939년 8월 : 제2차 세계대전에 대한 언급으로 보인다. 2차 대전은 1939년 9월 1일 새벽 독일의 폴란드 침공으로 시작되었다.

변동을 드러내 주는가? 통화 가치나 질병 발생률의 변동이 특정 시기의 우세한 기본가정과 상관관계를 보인다는 사실을, 그런 상관관계가 존재한다면, 어디에서 발견할 수 있을까? 예컨대 1939년 8월* 의 경우에는?

소규모 집단 연구와는 거리가 먼 일처럼 보일지도 모르겠지만, 위와 같은 문제들을 통계 연구의 주제로 삼는 등의 더욱 야심찬 기획을 시도하기에 앞서, 나의 이론을 대규모 집단의 최근 역사와 결부시킴으로써 그것이 실제 사건들에 정말로 적용 가능한 것인지를 검증하는 작업은 해볼 만한 가치가 있는 일이다.

참 고 문 헌

Clay, Henry (1916). *Economics for the General Reader*. London: Macmillan.
경제학자의 입장에서 화폐를 설명하는 짧지만 좋은 글.

Einzig, Paul (1949). *Primitive Money*. London: Eyre & Spottiswoode.
아인치히는 힝스턴 퀴긴과 상당 부분 동일한 결론에 도달하지만, 그보다는 더 조심스러운 태도를 취하면서 화폐의 가치를 결정하는 여러 가지 원천들에 대해 주의를 기울인다. 그의 이러한 태도는 성급하게 일반화하려는 모든 시도를 경계하도록 하는 역할을 한다. 나는 기본가정 개념을 통해, 아인치히가 힝스턴 퀴긴보다 그 복잡성을 더 잘 설명하고 있는 문제에 대한 실마리를 얻을 수 있을지도 모른다고 생각하게 되었다.

Gibbon, Edward (1781). *The Decline and Fall of the Roman Empire*. London: Methuen, 1909 Edition. Vol. II, Page 373 : <로마제국 쇠망사>, 까치글방, 2010.
신의 본질과 속성에 대해 논하는 역사 연구로서, baD의 성질에 대한 나의 여러 논지를 분명히 하는 데 큰 도움이 되었다.

Halliday, J. L. (1948). *Psychosocial Medicine*. New York: Norton; London: Heinemann, 1949.

Hingston Quiggin, A. (1949). *A Survey of Primitive money*. London: Methuen.

Hodgkin, R. H. (1935). *History of Anglo-Saxons*. London: Oxford University Press. Vol. 2. Page 579.

Petit-Dutaillis (1911). *Studies Supplementary to Stubbs' Constitutional History*.

Manchester University Press, Pages 36-38.

대부분의 헌정사 연구가 진부한 내용을 담고 있는 것과는 달리, 이 책은 내가 속죄금과 기본가정 간의 관련성을 탐색하는 과정에서 그에 대한 확증 혹은 반박을 제공해 줌으로써 나에게 큰 도움이 되었다.

Toynbee, Arnold (1935). *A Study of History.* Oxford, 1935 Edition. Vol. I. : <역사의 연구>, 더스타일, 2012.

역사 연구에서 이해 가능한 연구 단위를 구성하는 요소가 무엇인지를 다루는 토인비의 논의는 집단 심리 연구에도 똑같이 유효하게 적용될 수 있다.

Wittkower, Eric (1949). *A Psychiatrist Looks at Tuberculosis.* London: The National Association for the Prevention of Tuberculosis.

이 연구는 질병의 심리적 부속물에 대한 내 이론의 타당성을 잠정적으로 판단하는 데 참고가 되는 수많은 자료들을 제공해준다.

VI

이 논문에서 나는 소규모 치료집단에 대해 한두 가지 문제를 논의하려고 한다. 하나의 해석이 우여곡절 끝에 어디에 이르게 되는지 살펴보도록 하자. 정신분석가가 내 기법을 사용하여 집단 회기를 진행하려 한다면, 그는 곧 그게 부질없는 일이라는 사실을 깨닫고 깊은 인상을 받을 것이다. 해석에 정확성을 기한다는 것은 불가능한 일처럼 보이는데, 설령 만들어낸 해석이 만족스러운 것이라고 해도 그것이 전달되었을 때 의도한 효과를 얻어낼 수 있을지는 여전히 미지수이기 때문이다. 우선, 나는 환자들이 집단을 이용하여 표현하는 모종의 저항이라 생각했던 것들에 대응하려고 시도하면서, 정신분석에서와 같은 개인적인 해석들을 하게 되는 쪽으로 자꾸만 마음이 끌리곤 했다. 그러는 동안에 나는 환자들이 흔히들 하는–개인 치료를 받기 위해 노력하는–행동에 나 스스로를 맞추고 있었던 것이다. 내가 의사로서 개인 치료를 하려고 했다는 것은 맞는 말이다. 하지만 사실 내가 그런 행동을 한 것은 집단의 '악함'을 없애보려는 하나의 시도였다고 말할 수 있는데, 의사에게 집단의 '악함'이라는 것은 집단이 치료 수단으로서 부적합하다는 것을 뜻하기 때문이다–이는 우리가 이미 보았던 것처럼 환자들이 불평하는 부분이기도 하다. 이처럼 환자들에게 불평할 거리를 제공해 주는 것처럼 보이는 특징들을 집단 자체에 내재하는 것이라 여기는 대신, 이런 부적합성이 의사나 환자들이 집단을 치료적인 방식으로 운용하는 데 실패했기 때문에 나타난다고 생각할지도 모르지만, 실패는, 분석가가 개인적인 해석을 하고 싶은 충동에 굴복하는 순간, baD를 해석하지 못하고 그것의 영향 아래 머무르게 된다는 점에 있다. 왜냐하면 내가 개인에게 소위 정신분석적인 해석을 하기 시작하는 순간, 나는 집단은 의사에 의존하는 환자들로 이루어지는 것이라는 가정, 즉 baD를 강화하고 있는 셈이기 때문이다.

이제 우리는 해석을 하면서 그것이 정확한 것이 아니라는 느낌을 받게 되는 이유가 무엇인지 이해할 수 있다. 집단은 의사가 하는 말과 행동들 가운데서 기본가정에 부합하는 부분들에 의해서만 영향을 받으며, 집단의 행동에 관한 해석과 같은 것들은 전혀 영향을 주지 못한다는 사실을 우리가 깨닫기 때문이다. 해석의 정확성을 기해 보려고 애를 쓰는 동안, 나는 정말이지, 집단의 모든 구성원들 역시 그랬겠지만, 인간 집단의 일원이 된다는 것 자체에 기인하는, 나 자신과 집단이 가진 정서적 속성에 대한 혐오감에 시달렸다. 이러한 속성을 집단과 협력할 수 있는 일종의 능력이라고 부를 수도 있겠지만, 나는 지금부터 '협력co-operation'이라는 단어는 작업이 이루어지고 있는 집단에서 나머지 구성원들과 의식적으로든 무의식적으로든 함께 작업하고 있는 경우에 한하여 사용하려고 하며, 이와

* 결합가valency : 분자 내에서 한 원자가 다른 원자들과 결합하는 수를 지칭하는 화학 용어이다. 극히 예외적인 경우를 제외하면 특정 원자는 특정한 수의 결합가를 가진다. 각각의 원자들은 결합가가 어떤가에 따라 자발적으로 정해진 패턴에 맞추어 분자를 이루게 된다. 예컨대 수소 원자는 결합가가 1이고, 산소 원자는 결합가가 2인데, 따라서 수소 원자와 산소 원자가 서로 결합을 이루면 물(H_2O)이라는 분자를 이루면서 스스로 안정 상태에 이른다. 비온은 기본가정 집단에서 통찰이나 창조적인 작업과는 무관하게 정해진 패턴에 따라 이루어지는 개인들 간의 결합을 이것에 비유하며, 작업 집단에서 일어나는 협력co-operation과 대비시킨다.

는 달리, 우리가 방금 하나의 예를 살펴본 것처럼, 기본가정의 영향 아래 자연적으로 일어나는 본능적인 협력에 대해서는 '결합가valency*'라는 단어를 사용하려고 한다.

결합가

나는 이 용어를 통해, 개인이 기본가정들을 만들어내고 그에 따라 행동하면서 집단과 결합하는 데 기꺼이 참여하려는 상태를 가리키고자 한다. 개인의 결합 능력이 높은 경우에는 높은 결합가를 가졌다고, 결합 능력이 낮은 경우에는 낮은 결합가를 가졌다고 말할 것이다. 나의 관점에서 보면, 정신 기능에 관한 한, 인간이기를 그치지 않는 이상 결합가가 없는 상태란 있을 수 없다. 나는 심리적 사건들로 분명히 드러나거나 그 사건들로부터 추론 가능한 현상들을 묘사하기 위해 이 용어를 사용하고 있지만, '가정'과 같은 단어가 암시하고 있는 것처럼 결코 정신적이라고 부를 수 없는, 목적적인 행위보다는 식물에서 보이는 '향성tropism*'에 더 가까운 인간 행동으로 특징지을 수 있는 수준에서 기꺼이 결합하려는 상태를 가리키기 위해서도 사용하고자 한다. 요컨대, 나는 이 용어를 pm 체계 안에서 일어나는 사건들을 지칭하는 데에도 필요한 경우 사용하고 싶다는 뜻이다.

내가 개인적인 해석을 하고 싶은 충동에 굴복했을 때, 집단을 이끄는 내 리더십은 명확하게 인지된 외부 현실에 대한 설명이기보다는 심적 고뇌의 표현에 더 가까웠다. W에 대한 내 영향력은 줄어든 반면 baD에 대

* 향성tropism : 식물이 자라면서 특정 자극에 반응하여 일정한 방향으로 움직이려는 경향을 말한다. 예컨대 식물의 줄기는 일반적으로 빛이 오는 방향을 향해 휘어지려는 경향을 보인다.

한 영향력은 늘어났기 때문에, 결국 내가 가진 영향력에서 '환자'가 차지하는 비중은 전체적으로 늘어난 셈이었다.

나는 집단의 모든 이들이 똑같이 고통스러워하고 있다고 가정하면서 이런 상황에 대처하며, 정신분석적으로 보이는 해석들을 그만두고 오로지 개인이 집단에 미치는 영향의 측면에 대해서만 해석한다. 예컨대 개인이 자신의 문제에 대해 도움을 받고자 시도하면서 baD를 확고하게 만드는 방향으로 집단을 이끌어가고 있으며, 그게 여의치 않은 경우에는 baP나 baF로 변화시키려 하고 있다는 사실을 보여주는 식으로 말이다.

나는 이를 통해 내 리더 역할에서 '환자'가 차지하는 비중을 감소시키는 한편, 개인들의 주의를 돌려 집단의 일원이 됨으로써 겪게 되는 딜레마에 대해 관심을 기울이도록 만든다. 이 두 가지 사실들로부터 각기 중요한 결과가 발생하지만, 내 행동에서 '환자'가 차지하는 비중이 감소함에 따라 나오는 결과에 대해서는, 실제의 집단 상황과 이를 묘사하는 과정 모두에서, 당분간 고려하지 않으려고 한다.

개인의 딜레마

내가 어떤 결합가를 가졌는가에 따라 달라지는 개인의 영향력에 대해 집중하기 시작하면, 집단은-이런 종류의 치료에서 집단이 성취해 낸 수준 높음sophistication의 정도와 직접적인 관계를 가지는 속도로-처음에는 유치한 행동들을 보이다가, 마침내는 침묵 속으로 빠져들면서 도피처를 구하게 된다.

나는 해석에서 흔히 겪게 되는 문제들, 이를테면 환자들의 죄책감이, 분석가가 어떤 행동에 대해 해석했을 때 그것을 자신들의 행동을 승인하지 않겠다는 뜻으로 받아들이는 데서 나온다는 등의 문제들을 논하면서 시간을 낭비하지는 않겠다. 설명되어야 하는 문제는 이런 딜레마를 경험하는 개인들이 해석으로 인해 위협을 느낀다는 것이며, 기본가정과 그것의 유지를 위해 그들 스스로가 수행하는 역할에 대해 느끼는 두려움을 이런 식으로 표출한다는 것이다. 이러한 두려움은 자신이 집단 생활에 적합하지 않은 존재라는 인식과 밀접하게 연결되어 있는데, 이와 같은 인식과 더불어 그 동안 의심해보지 않았던, 인간 집단에 참여한다는 것에 내재된 복잡성에 대한 통찰이 함께 늘어난다. 나는 개인이 처한 이 딜레마에 대해 – 다른 집단 현상들이 더욱 시급한 문제로 나타났던 여러 시기들 사이의 막간을 이용하여 – 집단이 유지되고 있는 전체 기간에 걸쳐 꾸준히 설명하였다. 비록 상황은 아무 것도 달라진 것이 없었다 하더라도, 개인들은 딜레마의 양 극단에서 벗어날 수 없다는 인식으로부터 점차 풀려나게 되었으며, 이에 따라 전보다 방해받지 않고 집단에 적극적으로 참여할 수 있게 되었다. 개인이 스스로의 딜레마를 점점 잘 이해하게 되면서 한 가지 흥미로운 결과가 나타났는데, 개인이 집단에서 '아무것도 하지 않는다는 것'은 있을 수 없다는 사실을 – 설령 그가 아무런 행동을 하지 않는다고 하더라도 – 증명할 수 있었다는 점이다. 따라서 우리는 한 바퀴를 더 돌아서, 비록 다른 각도에서이긴 하지만, 집단의 모든 구성원들은 집단의 행동에 대해 책임이 있다는 예전의 결론에 다시금 이르게 되었다(65쪽 참조).

실제 임상 상황은 내가 설명하는 것처럼 원활하게 전개되지는 않는데, 내가 지적했듯이 한 번에 몇 주 혹은 몇 달 동안이나 집단의 다른 국면들이 중간에 끼어들면서, 이러한 국면들이 나타나게 된 이유에 대해, 설사 별다른 이유가 없다고 하더라도, 주의를 기울이고 가능하면 그에 대한 설명을 하도록 요구하기 때문이다. 이처럼 다른 현상들 중에는 치료자의 영향력에서 '환자'가 차지하는 비중이 줄어들면서 비롯된 결과가 있는데, 이제 이에 대해 살펴보아야 할 차례가 되었다.

집단이 이따금 나 역시도 환자라고 주장하면서 내가 집단 경험을 통해 이득을 얻고 있다는 암시를 때때로 내비쳤다는 사실을 기억할 것이다. 집단이 이런 식으로 자신의 믿음을 표현하는 데에는 한 가지 요인이 작용하고 있는데, 내가 다른 이들에 비해 집단 경험을 활용할 수 있는 능력이 더 많은 것이 분명하고, 이러한 능력 덕택에 아리스토텔레스가 말한 '정치적 동물'에 더욱 가까워지게 되었으며, 이를 통해 적합한 환경에서 자라는 생명체에 수반하는 성장과 발달을 성취했다고 생각하는 시기심이 그것이다. 아마도 나는 정당하게 받아야 할 몫 이상의 보살핌을 독차지하고 있는 환자의 전형이었을 것이며, 집단이 내가 아닌 다른 구성원을 리더로 선택한 것도 어쩌면 이러한 믿음 때문이었는지 모른다. 하지만 집단이 그렇게 새로운 리더로 선택한 인물은, 내 경험으로 보면 예외 없이, 확연한 정신과 환자였다. 그는 집단을 수호하는 인물로, 자유롭게 말하는 사람으로, 요컨대 나보다는 여러 가지 면에서 훨씬 나은 인물로 추켜세워졌다. 이러한 찬사들에는 언제나 그럴듯한 근거들이 뒤따랐지만, 집단이 추켜세웠던 남성 혹은 여성이 '정신과 환자'라는 사실만큼은 의심의 여지가 없었다.

우리는 다음과 같은 상황에 이르렀다. 집단은 이제 새로운 리더가 된, 병세가 가장 위중한 구성원을 북돋고 어르고 달래면서, 그의 뜻에 따르는 데 열중하고 있었다. 우리는 이러한 사태의 전개를 baD의 쌍대라는 측면에서 바라보아야 하는데, 이어지는 논의를 통해 이에 대해 더 깊이 다루어 보도록 하겠다.

baD의 쌍대

baD의 단순형은 집단의 모든 개인들이 나를 바라보면서 그들 각각이 나와 유일하게 특별한 관계를 맺고 있다고 여기는 것으로 나타난다. 개인들 사이에서 눈에 보이는 접촉은 거의 일어나지 않으며, 내가 개인들의 문제를 모두 해결해 줄 것이고 개인의 안녕에 특별한 관심을 기울이고 있다는 믿음에 어긋나는 모든 사실들은 부인된다. 이러한 현상은 말을 통해 표현되기도 하지만, baD에 속한 감정들에 부합하지 않는 사실들에 의해서는 꿈쩍하려 들지 않는 일종의 물리적 관성을 통해 나타나기도 한다. 이처럼 달갑지 않은 사실들 중에는, 내가 했든 다른 누군가가 했든 간에, 나를 집단 경험 면에서 특출한 인물이라고 가정하는 것 자체가 의심해보아야 할 문제라는 함의를 담고 있는 해석들도 포함된다. 집단이 더 이상 이러한 해석들을 무시하지 못하는 상황이 되면, 나를 제멋대로 자기를 표현하도록 내버려둠으로써 얼러주어야 하는 아기처럼 다루면서, 때로는 해석들을 baD 체계 속에다 쓸어담아 버리기도 한다. 이를 통해 내가 baD의 '단순형'에 대응하는 쌍대라고 서술했던 상태-내가 집단을 먹여 살리는 게 아니라 집단이 나를 먹여 살린다-가 작동하게 된다. 이 시점에서 나는 내 가정을 뒷받침하는 근거가 되는 생각을 전달하면서 겪는 한 가지 어려움에 대해 독자들에게 설명해야 한다. 개인들의 익명성을 보장하기 위해 실제 있었던 일들을 충분히 감추어야 할 필요가 있음에도 불구하고, 나는 내 이론이 옳다는 것을 증명하기 위해 어떤 사례를 묘사해야만 하는 상황에 놓여 있다. 내가 내어놓는 것은 분명 하나의 가설에 지나지 않는데, 왜냐하면 내가 어떤 사건들을 바라보는 방식이 별스러울 뿐만 아니라, 그런 방식이 정확한 것인지 확신할 근거도 없기 때문이다. 그렇다면 내가 사례를 묘사해본들 하나의 가설을 구체적인 사건들로 치장하여 되풀이하는 것에 지나지 않는다. 나는 독자들에게 좀더 납득할 만한 무언가를 제시할 수 있는 어떤 방법이 있었으면 좋겠으며, 내가, 얼마나 성공을 거둘지는 미지수임에도, 내 가설들이 설명하려고 하는 현상들을 실증하는 것처럼 보이는 상황들에 대해 다른 각도에서 묘사해보는 방식을 제안하는 것은 이러한 목적을 위해서이다. 나는 이와 같은 사례들을 시대와 장소를 불문하고 모든 곳에서 찾아볼 것이다. 첫 번째 사례는 토인비의 <역사의 연구> (1948, Vol. I, pp.141-144) 에서 고른 것이다. 독자들은 이 부분을 참조하여 스스로 자신의 견해를 세운 후에, 그것을 내 이론의 관점에서 내가 제시하는 사건들과 비교해 볼 수 있다. 요약하면, 토인비는 케프론Kephron 왕과 그의 후계자들 치하에서 이집트가 피라미드 건설로 인해 어떻게 고갈되어 갔는지를 보여준다. 내 이론을 적용하면, 이 상황은 집단의 지도자가 느끼는 불안 상태를 누그러뜨리기 위해 집단이 취한 움직임으로 볼 수 있다. 이러한 불안은 언뜻 보기에는 상황에 맞지 않는 성격을 지닌 듯하지만, 그 중심에는 자신들의 지도자가 죽을 수도 있다는 현실을 부인해야 할 필요성이 자리하고 있는 것으로 보인다. 내가 당면한 목적과 관련하여 흥미로웠던 것은 그 뒤에 집단에서 벌어졌던 일인데, 말하자면 파라오가 받았던 치료가 점점 더 많은 수의 집단 구성원들에게 퍼져나갔으며, 이로 인해, 토인비의 이야기처럼, 무척이나 평범한 사람들까지도 파라오들이 받았던 것과 동일한 치료를-그것도 훨씬 싼 값에-받을 수 있게 되었다는 사실이다. 이렇듯 기법의 변화는 파라오들의 전유물이었던 심리치료의 혜택을 주머니 사정이 크게 넉넉하지 않은 사람들에게 모두 돌아가도록 하는 계기가 되었다. 정신분석이 부과하는 경제적 문제에 대한 해법을 집단 치료에서 찾아보려는 사람들은 정말이지 오래 전부터 이어져 내려온 전통을 따르고 있는 것처럼 보인다. 이처럼 국민 전체가 단 하나의 개인을 부양하느라 진을 빼는 상황은 내가 서술했던 baD의 쌍대라고 볼 수 있다. 우리는 여기서 baD를 감당하기 위해 얼마나 많은 집단적 에너지가 소모되는지를 알 수 있는데, baD를 좀더 직접적으로 다루기 위한 기법이 마땅치 않았더라면 이러한 에너지는 집단의 안전을 위협하는 외부 현실에 대처하는 데 바쳐졌을지도 모른다.

이 문제들에 대해서는 추후에 W와 작업 집단의 일부 특수한 형태들에 대해 고찰하면서 좀더 면밀하게 살펴보게 될 것이며, 지금은 이를 한 편으로 미뤄두고서 baD에서 집단의 리더십과 집단에서 심각한 정신과적 문제가 있는 구성원 사이의 밀접한 연결관계로 인해 발생했던 문제에 대해 먼저 검토하려고 한다. 나는 집단을 마음껏 행동하도록 놓아둘 경우, 집단이 어떤 이유 때문에 가장 심각한 병을 앓고 있는 구성원을 baD 하에서 리더로 선택하는가 하는 문제와 관련해서는 어떠한 해답도 찾으려고 시도하고 싶지 않다. 실상이 그러하다는 것, 실상이 정말이지 그와 같기 때문에 위대한 종교 지도자들은 – 종교집단은 baD가 활발하게 작동하고 있는 집단임이 분명하다 – 공히 광인이거나 악마에게 씌인 사람임이 틀림없다고 여겨졌다는 것은 우리가 언제나 잘 알고 있었던 사실이다. 마치 baD가 우세한 집단의 구성원들이, 광인이 자신들을 이끌지 않는다면 틀림없이 자신들이 미쳐버릴 거라고 느끼기라도 하는 것처럼 말이다. 정말이지 우리는, 의지하고 있는 인물이나 신적 존재로부터 모두가 개별적인 보살핌을 받고 있다는 믿음에 반하는 사실들이라면 사람들이 모조리 받아들이기를 거부하는 것처럼, 리더나 신적 존재가 미치지 않았다는 점을 암시하는 사실들에 대해서도 마찬가지로 일절 받아들이려 하지 않는다고 말할 수 있다. 백치는 성스럽다는 믿음이나 천재는 광인에 가깝다는 믿음은, 집단이, 구조화되지 않은 상태로 놓여졌을 때, 가장 심각한 환자를 리더로 선택하려 한다는 것과 동일한 경향을 가리킨다. 아마도 그것은, 우리가 아기의 행동을 그 신체발달 단계와 연관지어 생각하는 데 익숙해지지 않는 이상, 아기는 정말이지 제정신이 아니라는 것과, baD에서는 의존할 수 있는 대상이 있어야 하는 만큼이나 자신들에게 의존하는 누군가도 있어야 한다는 것을 사람들이 무의식적으로 인지하고 있다는 뜻일 수도 있다.

작업 집단이 느끼는 불안

이와 직접적인 관련이 있는 문제는, 나중에 W에 대해 자세히 다루면서 이 문제로 다시 돌아오겠지만, baD에 가장 능숙하게 대처하는 집단, 즉 종교 집단이나 사제집단은 baD에서 나타나는 리더의 문제를 언제나 마치 다이너마이트를 손에 쥐기라도 한 것처럼 다룬다는 점이다. baD에서 리더는 실체를 가진 사람이 아니라는 것을 분명히 하기 위한 시도가 부단하고 점증적으로 이루어진다 – 이런 시도에서 가장 흔히 사용되는 방법은 물론 신처럼 추앙받는 인물을 리더로 내세우는 것인데, 여러 가지 이유로 인해 이런 방법 역시도 리더의 비실체성을 충분히 보장하지 못하는 것으로 밝혀지면, 그를 하느님, 즉 영적 존재로 바꾸려고 온 힘을 다해 노력하게 된다. 내가 생각하기에 이러한 시도의 본질은 집단으로 하여금 다음의 두 가지 행위를 하지 못하도록 막는 데 있다. (i) 실제의 인물을 리더로 선출하는 일, (ii) '율법에 위배되는' 방식으로, 말하자면, 예컨대 무기명 투표에서처럼, 규율에 의해 감정이 조절되지 않은 상태로 자발적인 선출 행위가 이루어지는 일. 앞서 말했듯이 baD를 가장 능숙하게 다루는 W 집단인 사제집단은, 매우 드물게 예외가 있기도 하지만, 실체를 지닌 실제 인물이 리더가 되기를 바라는 집단의 요구를 일정 부분 수용하면서도, 이 두 가지 행위를 가능한 한 피해보려고 필사적으로 노력한다. 예외적인 경우에서조차, 사제집단은 이에 따르는 위험을 무의식적으로나마 잘 알고 있는 것처럼 보인다. 예언자 사무엘* 은 이스라엘의 신정정치를 종식시켜야 한다고

* 예언자 사무엘 : 이스라엘이 신정 정치에서 왕정 정치로 넘어가는 과도기에 신과 백성들 사이를 중재했던 마지막 판관 혹은 사제이다. 이스라엘에도 왕이 있어야 한다는 백성들의 요구에 처음에는 반대했지만, 결국은 이를 받아들여 외모는 출중했으나 충동 조절의 문제가 있었던 사울을 왕으로 옹립한다. 왕이 된 사울이 신의 뜻을 따르려 하지 않는 태도를 보이자 그를 폐위하고 다윗을 새로운 왕으로 임명했다.

아우성치는 사람들의 요구가 내심 못마땅했는데, 그가 하는 수 없이 사람들의 요구를 받아들여야만 했을 때, 그는 앞서의 두 원칙에 위배되는 방법으로 지도자를 선출하도록 하였다. 이는 미묘하고도 성공적인 복수였으며, 그가 바라던 대로 정신과적 문제가 있는 인물이 승리자로 뽑히는 결과를 가져왔다.

불안의 원인

그런데 사제집단은 무슨 위험에서 그토록 집단을 보호하려고 애쓰는 것일까? 그것은 단순히 무능력한 리더십 자체와 관련된 위험만은 아닐 것이다. 그 한 가지 이유로서, 정신적으로 장애가 있는 인물이 리더를 맡는다고 해서 그 리더십이 – 반대인 경우가 많다면 모를까 – 항상 무기력하기만 한 것은 아니기 때문이다. 하지만 이와는 별개로 나는 사제집단이 baD에서 리더십이 자발적으로 발생하는 것을 두려워하는 훨씬 더 중요한 이유가 있다는 점을 보여주고 싶다. 이를 설명하기 위해 나는 소규모 치료집단에서 있었던 경험으로 다시 돌아가야 한다.

리더를 물색하는 과정에서 집단은 가능하면 편집성 정신분열병 환자나 악성 히스테리 환자를 찾아내려 한다. 두 가지 시도가 모두 실패할 경우에는 반사회적 성향을 보이는 정신병질적 인격을 가진 인물이 그 역할을 맡으며, 이마저도 여의치 않을 경우에는 생각 없이 말을 내뱉는 고도의 정신지체 환자를 리더로 선택할 것이다. 나는 다섯 명 이상이 모인 집단에서 이런 경우에 속하지 않는 예를 지금껏 한 번도 경험해보지 못했다.

리더가 될 인물을 일단 찾아낸 다음에는, 집단은 그 남성 혹은 여성을 대할 때 경의를 표하며, 아첨스런 말들로 – '모모 씨 덕분에 언제나 논의가 활발하게 이루어져요' – 틈틈히 양념을 치면서 리더로서의 그의 지위를 강화하려고 한다. 내가 질투의 감정을 느끼지 않나 시험해보려는 시도도 흔히 있는 일이지만, 이러한 단계는 금방 지나간다. 경우에 따라 다르기는 하지만, 흔히 듣게 되는 언급 중의 하나는, X씨 혹은 Y양이 없으면 집단은 '아무것도 할 수 없을 것이다'라는 말이다. 이런 언급은 나를 두고 이루어지기도 한다. 지금은 그리 중요하지 않게 보일 수도 있겠지만, 이는 우리가 나중에 상당히 주의를 기울이게 될 문제이다.

집단 구성원들 모두의 눈에 문제의 개인이 리더십을 확고히 다진 상태가 되면 문제들이 발생하기 시작한다. 사울 왕, 황새를 왕으로 옹립했던 이솝 우화의 개구리들*, 이집트의 파라오들, 이 모두가 정도는 달라도 새로운 상황에 처한 집단의 일면을 드러낸다. 전에도 이야기한 것처럼, 집단은 나에게 구원의 눈길을 던진다. 이런 상황에 경악하는 것은 비단 사제들뿐만이 아니다. baD를 활성화시킬 수 있는 상태, 혹은 자체가 baD에 의해 활성화된 상태가 존재하는 곳 어디에서나 독재에 대한 두려움이 나타난다. 최근의 예를 들면, 사람들은 복지 국가가 결국에는–공산주의자나 관료주의자 들에게 권력을 내어줌으로써–자유를 폭압적으로 위협하게 될 것이라는 두려움을 자주 표현한다. 이런 상황에서 가장 흔하게 소환되는 것은 하느님에 대한 신앙이며, 놀라운 예외가 아닌 이상 소규모 치료집단에서 이러한 간청을 하지 않는 구성원을 발견하기란 실로 어려운 일이다. 이는 리더십이 집단의 실제 구성원 속에서 구체적인 인물로 구현되는 것을 피하려는 욕망을 나타낸다. 내가 집단에서 벌어지고 있는 일들을 그대로 내버려두면, 다양한 처방들이 등장할 것이다. 선출된 리더에 맞서는 반역의 움직임, 치료는 모든 이들에게 공평하게 돌아가야 하며 한 사람만

* 이솝 우화의 개구리들 : 개구리들이 자신들에게도 왕이 있었으면 하는 소원을 신에게 간청하자 신은 개구리들의 성화에 못 이겨 나무토막을 왕으로 내려보낸다. 나무토막을 본 개구리들이 이를 비웃으며 좀더 힘센 왕을 보내달라며 재차 간청하자 신은 이번에는 황새를 내려보낸다. 황새의 늠름한 모습에 개구리들은 열광했지만 결국은 황새에게 모두 잡아먹혀 버린다.

이 독점해서는 안된다는 주장 등등. 사실상 여기 예시된 모든 해법들은 지금까지의 역사를 통해 줄곧 시도되어 온 방법들과 밀접하게 유사한 것일 따름이다. 설명하기 어려운 부분은 집단이 무엇으로부터 자신을 보호하려고 애를 쓰고 있는가 하는 점이다.

집단에서 일어나는 정서적 진동

내가 얻은 결론은 이런 상황이, 치료집단이 W 수준에 있을 때, 집단 안에 리더와 정신과 의사가 함께 있음으로 인해 발생되는 자극에서 비롯한다는 것이다. 집단은 자신이 자발적으로 선택한 리더가 심각한 장애를 가졌거나–앞서 언급했듯이 baD에서 리더는 반드시 '미친 사람'이어야만 하는 것 같다–혹은–집단 자신과 문제의 인물에 대해 실제보다 번듯하게 나타내는 표현으로–'천재'라는 사실을 받아들이는 한편, 그가 자신들이 의지할 수 있는 인물이라는 믿음을 동시에 가져야만 한다. 그런데 이와 같은 일은 전자와 후자가 번갈아가며 나타나는 일련의 주기적 진동oscillation의 형태로만 일어날 수 있다. 내가 여러 번 개입을 중단한 채, 상황이 가는 데까지 가도록, 때로는 집단의 안전이 흔들릴 정도로까지, 내버려 두면, 이 진동은 주기가 매우 빨라진다. 게다가 두 믿음 사이의 격차가 이 상황에서처럼 상당한 경우에는–두 믿음 사이의 격차가 크다는 사실을 받아들이는 일은, 리더가 미쳤다는 것과 당신의 안녕을 맡길 만한 의지할 수 있는 인물이라는 것을 믿는 일에 비하면 상상하기 어려운 까닭에–진동은 주기가 빨라질뿐더러 원래의 궤도 밖으로 벗어나려는 힘 또한 커질 수밖에 없다. 결과적으로 집단은 자신의 정서적 상황을 더 이상 감당할 수 없게 되고, 외부 집단들을 향해 격렬한 힘을 폭발시켜 충분한 만큼의 외부 집단들을 끌어들임으로써 이러한 반응을 흡수하려고 하기에 이른다. 실제로 소규모 치료집단에서는 이러한 현상이 외부 기관에다 불만을 격렬히 쏟아내는 것으로 나타난다. 예컨대 언론사나 국회의원, 타비스톡의 관계자 등에게 투서를 쓰는 식으로 말이다. 이처럼 다른 집단을 끌어들이는 목적은, 내가 처음에 생각했던 것과는 달리, 자신이 느낀 불만에 대해 정신과 의사에게 복수하려는 것이 아니라－설령 그러한 목적이 있어서 정신과 의사나 집단이 손상을 입는 일이 일어날 수 있다고 하더라도－현재의 집단과 정서적 상황을 공유하지 않는 외부 집단으로부터 충분한 양의 불활성 물질들을 끌어들임으로써, 새롭고 규모가 커진 집단을 만들어 진동을 멈추게 하려는 것이다. 커진 덩어리는 더 이상 격렬하고 불쾌한 진동을 일으키지 않는다.

여럿 혹은 하나의 외부 집단, 심지어는 그러한 집단의 일부가 유입되어 진동을 흡수하는 속도에 따라 많은 것들이 좌우된다는 점은 분명하다. 유입 속도가 너무 느리거나 유입량이 너무 적으면, 진동은 지금껏 비활성 상태에 머물러 있었던 곳에까지 퍼지게 되어 상황은 전보다 더욱 불쾌해지게 된다.

위와 같은 폭발이 일어나는 상황은 분명 바람직하지 않으며, 사실 연구 목적이 아니라면 집단의 반응을 집단이 감정을 감당하지 못할 지점에까지 이르도록 내버려두는 일은 정당화될 수 없다. 필요한 것은 정신과 의사가 집단으로 하여금 지금 일어나고 있는 일을 통찰할 수 있도록 하는 해석을 찾아냄으로써, ba와 W가 서로 접촉할 수 있도록 하는 일이다.

내가 여기서 일상적인 말들로 서술한 현상을, 그 현상이 전개되는 과정에서 세밀하게 드러내는 해석들이 이러한 역할을 할 수 있을 것으로 보인다. 독자들이 baD와 그 쌍대라고 서술한 것에 해당하는 상황들을, 내가 그것을 집단 활동에 대한 기록 속에서 찾아낸 것처럼, 비단 역사서만이 아니라 신문기사와 같은 당대의 보도 속에서도 발견할 수 있는지 알아보는 것도 재미있는 일이 될 것이다. 이 나라의 여러 언론들이 이른바 복지국가에 대해 논평하는 것을 보면, baD가 단순형 또는 쌍대의 형태로 활성화되고 있다는 불안이나, 혹은 복지국가에 대한 욕망들이 솟아나는 원천이 깨어나고 있다는 불안을 무심코 드러내는 것 같다. 하지만, 나는 우리와 직접 관계가 없는 집단에서보다, 우리가 활발히 참여하고 있는 소규모 집단에서 이러한 현상들을 알아차리는 일이 훨씬 더 어렵다는 점을 덧붙여야만 한다. 중요한 것은 후자다.

참고문헌

Toynbee, Arnold (1934). *A Study of History* (2nd ed. 1948). Vol. I. London: Oxford University Press. : <역사의 연구>, 더스타일, 2012.

VII

앞 장에서 나는 집단에서 진동이 주기적으로 일어나는 한 가지 이유에 대해 서술했다. 이 장에서는 진동 혹은 분열schism 중의 어느 하나로 이어질 수 있는 어떤 현상에 대해 고찰해보려 한다. 5장에서 나는 W 집단의 중요한 기능으로 '성장'을 들었다. 성장은 W 집단이 기본가정 집단과 구별되는 점들 중 하나이기도 하다. W 집단은 필연적으로 현실에 관심을 기울일 수밖에 없고, 따라서 프로이트가 개인에 대해 논하면서 자아의 역할이라고 규정했던 특징들 중 일부를 지니고 있다고 이야기할 수 있다. W 집단의 관심이 현실에 있는 까닭에, 집단이 택하는 방법도 궁극적으로는 과학적인 성격을 지닌다. 이제 이야기하려는 내용은 집단 또는 그 집단을 구성하는 개인들에게 성장이 요구될 때 나타나는 저항에 관한 것이다.

분열

각자의 성향에 따라 개인은 두 종류의 하위집단 중 어느 하나에 이끌린다. 그 중 하나는 더 이상의 발전을 원치 않는 집단이며, 발전에 반대하기에 집단이 의존하는 리더 혹은, 우리가 보아 온 것처럼, 리더의 대체물이 되는 집단 경전에 대한 충성에 호소한다. 이런 하위집단을 신봉하는 사람들은 변화에 저항하기 위해, 전통이나 '(집단의) 신이 하신 말씀', 집단에서 신적 존재로 추앙받는 인물 등에게 호소한다. 이 하위집단의 구성원들은 자신들이 의존하는 리더나 그 대체물들을 앞세워, 집단에 충성을 바치기만 하면 어떠한 고통스런 희생도 없을 것이며, 그렇기에 이 집단은 사람들에게 널리 퍼지게 될 것이라고 믿고 싶어한다. 이로써 정신 활동은 진부하고 교조적이며 고통없는 수준에 변함없이 머무르게 된다. 성장은 멈추고 그에 따른 정체가 널리 확산된다.

이와 반대편에 있는 하위집단은 겉으로 보기에는 새로운 이념을 지지하는 듯한 사람들로 이루어지는데, 실은 앞서의 하위집단과 동일한 목표를, 비록 다른 방식을 통해서이긴 하지만, 이루고자 하는 집단이다. 이 집단은 너무나 까다로운 요구를 하는 까닭에 사람들을 모아 집단을 조직하기가 어렵다. 이렇게 되면 입회자와 비입회자, 교양 수준이 높은 자와 낮은 자 사이에 고통스러운 접촉이 일어나는 것을 피할 수 있는데, 이러한 접촉은 성장에 따르는 갈등에서 핵심적인 부분을 차지하고 있는 것이다. 두 하위집단은 이렇게 같은 목적에 도달하며, 갈등은 종식되기에 이른다. 명확성을 기하기 위해 과장해서 말한다면, 전자의 하위집단은 교양 수준이 높지 않은 다수의 미발달한 개인들로 이루어져 있고 참여하는 개인들의 수가 계속해서 늘어나고 있지만, 이들은 성장을 원하지 않는다. 후자의 하위집단은 성장하기는 하지만, 그러한 성장이 너무나도 좁은 영역에서 극소수의 개인들에서만 일어나는 까닭에, 새로운 이념과 미발달한 상태가 서로 고통스럽게 접촉하는 것을 마찬가지로 피할 수 있다. 이러한 기제를 통해 집단에 속한 개인들은 서로 동등한 교양 수준을 지니게 되며, 이 또한 개인 안에서 성장과 본능 사이에 갈등이 일어나는 일을 막아주는 역할을 한다. 사회가 교양과 교육 수준이 높지 않은 구성원들로 북적거리는 반면, 가장 '훌륭한' 사람들은 손을 더럽히지 않으려는 태도를 완강하게 고수하고 있는 것 아니냐는 일각의 주장이 마음속에 떠오른다.

분열은, 내가 여기서 묘사하고 있는 것은 그것의 극단적인 형태이지만, 집단이 외부 집단을 흡수하여 진동을 멈추어보려고 할 때 일어나는 일들(6장 참조)과 대조해서 살펴보아야 한다. 분파들로 갈라진 집단은 내부의 전쟁을 통해 자신의 문제를 해결하려고 하는 반면, 후자는 외부와의 전쟁을 통해 문제의 해결을 모색한다.

집단에 대한 다른 시각들

이제 앞에서 나왔던 주요 주제들을 종합한 다음, 다른 저자들이 집단에 대해 제시한 다양한 의견들과 비교해보면 도움이 될 것 같다.

개인이 다른 이들이나 그가 속한 집단과 관계를 맺을 때 나타나는 문제는 아주 오래 전부터 논의되어 온 것이다. 플라톤은 집단에서 개인이 취해야 할 역할에 대해 강조했는데, 말하자면, 구두장이는 구두골에 붙어 있어야지 집단이 조화로운 생활을 영위할 수 있다는 것이다. 이러한 시각은 현대 심리학의 복잡한 측면을 놓고서 비교하면 너무나 순진해 보인다. 하지만 이러한 주장에도 나름대로 일리가 있다는 점을 기억할 필요가 있다. 플라톤의 주장에는 개인은 합리적인 인간이며 현실에 맞추어 적절한 한계를 부과하는 것이 주요한 고려사항이 되어야 한다는 전제가 깔려 있다. 개인이 자기 소임에 충실하다면, 그리고 다른 이들과 협력하여 그들 역시 자기 소임을 다하도록 만들 수 있다면, 모두가 만족스러울 것이다. 내 용어를 써서 표현하면, 이는 W 집단만이 집단의 정신생활을 구성하는 유일한 요소일 경우 어떠한 어려움도 생기지 않을 것이라고 말하는 것과 같다. 하지만 내가 이 논문들을 통해 지금껏 피력해온 것처럼, W 집단은 다른 집단적 정신 현상들로부터 나오는 영향들로 인해 끊임없이 동요한다.

이런 일이 일어난다는 사실은 예로부터 자명한 것이었으며, 플라톤의 이론이 만족스럽지 못하다고 느껴지는 것도 그것이 경험이라는 검증을 통과하지 못했기 때문이다. 이를 주로 비판했던 인물이 아리스토텔레스였다. 하지만 우리의 논지에 비추어 생각하면, 성 아우구스티누스가 <신국론>을 발표하기 전까지는 특별히 고려할 만한 논의의 진전은 일어나지 않았던 것 같다. 알라리크Alaric* 에 의해 로마가 함락된 사건은 사람들에게 강렬한 반응을 불러일으켰던 것이 분명하며, 성 아우구스티누스 역시 이로부터 영향을 받고 국가 안에서 인간이 맺는 관계에 대해 처음부터 다시 생각할 필요를 느꼈다는 점은 의미심장한 일이다. 그는 이 책에서 하느님의 나라가 있다고 상정하는데, 개인들이 서로 간에 맺는 관계는 이곳에서 개인 각자가 하느님과 맺는 관계를 통해 조화로운 것이 된다. 이러한 시각은 플라톤과는 매우 상이한 것이다. 성 아우구스티누스는 새로운 차원을 도입했다. 그의 명제에는 내가 W 집단이라고 부르는 것에 대해 플라톤이 서술한 내용이 집단에 관한 시각으로 충분하지 못하다는 점이 함축되어 있다. 내가 baD를 통해 이미 서술했던 현상, 즉 개인들이 서로 관계를 맺지 않고 각자가 의존하는 리더와만 관계를 맺는 현상과 매우 유사한 내용들이 포함되어야 한다. 성 아우구스티누스 이후로는 진정한 의미에서 고전적 시각으로 다시 돌아가는 일은 한동안 일어나지 않았다. 홉스가 성 아우구스티누스가 다루고자 했던 종류의 현상을 거의 무시하는 데에 근접하긴 했지만 말이다. 현대의 자유주의 사상가들은 감정과 이성이 쉽게 어우

* 알라리크Alaric : 초대 서고트족의 왕. 처음에는 로마제국과 동맹을 맺고 로마의 보조군 역할을 하기도 했으나, 로마제국이 계약한 조건을 이행하려 하지 않자, 로마로 진격하여 서기 410년에 이민족으로서는 처음으로 로마를 함락시킨다. 이는 로마제국이 쇠약해졌다는 충격적인 증거로 받아들여졌으며, 결국 이민족들의 계속된 침략으로 인해 서기 476년에 서로마제국은 완전히 멸망하기에 이른다.

러질 수 있다고, 내 용어로 말하자면, W 집단의 활동은 기본가정 집단의 활동과 어울릴 수 있다고 주장하고 싶어한다. 니체는 집단이 오로지 공격적인 충동을 표출함으로써만 생존을 유지할 수 있다고 암시하면서 이런 시각에 대해 반발하고 있는 것처럼 보인다. 내 용어를 사용하면, 이는 기본가정, 특히 baF가 지배하고 있을 때에만 집단이 살아있다는 느낌을 유지할 수 있다는 것을 의미할 것이다. 내가 집단을 경험한 바로는, 이 모든 관점들이 하나에서 다른 하나로 번갈아 가면서 모습을 드러내며, 어느 하나가 일시적인 우위를 점하면서 작용하기도 하는 것 같다. 하지만 이 논문들에서 지금껏 논의된 내용을 통해 알 수 있듯이, 나는 이들 가운데 어느 것도 실제로 항구적인 해결책을 제시해주지는 못한다고 생각한다. 내가 보여줄 수 있기를 바란 것처럼, 어떤 사건에 대해서든 간에 집단이 보이는 반응은 앞서 언급했던 이론들이 제시하고 있는 것에 비해, 그 이론들을 온전하게 적용한다고 해도, 한없이 복잡한 것이다. 프로이트는 집단 문제와 관련해서 피상적인 연구에 불과한 것들을 대놓고 거부하면서(*Group Psychology and the Analysis of the Ego*, 1921), 자신의 논평을 대부분 다른 연구자들의 저작을 정신분석에 근거하여 비판하는 데 할애했다(*Totem and Taboo*, 1950, p.75, fn.1).

프로이트는 그의 책 <집단 심리학과 자아 분석>에서, 개인의 심리학은 그 자체가 개인이 다른 인물이나 대상과 맺는 관계의 영향에서 자유롭지 못하기 때문에, 개인과 집단의 심리학을 절대적으로 분리해서 생각하기란 불가능한 일이라고 지적하면서 논의를 시작한다. 그는 개인들의 숫자가 많고 적음에 큰 중요성을 부여하기는 어렵다고 반박하면서(1921, p.3), 숫자라는 요인에 따라, 개인들이 모이지 않았더라면 깨어나는 일이 없었을, 정신생활을 지배하는 새로운 종류의 본능을 도입하는 것은 무리라고 주장한다. 내가 보기에는 어떠한 종류의 본능도 새로이 깨어나는 게 아니다-그것은 언제나 활동하고 있었다. 사람들을 모아 집단을 구성함으로써 생기는 유일한 효용은 이를 통해 인간 집단의 '정치적' 특질이 어떻게 작동하는지를 우리가 직접 볼 수 있다는 점뿐이다. 나는 여러 명의 사람들이 함께 모이는 일이 반드시 필요한 것은 아니라고 이미 이야기했다-어떤 집단에 있는 개인이 마치 집단에 전혀 속해있지 않은 것처럼 처신한다고 하더라도, 그가 집단의 구성원이라는 사실은 여전히 변하지 않는다. 이런 점에서 정신분석적 상황은 '개인의 심리학'이 아니라 '두 사람의 심리학'이다. 인간은 집단 동물이면서, 비단 그가 속한 집단뿐만 아니라 집단 동물로서의 자기 자신, 그의 '무리짓기성향groupishness'을 구성하는 자신의 성격 측면들과도 투쟁하고 있는 동물이다.

집단이 하나의 방에 모일 필요가 있는 것은 그렇게 해야만 연구를 위한 조건이 마련되기 때문이다. 프로이트와 그가 인용하는 맥두걸McDougall* 이나 르 봉Le Bon* 같은 저자들은 내가 보기에 집단 심리학이라는 것을 여러 사람들이 같은 장소, 같은 시각에 함께 모였을 때 비로소 나타나는 무언가로 생각한 것 같으며, 이런 점에서 나는 사람들의 숫자에 지나치게 많은 중요성을 부여한 것이 아니냐는 프로이트의 항변에 동의한다. 하지만 내 생각에 프로이트는 다음의 두 대안들 중 어느 하나에서만 해법을 찾을 수 있다고 주장하면서 오류를 범하고 있는 것 같다.

(i) 사회적 본능이 원초적인 것이 아닐 가능성, 혹은

* 맥두걸(McDougall, William : 1871-1938) : 영국의 심리학자로서 사회심리학을 창시한 인물 중 한 명이다. 주요 저서인 <집단 심리>를 통해 개인 심리와 집단 심리의 차이를 논했다.

* 르 봉(Le Bon, Gustave : 1841-1931) : 프랑스의 의사이자 인류학자. 파리 코뮌과 제3공화정의 혼란을 경험하면서 사회심리학 연구로 관심 범위를 넓혀 나갔다. 대표 저서인 <군중 심리>를 통해 개인은 '군중'이 되는 순간 이성의 작용이 멈추면서 감정에 휩쓸리고, 이로 인해 개성과 의지, 분별력이 없어지면서 이들을 뜻대로 조종하려는 사람들의 암시에 취약해진다고 주장했다.

(ii) 사회적 본능의 발달이 가족 발달과 같은 방식으로 시작될 가능성.

하지만 이 말고도 세 번째 가능성이 존재한다. 나는 실제의 집단이 가지는 중요성이 분석가와 피분석자가 가지는 중요성과 유사하다고 말하고 싶다. 전이 관계를 드러내 보여주기 위해서는 환자가 정신분석가를 방문할 필요가 있다. 이와 마찬가지로 집단과 그에 속한 개인이 나타내는 특징들을 보여주기 위해서는 집단이 한 자리에 모이는 일이 중요한 것이다. 나는 집단이 모이는 것 자체에 중요성을 부여하고 있는 것이 아니다. 내가 크게 소리지르지 않으면서도 해석을 전달할 수 있으려면 집단이 충분히 가까운 곳에 모여있어야 하기에 중요한 것이다. 이는 사람들의 숫자가 제한되어야 함을 의미한다. 집단이 흩어져 있는 범위도 마찬가지로 제한되어야 하는데, 나는 개인들 모두에게 내가 해석의 근거로 삼는 현상들을 직접 눈으로 확인할 수 있는 기회가 돌아갔으면 하기 때문이다. 개인들이 같은 시각에 모여 있어야 하는 것도 그와 같은 이유에서다. 이처럼 특정 장소, 특정 시각에 집단이 모이는 일은 매우 중요한 일임에 틀림없지만, 이는 내가 방금 설명한 것처럼 순전히 물리적인 이유 때문이지 집단 현상이 발생하는 것과는 하등의 관계가 없다. 그것 자체가 집단 현상이 일어나는 데 중요하다는 생각은 어떤 시점에 이르러 하나의 상황이 벌어졌다는 사실을 비로소 보여줄 수 있을 때, 그렇다면 그러한 상황이 시작된 것도 틀림없이 그 시점부터일 것이라고 생각하는 그릇된 인상에서 나오는 것이다. 내가 하고 싶은 말의 요지는 어떤 개인도, 그가 시공간적으로 아무리 고립되어 있다고 하더라도, 집단에 속해 있지 않다거나 집단 심리를 활발히 드러내는 일이 없을 거라고, 비록 이와 같은 사실을 입증할 만한 조건이 아직 마련되지 않았다 할지라도, 간주할 수는 없다는 것이다. 인간은 집단 동물이라는 생각을 받아들인다면, 집단은 개별 구성원들의 총합 이상이라는, 외견상 역설처럼 보이는 문장에서 느껴지는 난점들을 해결할 수 있을지도 모른다. 어떤 현상들에 대한 설명은 집단을 기반으로 탐색되어야 하며, 집단을 구성하고 있는 개인들 속에서는 발견하기 어려운 경우가 있다. 정확한 시간을 표시하는 기능은 시계의 부품 하나하나가 따로 떨어진 채로 이루어지는 것이 아니라, 시계 자체, 즉 시계의 여러 부품들이 서로 적절하게 조립된 상태에서 이루어지는 것이다. 하나의 시계가 필요 부품들의 단순한 총합 이상이라는 생각이 전혀 혼란을 주지 않는 것과 마찬가지로, 우리는 하나의 집단이 그 구성원의 단순한 총합 이상이라는 생각으로 인해 혼란을 느낄 필요가 없다.

요약하자면, 개인에게 있는 어떤 특징들은, 그것이 무리지어 사는 동물로서 인간이 지니고 있는 자질의 일부이며 – 집단이라는 – 이해 가능한 연구 단위에서 탐색될 때에만 그것이 작동하는 모습을 관찰할 수 있다는 사실을 깨닫지 못하는 이상, 그 중요성을 제대로 이해할 수 없다. 설령 고립된 상태로 살아가고 있는 은둔자라고 해도 그 인물을 이해하기 위해서는 그가 속해 있는 집단에 대한 정보가 있어야 한다. 지금 다루고 있는 것이 집단과는 관련이 없는 문제라고 주장하는 사람이 있다면, 그는 단지 자신의 불충분한 지각력을 순진하게 드러내고 있는 것에 지나지 않는다. 이러한 이유로 나는 리크만이 사용하는 두 사람 관계two-body relationship, 세 사람 관계three-body relationship와 같은 용어를 좋아하지 않는다. 나는 이러한 용어들이 지나치게 순진한 해석을 낳을 가능성이 높다고 생각한다. 내가 보기에는 은둔자를 두 사람 상황의 일부로서 바라본다고 해서 그를 더 잘 이해할 수 있는 것은 아닌데, 이는 은둔자와 그 관찰자가 서로 지리적으로 떨어져 있다는 단순한 이유 때문이다. 나는 은둔자와 관찰자가 서로 같은 집단의 구성원인지, 만약 그렇지 않다면 그 둘은 어떤 집단에 속해 있는 사람들인지 알고 싶어질 것이다. 다른 '사람들bodies'이 눈에 보이지 않는다는 사실 자체는 나에게 조금도 영향을 미치지 못할 것이다. 이러한 주장이 내가 역사적 인물들에 관한 정신분석적 연구에 대해 반대하는 것과 상통한다고 말한다면 내가 취하는 입장이 어떤 것인지가 훨씬 분명해질 것이다. 정신분석이 집단 현상을 무시함으로써 범할 수 있는 오류들은 분석가와 피분석자가 집단적 갈등을 많은 부분 서로 공유하고 있다는 사실로 인해 그 영향이 어느 정도는 경감되고 있는 것 같다. 지금 시대에 살고 있는 분석가가, 설령 그가 연구하고 있는 인물이 살았던 때의 시대적 상황을 이해하는 일이 중요하다는 점을 인지하고 있다고 하더라도, 역사적 인물의 삶과 행위가 이루어지고 있던 상황의 분위기를, 자신이 치료 중인 환자가 놓여있는 상황을 느끼는 방식으로 파악하기란 불가능한 일이다.

내가 보기에 프로이트는 그가 신경증적 증상들의 원인을 개인이 아니라 개인이 대상들과 맺는 관계에서 찾기 시작하면서 나타났던 혁명적 변화의 본질을, 집단에 관한 논의에서만큼은 제대로 깨닫지 못했던 것 같다. 집단을 주목해야 하는 중요한 이유는 그것이 연구 단위를 변화시킴으로써 집단 바깥에서는 연구될 수 없는 현상들을 아우를 수 있도록 해준다는 점이다. 집단이라는 연구 단위 안에서가 아니면 이러한 현상들은 드러나지 않는다. 집단은, 그것이 하나의 방에 모여있는 사람들의 집합이라는 의미에서라면, 개인 또는 그 무리에 어떤 것도 새로이 더하지 않는다 – 집단은 다만 다른 방법으로는 관찰이 불가능한 어떤 것들을 드러내줄 뿐이다.

달리 표현하면, 집단 심리학과 개인 심리학이 달라 보이는 것은 집단이 하나의 이해 가능한 연구 단위를 제공해 줌으로써 개인 심리의 어떤 측면들을 이해할 수 있도록 해 주며, 이를 통해 집단을 이용하는 데 익숙하지 않은 관찰자들에게는 낯설게 보이기 마련인 현상들을 분명하게 드러내주는 데서 발생하는 착각 때문이다. 내가 보기에 프로이트는 어디에서도 집단에 대한 그의 견해가 애니미즘 연구에서 비롯된 것이라고 언급한 적이 없는 것 같다. 그는 오로지 자신이 선별한 자료와 의견들을 통해서만 자신이 무엇을 이야기하려 하는지를 알 수 있을 것이라고 말한다(아마도 그가 인용하는 표준 저작들로부터 가져온 자료와 의견들을 통해서, *Totem and Taboo*, p.75, note 1). 프로이트는 집단 행동에 대한 설명들을 정신분석 상황으로부터 연역하여 도출하고 있는 것으로 보인다. 집단에 관한 프로이트의 서술이, 프로이트가 어느 정도는 동의하면서 인용하는 르 봉의 서술은 더더욱 그렇지만, 내가 집단에서 실제 경험한 것들과 비교해서 다소 이상하게 읽히는 것은 아마도 이런 이유 때문일 것이다. 예를 들어, 프로이트가 르 봉을 인용하면서 '집단은 결코 진실을 갈망해 본 적이 없다. 집단은 착각을 요구하며 착각 없이는 지낼 수 없다'고 이야기할 때(Freud, 1921), 나는 이러한 서술에는 동의할 수 없다는 느낌을 받는다. 이 장의 서두에서 이미 언급했던 것처럼, 작업 집단, 즉 현실에 관심을 기울임에 따라 필연적으로 과학적 방법들을, 설령 그것이 초보적인 형태에 불과할지라도, 도입할 수밖에 없는 집단에는 강력한 힘과 영향력이 존재한다. 내 생각에 집단과 관련한 놀라운 사실 중의 하나는, 기본가정들의 영향에도 불구하고 마침내 승리하는 것은 W 집단이라는 것이다. 프로이트 자신도－특히 언어나 민요, 민담과 같은 것들을 만들어내는 데 있어서 집단이 수행하는 역할을 논의하면서－르 봉의 서술이 집단을 공정하게 다루었다고는 생각하지 않았던 것 같다. 프로이트는 고도로 조직화된 집단highly organized group에 대한 맥두걸의 견해를 비판하면서, 그가 조직이라는 조건이 갖추어지면 '집단이 형성되면서 발생하는 심리적 불이익'이 없어질 것처럼 생각했다고 지적한다. 이것은 기본가정이 작업 집단을 방해하는 일이 없도록 조절하는 일을 제 기능으로 삼는 특화된 작업 집단specialized work group에 관한 나의 견해에 매우 가까운 것이다. 프로이트는 '개인이 지닌 특징이기도 하면서 집단이 형성되는 과정에서 개인에게서 사라져버리는 바로 그 특색들'을 집단에게 제공할 수 있겠는가 하는 점이 문제라고 서술하는 편을 택한다. 그는 미발달한 집단 바깥에 존재하면서 자신만의 연속성과 자의식, 사고방식과 습관, 고유의 역할과 지위를 소유하고 있는 개인을 상정한다. 프로이트는 개인이 '조직화되지 않은' 집단에 들어감으로 인해서 한동안 자신의 고유성을 잃어버리게 된다고 말한다. 내가 보기에는 자신의 고유성을 보전하기 위한 개인의 몸부림은 주어진 순간에 집단의 심리 상태가 어떤가에 따라 다른 양상을 띠는 것 같다. 집단의 조직화organization는 작업 집단에 안정성과 영속성을 부여하는 역할을 하는데, 집단이 조직화되지 않을 경우 작업 집단은 범람하는 기본가정들로 인해 훨씬 쉽게 가라앉을 것처럼 느껴진다. 개인의 고유성은 기본가정에 따라 움직이는 집단에서는 전혀 고려 대상이 아닌 부분이다. 조직과 구조는 W 집단이 가진 무기이다. 이는 집단 구성원들 간의 협력의 산물이며, 집단에서 한번 자리가 잡히면 개인들로부터 더욱 깊은 협력을 이끌어내는 효과를 발휘한다. 이런 점에서 맥두걸이 이야기하는 조직화 집단은 언제나 작업 집단이며 결코 기본가정 집단이 될 수 없다. 기본가정에 따라 움직이는 집단은 조직이나 협력을 필요로 하지 않는다. 기본가정 집단에서 협력에 대응하는 것은 내가 말한 결합가–인간의 무리짓기 본성이 저절로, 무의식적으로 작용하는 것–이다. 어려움이 발생하는 것은 집단이 기본가정에 따라 움직이기 시작할 때 뿐이다. 행동이라는 것은 필연적으로 현실과 접촉한다는 것을 의미할 수밖에 없고, 현실과 접촉하기 위해서는 진실에 관심을 기울여야 하기에 과학적 방법을 동원해야만 한다. 작업 집단은 이렇게 모습을 드러낸다.

이전의 논의로 돌아가 특화된 작업 집단에 대해서 더 깊이 고찰해보도록 하자. 앞서 말했던 것처럼 프로이트는 전이 연구로부터 집단 상황을 유추해야 하는 불리한 입장에 놓여 있었다. 내가 제시한 이유들로 인해, 전이는 baP에서 비롯하는 집단의 특성들로 채색되기 쉽다. 짝짓기 상황에서 나타나는 자극으로 인해 활성화될 수 있는 집단 현상들이 정신분석에서 실제로 존재한다고 생각한다면 말이다. 사실 성적인 요소들이 정신분석에서 현저하게 나타나는 것과, 프로이트를 반대하는 사람들이 정신분석은 '성적인' 것이라고 의심하고 비난하는 것 모두와 관련하여 그 근본적인 이유를 가장 쉽게 발견할 수 있는 곳은 집단 상황에서이다. 집단에 대해 논의하면서 프로이트가 군대와 교회라는 두 특화된 작업 집단에 속한 몇 가지 특징들에 관해서는 정신분석으로부터 연역적으로 도출할 수 있었던 데 반해, 주로 baP를 다루도록 특화된 작업 집단에 대해서까지는 논의를 이어가지 못했던 것은 바로 이 때문이다. baP의 출현을 주로 다루어야 하는 사회의 하위집단은 예법breeding* 에 가장 큰 중요성을 부여하는 하위집단, 즉 귀족계급이다. 만일 작업 집단의 특징들이 우세한 역할을 맡고 있다면, 그것은 아마도 유전학 연구에 대한 정부 지원과 같은 활동으로 나타날 것이다. 현재로서는 사람들이 예법에 보이는 관심 안에 작업 집단 특유의 과학적 분위기가 있다고는 생각할 수 없다. 그것이 작업 집단의 문제를 다루고 있지 않다는 점이 물론 그 이유이다. 귀족계급은, 군대와 교회가 각각 baF와 baD를 다루도록 특화되어 있는 것과 마찬가지로, baP를 다루도록 분리된 특화된 작업 집단이다. 그런 까닭에, 이러한 하위집단이 주집단과 맺는 관계를 밝히기 위해서는 귀족계급이 연애를 할 때 유전법칙을 얼마나 엄격히 적용하는가 하는 과학적 정확성이 아니라, baP를 적절히 다룸으로써 baP가 집단의 W 기능 전체에 방해가 되는 일이 없어야 한다는 집단적 요구를 이 계급이 얼마나 효율적으로 만족시키는가에

* 예법breeding : 'breeding'에는 품종을 유지하기 위해 동물을 사육하고 번식시킨다는 의미와, 지체 높은 가문에서 서로 지켜야 하는 예법 혹은 예법을 위한 가정교육이라는 의미가 모두 포함되어 있다. 비온은 이 단어에 두 의미를 함께 담으려고 했던 것으로 보인다. 귀족계급이 예법을 강조하는 데에는 같은 지위를 지닌 가문의 자제들끼리 혼인을 시키려는 목적도 있다는 점에서 이 둘은 서로 통하는 바가 있다.

초점을 맞추어야 한다.

나는 baP에서 불안은 집단과 개인 모두가 아직 태어나지 않은 천재 genius*에 종속되어 있다는 느낌으로부터 비롯한다고 말한 바 있다. 귀족 계급이 수행하는 기능이란 때로는 집단의 현실 감각을 훼손하지 않으면서 짝짓기 집단의 가정에 근거하여 활동할 수 있는 배출구를 찾아내는 일이기도 하고, 때로는 baP를 표현할 수 있는 무해한 수단을 얻을 목적으로 집단이 의존하고 있는 제도institution가 집단의 현실 감각에 의해 손상을 입지 않도록 보호하는 일이기도 하다.

참 고 문 헌

Freud, S. (1913). *Totem and Taboo*. Trans. by J. Strachey. London: Hogarth, 1950. : <토템과 터부>, 열린책들, 2004.

Freud, S. (1921). *Group Psychology and the Analysis of the Ego*. London: Hogarth, 1922. *Complete Works*, Vol. 18 : <집단 심리학과 자아 분석>, 열린책들, 2004.

* 천재genius : 비온은 이 용어를 짝짓기 집단의 메시아와 유사한 의미로 사용하고 있다. 조금은 다른 맥락에서이긴 하지만, 메시아와 천재라는 용어는 이후에 출간된 <주의와 해석>(1970) 에서 다시 등장하며, 신비주의자mystic 라는 용어와 함께 사용된다.

사후고찰
Re-View

집단 역동

프로이트는 자신의 정신분석적 경험을 이용하여[4] 르 봉과 맥두걸 등이 진행한 인간 집단 연구에서 드러났던 모호함을 얼마간 밝혀보려고 시도했다. 나는 현대 정신분석 발달이 이루어낸 결실, 특히 멜라니 클라인의 작업과 관련된 성과를 이용하여 같은 문제에 대해 논해보고자 한다. 클라인은 자신의 작업을 통해 개인은 출생한 그 순간부터 젖가슴과의 접촉을 시작하며, 개인의 원시적 인지능력이 빠르게 발달하면서 가족 집단으로 접촉을 확장해 나간다는 사실을 보여주었다. 그녀는 이러한 접촉이 지닌 본성은 그 특유의 성질을 나타낸다는 사실 또한 보여주었는데, 이는 개인이 발달하는 데 있어서나 프로이트가 직관적 천재성으로 밝혀낸 바 있는 기제들을 온전히 이해하는 데 있어서나 지극히 중요한 것이다.

나는 성인이 집단 생활의 복잡한 문제들과 만날 때, 심각한 퇴행일 수도 있는 상태에서, 멜라니 클라인이 정신생활의 초기 단계에서 전형적으로 나타난다고 서술했던 기제들(1931, 1946)* 에 기대게 된다는 것을 보여주

4) 특히 <토템과 터부>(1913)와 <집단 심리학과 자아 분석>(1921)을 참고할 것.

* 분열splitting과 투사적 동일시projective identification를 뜻한다.

고 싶다. 성인은 자신이 살고 있는 집단의 정서 생활과 확고한 접촉을 이루어야만 한다. 성인에게 이러한 과제는 젖가슴과 맺는 관계가 유아에게 그러하듯이 엄청난 일로 다가오며, 그의 퇴행 상태는 이러한 과제가 요청하는 바를 충족시키는 데 실패했다는 사실을 드러낸다. 집단이 개인들의 단순한 집합체aggregate와는 뚜렷이 구분되는 것으로서 존재한다는 믿음은, 개인이 어떤 집단에 부여하는 특징들과 마찬가지로 이러한 퇴행에서 본질적인 부분을 차지한다. 집단이 존재한다는 환상phantasy의 요체가 되는 것은, 퇴행이란 자신의 '개인적 고유성'을 잃어버린(Freud, 1921), 자아감 상실depersonalization과 구별되지 않는 상태에 있는 개인과 관련되어 있으며, 이로 인해 관찰력이 흐려지면서 이 집합체가 개인들로 이루어져 있다는 사실이 모호해질 수 있다는 사실이다. 따라서 만약 관찰자에게 집단이라는 존재가 실제하고 있다는 판단이 선다면, 그것을 구성하고 있는 개인들은 이러한 퇴행을 경험했을 것이 틀림없다는 추론이 나온다. 역으로, '집단' (모두가 똑같이 퇴행 상태에 있는 개인들의 집합체라는 의미로 이 용어를 사용한다면)을 구성하고 있는 개인들이 어떤 이유들로 인해 자신의 개인적 고유성을 자각함으로써 위협을 느끼게 되면, 집단은 공황이라고 알려진 정서 상태에 빠지게 된다. 이는 집단이 붕괴하고 있다는 것을 뜻하지는 않는데, 공황 상태에서 집단은 응집성을 잃어버린다는 주장에 내가 동의하지 않는다는 사실은 나중에 가서 알게 될 것이다.

이 논문에서 나는 최근의 정신분석 수련을 통해 얻어낸 직관적인 생각들을 집단에 적용한 끝에 도달하게 된 몇몇 이론들을 요약할 것이다. 이 이론들은 그것이 설명하고자 하는 정서적 스트레스 상황에서 도출되었다는 점에서 여타의 많은 이론들과는 차이가 있으며, 그것들과 비교할 때 나름의 장단점이 있다. 나는 지금껏 정신분석에 없었던 새로운 개념들을 몇 가지 소개하려고 하는데, 이는 내가 기존의 것들과 다른 주제를 다루고 있기 때문이기도 하고, 기존의 이론에 구애받지 않고 자유로이 출발한 연구가 과연 집단에 관한 내 시각과 개인에 대한 정신분석적 시각을 서로 비교하고, 이를 통해 두 가지가 서로 상보적인 것인지 아니면 양립할 수 없는 것인지 판단할 수 있는 지점에까지 이를 수 있는지를 알아보고 싶기 때문이기도 하다.

집단이 나에 대해 어떤 태도를 취하고 있고, 내가 그 태도가 무엇인지 말로 표현할 수 있다는 생각이 들 때가 있다. 다른 누군가가 그 역시 집단이 자신에게 어떤 태도를 취하고 있다는 사실을 알고 있다는 듯이 행동하고 있고, 이로부터 그가 무슨 생각을 하는지를 내가 추측할 수 있다는 믿음이 들 때도 있다. 집단이 한 개인을 대하고 있는 태도가 어떤 것인지를 내가 설명할 수 있다는 생각이 드는 경우도 있다. 이러한 경우들로부터 해석의 근거가 되는 원재료들이 마련되기는 하지만, 해석이라는 것은 집단이 나와 다른 이들에게, 그리고 개인이 집단에게 취하는 태도에 대해 내가 떠올리는 생각을 정확한 언어로 번역하려는 시도이다. 이와 같은 원재료들 중에서 내가 실제로 해석에 사용하는 것은 일부에 지나지 않는다. 나는 해석이 명백해 보일 때나 주목받지 못할 때나, 하나의 해석이 이루어지기 위해서는 그 상황이 무르익어야 한다고 생각한다.

내가 이러한 소임을 다해 보려고 했던 집단들은 일련의 복잡스런 정서적 사건들을 통과해 나갔으며, 그 사건들을 통해 나는 현재 일어나고 있는 일들을 설명하고 앞으로 일어날 수 있는 상황을 예측하는 데에도 도움이 된, 집단 역동에 대한 이론들을 도출할 수 있었다. 앞으로 이어질 내용은 그 이론들의 요약이다.

작업 집단

어느 집단에서건 우리는 어떤 정신적 활동이 일어나고 있다는 사실을 알아볼 수 있다. 모든 집단은, 설령 그것이 일상적인 집단이라 하더라도, 무언가를 '하기' 위해 만남을 갖는다. 이러한 활동이 이루어지는 동안 사람들은 개인의 역량에 따라 서로 협력한다. 이 때 협력은 자발적으로 일어나는데, 개인이 지닌 기량의 수준이 어느 정도인가에 따라 영향을 받는다. 다년간의 수련 과정과 더불어 정신적 성장을 가능하게 하는 경험을 감당할 수 있는 능력을 지닌 개인들만이 이와 같은 활동에 참여할 수 있다. 이 활동은 실제의 과제와 맞물려 있기에, 현실과 관계하고 합리적 방법을 사용하며, 따라서, 아직은 배아의 형태를 띠고 있을지라도, 과학적이다. 이런 특징들은 프로이트가 자아의 기능이라 일컬었던 것과 유사하다(Freud, 1911). 집단에서 이루어지는 정신활동의 이와 같은 측면을 나는 작업 집단이라 불렀다. 이 용어는 단지 특정 종류의 정신 활동만을 일컫는 개념이며, 활동에 참여하는 사람들은 그 뜻에 포함되지 않는다.

환자들이 집단치료 시간에 모여 있을 때면, 어떤 정신적 활동이 개인들이 도움을 구하는 문제를 해결하기 위한 방향으로 이루어지는 것을 언제나 볼 수 있다. 그러한 집단 회기 도중에 있었던 하나의 사례를 여기 소개한다.

여섯 명의 환자와 내가 작은 방에 둥글게 앉아 있다. A양이 각자의 이름을 세례명[5]으로 부르면 어떻겠냐고 제안한다. 사람들은 얘기할 꺼리가 나왔다는 데에 안도하는 눈치이며 서로 시선들을 주고받는다. 잠시 방 안

5) <토템과 터부>(Freud, 1913, p54)에 서술된, 이름에 대한 터부와 관련된 논의를 참조할 것.

에 인공적인 활기가 도는 듯하다. B씨가 좋은 생각이라며 조심스럽게 말을 꺼낸다. C씨도 그렇게 하면 '분위기를 좀더 친근하게 만들 수 있을 것 같다'고 말한다. 용기를 얻은 A양이 자신의 세례명을 밝히지만, D양이 자기는 세례명이 마음에 들지 않아서 사람들이 몰랐으면 좋겠다며 미리 보호막을 친다. E씨는 가명으로 서로를 부르면 어떻겠냐고 말한다. F양은 손톱을 다듬고 있다. A양이 제안을 꺼내고 몇 분이 채 지나지 않아, 논의는 시들해지고 은밀한 시선들이 그 자리를 차지한다. 이 시선들은 점점 더 나를 향한다. B씨가 우리는 서로를 무언가로 불러야 한다며 기운을 내서 말한다. 이제 분위기는 불안과 점점 늘어가는 좌절이 뒤섞인 것이 된다. 내가 호명되기 오래 전부터 집단은 내 이름에 집착하고 있었음이 분명하다. 내키는 대로 하게끔 내버려두자 집단은 약속이라도 한 듯 무감동과 침묵 속으로 빠져든다.

당면한 목적을 위해, 나는 이 사례가 가진 일부 측면을 드러냄으로써 작업 집단이라는 용어를 내가 어떤 의미로 사용하고 있는지 설명하려고 한다. 집단에서도 이와 똑같은 일을 할 수 있겠지만, 그 경우에는 집단의 정신생활이라는 맥락에서, 만일 집단의 정신생활이 모습을 드러냈다면, 내가 그 사례의 중요성을 어떻게 평가하느냐에 따라 달라질 것이다.

우선 일곱 사람이 함께 이야기를 나누려고 할 때 서로 간에 부를 이름들이 있다면 논의하는 데 도움이 될 것이라는 점은 분명하다. 그것이 작업 집단 활동의 산물이라는 사실을 자각하면서 논의가 이루어지기 시작했다면 말이다. 하지만 이 집단은 어떤 과제를 수행하는가와 상관없이 어느 집단에서나 도움이 될 수 있는 한 걸음을 제안하는 것 이상으로 멀리 나아가 버렸다. 세례명을 사용하자는 제안은 친근한 분위기를 만들어보려는 이유에서 나온 것이었다. 지금 언급하고 있는 이 집단은 친근한 분위기를 만드는 일이 치료적인 요구에 틀림없이 부합할 것이라 여겼다고 말한다면 보다 정확할 것이다. 이 사례가 선택된 시점에서 본다면, D양이 표명했던 반대 의견이나 E씨가 제안한 해법 역시 치료적인 요구에서 나온 것으로 볼 수 있다고 말해도 크게 틀리지 않을 것이다. 사실 그 때 나는 이 제안들이, 아직 명시적으로 언급되지는 않았지만, 좋은 감정들만 경험할 수 있도록 집단 회기가 진행된다면 우리의 질병이 치유될 수 있을 거라는 어떤 이론에 들어맞는 것 같다고 지적했다. 작업 집단의 기능에 관한 설명에는 다음의 것들이 포함되어야 함을 알 수 있다. 행동으로 전환되기 위해 만들어진 사고의 발달, 그 사고의 근간이 되는-예컨대 친근함의 필요성과 같은-이론, 환경을 변화시킬 수만 있다면 그에 상응하는 변화가 개인에게 전혀 일어나지 않더라도 치유를 얻는 데 충분할 것이라는 믿음, 끝으로, '실재한다'고 믿는 사실에 대한 설명.

우연히도 나는 이 사례에서, 치유는 오로지 좋은 감정들만을 경험하는 집단에서 일어날 수 있다는 생각에 바탕을 둔, 내가 이런 용어를 사용하지는 않았지만, 작업 집단의 기능이 기대한 바의 치유를 가져오지는 않는 것 같으며, 오히려 모종의 어려움에 의해 가로막힘으로써 서로 부를 이름들을 정하는 것처럼 단순해보이는 행동으로 옮기는 일조차도 쉽게 이루어지지 않는다는 사실을 뒤이어 입증할 수 있었다. 나는 작업 집단의 활동을 가로막는 상황이 어떤 것인지를 논의하기에 앞서, 내 이론을 설명하면서 겪는 한 가지 어려움에 대해, 이미 분명해진 것 같기는 하지만, 언급하고 넘어가려 한다. 내가, 지금 검토 중인 사례와 같이, 집단에서 일어난 에피소드를 묘사하고 그로부터 어떤 이론들을 도출하려고 시도하는 일은, 이러저러한 사건들이 일어났다고 이야기한 다음, 그것을 단지 다른 언어로 되풀이하면서 내가 어떤 이론을 찾아냈다고 말하는 것에 불과하다. 독자들이 이 딜레마로부터 자유로워지기 위해서는, 자신이 참여했던 어떤 위원회나 회합 등에 대한 기억을 떠올리면서, 내가 작업 집단의 기능이라고 부르는 것이 존재한다는 것을 보여주는 증거를 어디까지 발견할 수 있는지를 스스로 검토해보는 수밖에 없다. 독자들이 현재 경험하고 있는 행정 조직이나 조직의 책임자 등도 이러한 검토의 과정에서 빠뜨리지 말아야 한다는 것을 잊으면 안 된다.

기본가정

이 사례를 작업 집단의 활동과 관련지어 해석을 했다고 하더라도, 많은 것들은 여전히 설명되지 않은 채로 남아있다. 가명을 사용하자는 제안은 단지 현실의 요구에 부응하려는 의도에서 나온 것이었을까? 그 은밀한 시선들과, 뒤를 이어 공공연히 모습을 드러낸, 분석가의 올바른 호칭에 대한 집착을 작업 집단의 기능과 연결시켜 해석하는 것은 부질없는 일이다.

작업 집단의 활동은 강력한 정서적 욕동을 공통된 속성으로 지니는 어떤 정신적 활동들에 의해 가로막히고, 방향이 바뀌거나, 때로는 도움을 얻기도 한다. 이 정신적 활동들은 처음에는 혼란스럽게 보이지만, 그것을 집단 전체가 공유하고 있는 기본가정들에서 비롯하는 것이라고 생각하면 어떤 일관성이 나타나기 시작한다. 쉽게 알아차릴 수 있었던 것처럼, 내가 제시했던 사례에서 집단 구성원들 모두가 공유하고 있었던 하나의 가정은 그들이 나로부터 어떤 형태의 치료를 받기 위해 모였다는 것이었다. 하지만 이러한 생각을 작업집단 기능의 일부로 여기고 들여다보기 시작하자, 이 생각들에 현실성을 부여하는 힘은 그와 연관된 감정에서 나온다는 사실을 알 수 있었는데, 이것은 교양 수준이 높지 않은 구성원들이 의식적으로 품고 있었던 다소 순진한 기대와도 일치하지 않는 것이었다. 더구나 교양 수준이 높은 사람들조차도, 예컨대 한 구성원은 과학을 전공한 사람이었는데, 그들의 행동을 통해 자신들이 이러한 생각을 공유하고 있다는 사실을 보여주었다.

첫 번째 가정은 집단이 모인 것은 리더를 통해 생명을 유지하기 위해서이며, 집단은 물질적, 정신적 영양분을 얻고 보호를 받기 위해 자신의 리더에게 의존한다는 것이다. 이렇게 말하고 보니, 이 첫 번째 기본가정은 집단이 '나로부터 어떤 형태의 치료를 받기 위해 모였다'고 가정했다는 앞의 언급을 반복하고 있는 것일 뿐이며, 단지 은유적인 표현을 써서 나타냈다는 점에서만 다르다는 생각이 들지도 모르겠다. 하지만 핵심적인 것은 기본가정을 이해하기 위해서는 내가 언급했던 말들을 은유로서가 아니라 문자 그대로 받아들여야만 한다는 점이다.

이른바 의존의 가정이 활발한 상태에 있는 치료집단의 사례를 하나 묘사해보겠다.

세 명의 여성과 두 명의 남성이 출석해 있었다. 집단은 이전 회기에서 구성원들의 장애를 치유하려는 방향으로 이루어지는 작업 집단의 기능을 잠시 나타내 보인 바 있었다. 이번 회기에서 사람들은 그런 시도에서 절망만을 경험했다는 듯이 나에게 전적으로 의존하면서 내가 모든 어려움을 해결해주기를 바랐고, 그러는 동안 자신들은 개별적으로 질문들을 던지면서 내가 답변을 해주기를 기다리는 데 만족하고 있었다. 여자 하나가 초콜렛 몇 개를 가져와서는 소심한 태도로 오른편에 앉아 있는 다른 여자에게 같이 먹자고 건냈다. 남자 하나는 샌드위치를 먹고 있었다. 철학을 전공한 그는 이전 회기에서 자신은 신을 믿지 않으며 종교도 없다고 말했었는데, 종종 그랬던 것처럼 말없이 앉아있었다. 그 때 한 여자가 약간 신랄한 분위기를 띤 어조로 그만이 아무런 질문을 하지 않았다고 말했다. 남자는 '저는 이야기할 필요가 없어요. 앞으로도 충분히 오랫동안 이 곳에 오게 될 거고, 그러다 보면 제가 아무 것도 하지 않아도 모든 질문들에 대한 답을 얻을 수 있을 테니까요.' 라고 대답했다.

나는 이 때 내가 일종의 집단의 신적 존재가 된 것 같다고 말했다. 사람들의 질문은 애써 작업할 필요 없이 모든 해답을 알고 있는 것 같은 나를 향하고 있고, 먹는 행동은 집단이 나에 대해 간직하고 싶어하는 믿음이 옳다는 것을 입증하기 위해 집단을 조종하려는 시도의 일부이며, 철학자의 대답에는 신도들이 기도를 해 봐야 별 소용이 없을 거라는 불신이 담겨 있지만, 어떤 면에서는 신을 믿지 않는다고 했던 이전 그의 언급과는 그리 일치하지 않는 것 같다고 말했다. 내가 해석을 꺼내기 시작했을 때에는 이 해석이 맞다는 확신이 들었을 뿐만 아니라 – 여기에는 그 일부만이 활자화되어 설명된 – 일련의 많은 증거들에 직면시킴으로써 다른 이들까지도 틀림없이 납득시킬 수 있으리라고 생각했다. 그러나 이야기를 마칠 즈음 나는 모종의 실수를 저질렀다는 느낌이 들었다. 나는 텅 빈 표정들에 둘러싸여 있었다. 증거는 사라지고 없었다. 잠시 후 샌드위치를 다 먹은 남자가 조심스럽게 접은 포장지를 주머니에 집어 넣은 다음, 눈썹을 살짝 치켜올리면서 심문하는 눈초리로 주위를 둘러보았다. 여자 하나가 굳은 표정으로 나를 쳐다보았고, 다른 여자는 양 손을 포갠 채로 명상하듯이 바닥에 시선을 떨구었다. 충성스런 신도들이 모인 집단에서 내가 신성모독죄를 범했다는 확신이 마음속에서 굳어지기 시작했다. 다른 남자는 팔꿈치를 의자 등받이에 걸친 채로 손가락을 놀리고 있었다. 초콜렛을 먹고 있던 여자는 황급히 마지막 조각을 삼켰다. 이 때 나는 내가 집단의 신에게 의혹을 던지는 무척이나 나쁜 사람이 되었는데, 집단이 이 불경함으로부터 스스로를 분리시키는 데 실패하면서 불안과 죄책감이 뒤이어 늘어나고 있는 것 같다고 해석했다.

집단에서 일어난 일을 설명하면서 나는 나 자신의 반응에 대해 자세히 적고 있는데, 그 이유는 앞으로 차차 분명해질 것이라 기대한다. 해석을 뒷받침하는 가장 확실한 근거가 집단에서 관찰된 객관적 사실에 있지 않고 분석가의 주관적 반응에 있는 경우, 그 해석은 집단의 실제 역동이 아니라 분석가의 정신병리를 설명하게 될 우려가 있다는 주장이 마땅히 나올 법 하다. 이는 정당한 비판이며, 둘 이상의 분석가가 함께 수년간 조심스럽게 작업한다고 해도 이러한 비판을 면하기는 어려울 것이다. 하지만 바로 그런 이유에서 나는 이 문제를 한 편으로 제쳐두고 이 논문 전체를 통해 내가 뒷받침하게 될 주장 하나를 언급하는 쪽으로 넘어가려 한다. 그것은 집단 치료를 할 때 많은 해석들, 그리고 그 중에서도 가장 중요한 해석들은 분석가 자신의 정서적 반응들에 힘입어 이루어져야 한다는 주장이다. 나는 이러한 정서적 반응들이 분석가가 집단에서 멜라니 클라인(1946)이 투사적 동일시라고 불렀던 것을 받는 위치에 있다는 사실로 인해 나타나는 것이며, 이 기제는 집단에서 매우 중요한 역할을 수행한다고 믿고 있다. 한편, 역전이 경험은 그 고유의 질을 통해서 분석가로 하여금 그가 투사적 동일시의 대상이 되고 있을 때와 그렇지 않을 때를 구분할 수 있도록 해주는 것 같다. 분석가는, 비록 알아차리기가 쉬운 일은 아니지만, 자신이 다른 누군가의 환상 속에서 하나의 역할을 수행하도록 조종당하고 있다는 느낌을 받는다. 기억을 되짚어 보았을 때 통찰력을 잠시 잃어버렸다고 밖에 볼 수 없는 경우가 아니라면, 분석가는 강렬한 느낌을 경험하고 있다는 사실을 깨닫는 한편, 그 인과관계에 대해 애써 심오하게 설명하려 하지 않더라도, 그가 경험하고 있는 느낌이 현재의 객관적인 상황과 잘 맞아떨어진다는 믿음을 가질 수 있다. 분석가의 관점에서 보면, 이 경험은 서로 밀접하게 연결된 두 단계로 이루어져 있다. 처음 단계에서는 분석가가 달리 어떻게 했다고 한들, 정확한 해석을 하지 못했을 것이 분명하다는 느낌이 든다. 두 번째 단계에서는 특정한 정서적 상황에서는 특정한 종류의 사람이 되는 것 같다는 감각을 경험한다. 나는 이 상태에 동반하는, 현실감이 마비되는 느낌으로부터 떨쳐나올 수 있는 능력이 집단의 분석가에게 필요한 가장 중요한 자질이라고 믿는다. 분석가가 이것을 해낼 수 있다면 그는 정확한 해석이라 생각되는 것을 할 수 있는 위치에 서게 되며, 그 해석이 이전에 했던, 지금껏 자신이 그 타당성을 의심해왔던, 해석과 어떻게 연결되는지를 조망할 수 있다.

이제 두 번째 기본가정에 대한 고찰로 돌아가야 한다. 의존의 기본가정과 마찬가지로 이 기본가정 역시 집단이 모인 목적과 관계가 있다. 내가 처음 이에 대해 주목하기 시작한 것은 집단의 다른 구성원들을 다소간 무시하고 있는 것 같았던 한 쌍의 남녀에 의해 대화가 독점되는 것을 보았을 때였다. 다른 구성원들 사이에서 이따금 교환되는 눈빛들을 통해 둘 사이의 관계가 성적인 것이라는 사실을, 아주 심각하게 생각하지는 않았다고 하더라도, 미루어 짐작할 수 있었다. 그들의 대화 내용이 겉으로는 집단에서 이루어지는 다른 대화들과 특별히 다르지 않다고 말하는 사람들도 있겠지만 말이다. 하지만 나는 보통의 경우라면 소위 치료적인 활동이라는 것, 즉 집단에 와서 이야기를 하고 나 또는 다른 이들에게서 '해석'을 얻어가는 일에서 자신들이 배제되는 것에 민감했을 사람들이 무대를 한 쌍의 남녀에게 온전히 내어준 것에 별로 개의치 않는 것 같다는 사실에 인상을 받았다. 이 둘의 섹스가 짝짓기가 벌어지고 있다는 가정에 특별히 중요한 것은 아니라는 점이 나중에 분명해졌다. 이 회기들에는 희망과 기대에 부푼 기묘한 분위기가 있었는데, 이런 분위기가 보통은 지루함과 좌절의 시간들이 그냥 흘러가기만 할 뿐이었던 다른 회기들과는 구별되는 점이었다. 내가 짝짓기 집단이라는 표제 아래 주의를 기울이고 있는 이 요소들이 오로지 집단에서만 나타나거나 유난히 두드러지는 것이라고 볼 수는 없다. 사실 이런 종류의 심리 상태에 대한 증거는 수없이 많으며, 우리가 정신분석에서 익히 경험해 온 것이기도 하다. 하나의 예를 들면, 사람들이 어떤 집단 상황을 대하면서 그것이 원장면primal scene을 시연하는 것이기라도 하다는 듯이 바라보고 있다는 증거를 심심치 않게 볼 수 있다. 하지만 내 의견으로는 우리가 이런 반응에 빠져든 나머지 다른 곳으로 주의를 돌리지 못하면, 집단 고유의 현상에 대해 관찰하는 일은 어려워진다. 더구나 그러한 반응에 계속해서 집중하다 보면 최악의 경우 저질 정신분석으로 이어지게 될 수도 있으며, 집단이 가진 치료적 역량을 탐색하는 일은 뒷전으로 밀려나게 된다. 이 때 독자들은, 다른 상황에서도 그러하지만, 정신분석에서 익숙한 현상들이 현재 넘쳐나고 있는 것처럼 보이더라도, 그것을 집단 상황에서 평가할 수 있을 때까지 기다려야 한다. 지금은 이에 대해 더 이야기하지 않기로 하고, 내가 짝짓기 집단의 특징이라고 언급했던, 희망과 기대에 부푼 집단의 분위기에 대한 고찰로 돌아가보겠다. 이러한 기대는 다음과 같은 언어 표현에서 흔히 관찰된다. '결혼이 신경증적 장애에 종지부를 찍어줄 것이다', '집단 치료가 충분하게 널리 보급되면 사회를 개혁할 수도 있을 것이다', '계절이 바뀌면, 봄, 여름, 가을, 겨울, 무슨 계절이 되었든, 지금보다는 나아질 것이다', '어떤 새로운 공동체를-개선된 집단을-발전시켜야 한다' 등등. 이러한 표현들은 미래에 있을 수도 있는 어떤 일들로 주의를 돌리게 만드는 경향이 있다. 하지만 분석가에게 중요한 것은 미래의 일이 아니라 지금 당면해 있는 현재, 즉 희망에 찬 느낌 자체가 무엇인가 하는 점이다. 이 느낌은 짝짓기 집단 고유의 특징인 까닭에, 이런 느낌이 존재하고 있다면 다른 증거가 보이지 않더라도 그 자체만으로 짝짓기 집단이 존재하고 있다고 생각할 수 있다. 그것 자체가 성행위의 전조이자 일부이다. 언어로 표현된 낙관적인 생각들은 현재가 아닌 다른 시간으로 주의를 돌려 죄책감을 무마시켜 보려는 의도에서 나온 합리화이다-사람들은 이것이 도덕적으로 나무랄 데 없는 결과를 낳을 것이라고 호소하면서 그 느낌을 즐기는 일을 합리화한다. 이렇게 짝짓기 집단과 관련된 느낌들은 증오와 파괴성, 절망의 느낌들과는 서로 대척점에 있다. 희망의 느낌을 유지하기 위해서는 집단의 '리더'가, 의존 집단이나 싸움-도주 집단의 리더와는 달리, 아직 태어나지 않은 상태로 머물러 있어야 한다. 그것은 집단을-그 집단에 내재해있거나 다른 집단에 존재하는 증오, 파괴성, 절망의 느낌들로부터-구원해 줄 인물이거나 어떤 이념이지만, 이를 위해서는 메시아적 희망은 결코 이루어지는 일이 없어야 한다. 희망은 희망인 채로 남아있어야만 계속해서 유지될 수 있다. 문제는, 서서히 느껴지기 시작하는 집단의 성적인 분위기, 희망의 형태로 엄습하는 섹스의 예감으로 인해, 작업 집단이 영향을 받고서 메시아(그것이 사람이라면) 나 어떤 이념, 유토피아 등을 만들어내려는 방향으로 움직이려는 경향을 보이게 된다는 점이다. 그런 시도가 성공을 거두게 되면, 희망은 약해지기 마련이다. 왜냐하면, 이제는 희망할 것이 없어진 반면, 파괴성과 증오, 절망의 느낌은 근본적으로 전혀 건드려지지 않은 채 그대로 남아있었던 까닭에 다시 그 존재를 드러내기 때문이다. 이와 같은 상황은 희망을 다시금 더욱 약해지게 만든다. 논의를 위해서, 누군가는 집단을 조작하여 희망에 찬 상태를 계속 유지할 수 있도록 해야 한다는 생각을 우리가 받아들인다면, 내가 간략하게 묘사하게 될 특화된 작업 집단의 구성원 혹은 개인의 자격으로 그러한 임무를 맡게 된 사람들은 메시아적 희망이 결코 실현되는 일이 없도록 해야 할 필요가 있다. 물론 특화된 작업 집단들이 열의가 지나친 나머지 순수하고 창조적인 작업 집단의 기능을 방해하게 되거나, 혹은 집단 스스로가 미리 방어막을 치면서 메시아를 없애버린 다음 메시아적 희망을 다시 만들어내야 할 골치 아픈 필요성에 처하게 될 위험은 있다. 치료집단에서는 집단으로 하여금 희망과 그에 딸린 감정들을 의식적으로 인식하도록 하면서, 그와 동시에 이 감정들을 견딜 수 있도록 만드는 것이 문제가 된다. 하지만, 짝짓기 집단에서 이를 견뎌내는 일은 기본가정에 의해 일어나는 작용일 뿐, 개인이 성장했다는 증거로 볼 수는 없다.

세 번째 기본가정은 집단이 무언가에 맞서 싸우거나 그로부터 도망가기 위해 모인다는 것이다. 집단은 두 가지 상태를 차별 없이 오갈 채비가 되어있다. 나는 이러한 심리 상태를 일컬어 싸움-도주 집단이라고 부른다. 이 상태에서 집단이 승인한 리더는 자신의 요구를 통해 집단에게 도망치거나 공격할 수 있는 기회를 부여하는 인물이며, 리더가 이와 상관없는 요구를 하는 경우 집단은 그를 무시한다. 치료집단에서 분석가는 작업 집단의 리더이다. 리더가 얻어낼 수 있는 정서적 뒷받침은 현재 활동하고 있는 기본가정이 어떤 것이냐에 따라 발생하는 정서적 변동과, 이처럼 서로 다른 심리 상태들 속에서 집단이 리더에게 요구하는 것과 그의 활동이 얼마나 부합하는가에 의해서 결정된다. 싸움-도주 집단에서 분석가는 현재 일어나고 있는 일을 설명하려는 시도가, 모든 심리적 어려움에 대한 증오 혹은 그로부터 도망칠 수 있는 방법을 표현하는 제안들이 집단에서 손쉽게 정서적 지지를 얻어낼 수 있음으로 인해, 가로막히게 된다는 사실을 알게 된다. 이런 맥락에서 본다면, 내가 처음 사례에서 세례명을 사용하자는 제안을 싸움-도주 집단에서 나타나는 도주의 욕망을 표현하는 것이라고 해석했다 하더라도 크게 틀리지는 않았을 것이다. 당시에는 집단이 도달해 있는 발전 단계를 고려하여 이를 작업 집단의 기능과 관련지어 해석했지만 말이다.

기본가정 집단의 공통된 특징들

기본가정의 활동에 참여하는 데에는 수련이나 경험, 정신적 성장이 필요하지 않다. 그것은 즉각적이고 불가피하며 본능적인 것이다. 나는 집단에서 목격해온 이와 같은 현상을 설명하기 위해 무리짓기 본능herd instinct이라는 것이 존재한다고 가정할 필요를 느끼지 않는다[6]. 작업집단 기능과는 반대로 기본가정 활동은 개인에게 협력할 수 있는 역량을 요구하지 않으며, 대신에 내가 결합가 – 한 개인이 다른 개인과 하나의 기본가정을 공유하고 그에 따라 행동하기 위해 의지와 상관없이 즉각적인 결합을 이루는 힘을 나타내기 위해 화학에서 빌려온 용어 – 라고 부른 것을 개인이 어느 정도나 소유하고 있는가에 의존한다. 작업집단 기능은 언제나 하나의, 오직 하나의 기본가정과 동반하여 나타난다. 작업집단 기능은 변함없이 그대로 있더라도, 특정 시점에 만연하고 있는 기본가정은 자주 바뀔 수 있다. 기본가정이 한 시간에 두세 번씩 바뀌는 경우도 있고 하나의 기본가정이 집단이 끝날 때까지 수개월 간 우세하게 지속되는 경우도 있다. 비활성 상태에 있는 기본가정의 운명을 설명하기 위해 나는 몸과 마음의 활동이 분화되지 않은, 보통은 심리학적 연구에 적합하다고 여겨지는 영역 바깥에 존재하는 원정신적 체계가 존재한다고 가정했다. 하나의 영역이 심리학적 연구에 적합한 것인가 하는 문제는 연구 영역 자체의 특징 이외에도 다른 요인들, 이를테면 심리학적 연구 기법이 충분히 강력한가 하는 점에도 달려있다. 정신신체의학이라는 영역을 통해 우리는 심리 현상과 신체 현상을 구분짓는 분명한 선을 정하려는 시도가 어려운 일이라는 점을 인식하게 되었다. 따라서 현재 활동하고 있는 기본가정과 내가 가설을 세운 원정신적 체계 속으로 밀려나있는 기본가정을 구별짓는 경계는 확정하지

6) 이 점에서 나는 트로터(1916)*와 의견을 달리하며 프로이트(1921, p.3)의 의견에 동의한다.

* 트로터(Trotter, Wilfred : 1872-1939) : 영국의 외과의사이자 사회학자로서 신경외과 수술의 개척자 중 한 명이다. 집단 심리학 연구로도 명성이 높았으며, 무리짓기 본능herd instinct이라는 개념을 제시함으로써 인간은 본능적으로 무리를 이루는 동물이며, 이러한 본능을 통해 서로를 보호하고 개인과 무리의 생존을 안전하게 보장받는다고 주장했다. 그가 런던대학교의 교수로 재직하고 있을 때 비온이 그의 밑에서 레지던트 수련을 받기도 했으며, 비온이 집단 연구를 시작하는 데 있어 큰 영향을 주기도 했다.

않은 상태로 놓아두고자 한다.

작업집단 기능은 일상적으로 사용되는 많은 기법을 통해서도 연구할 수 있지만, 기본가정 현상을 연구하려면 정신분석 또는 정신분석에서 직접 유래한 몇 가지 응용기법을 적용하는 것이 필수적이라는 게 내 생각이다. 하지만 작업집단 기능은 언제나 기본가정 현상들에 의해 침범당하기 마련인 까닭에, 적용하는 기법이 후자를 고려하지 않으면 전자를 분명 잘못된 인상으로 이끌게 될 것이다.

기본가정과 관련된 감정들은 불안이나 공포, 증오, 사랑 등과 같은 일상적인 용어를 써서 묘사할 수 있다. 하지만 어떤 기본가정이 되었건 간에 그것에 공통된 감정들은 서로 간에 미묘한 영향들을 주고받는데, 마치 감정들이 특정 기본가정에 따라 고유한 결합관계를 이루어내는 것처럼 보인다. 말하자면, 의존 집단에서 나타나는 불안은 짝짓기 집단에서 나타나는 불안과 다른 성질을 띠며, 다른 감정들 역시 기본가정에 따라 다른 성질을 보인다.

모든 기본가정 안에는 리더가 존재하고 있다는 생각이 들어있다. 물론 짝짓기 집단에서는 리더가 '존재하지 않는', 즉 아직 태어나지 않은 존재이지만 말이다. 이 때 리더가 집단에 있는 특정 인물일 필요는 없다. 반드시 사람일 필요도 없으며, 어떤 사상이나 물건이 될 수도 있다. 의존 집단에서는 리더의 자리가 집단의 역사로 대체되기도 한다. 이전 회기에서 무슨 일이 일어났는지 기억할 수 없다고 불평하는 집단은 모임을 기록하는 문서를 만들기 시작한다. 이러한 기록물은 나중에 '성스러운 경전'이 되는데, 예를 들어, 집단이 지도자로 추인한 인물이 알고 보니 의존 집단의 리더에 들어맞는 인물상으로 주조할 수 있는 재료가 아닌 것으로 밝혀지면, 집단은 이러한 경전의 권위에 호소한다. 집단은 어떤 사상을 받아들일 경우 집단을 이루고 있는 개인들 쪽에서 성장이 일어날 수도 있다는 판단이 들면, 위협을 느낀 나머지 경전을 만드는 데 필사적으로 매달린다. 그러한 사상은 짝짓기 집단의 리더에 적합한 자질들과 연결됨으로써 정서적 힘을 이끌어내며 이를 통해 정서적인 저항을 촉발시킨다. 의존 집단이나 싸움-도주 집단이 활동하고 있을 때에는 새로운 사상의 출현이 현 상태를 위협할 수 있다는 느낌을 주기 때문에 이를 억누르기 위한 몸부림이 일어나게 된다. 전쟁 상황에서 새로운 사상은–이는 탱크일 수도 있고 새로운 장교 선발 방식일 수도 있다–'최신식'이라고, 말하자면 군대의 경전을 위반하는 것이라고 느껴진다. 의존 집단에서는 그것이 집단이 의존하는, 사람일 수도 있고 '경전'일 수도 있는, 리더를 위협한다는 느낌을 준다. 이는 짝짓기 집단에서도 똑같이 적용되는데, 이 집단에서는 새로운 사상이나 인물이 아직 태어나지 않은 천재 혹은 메시아와 동일한 것이며, 내가 앞에서 말한 것처럼 짝짓기 집단의 기능을 달성하기 위해서는 이들이 태어나지 않은 상태 그대로 남아있어야 하기 때문이다.

기본가정 변화의 변이형

집단 심리에 변화가 일어나는 원인을 하나의 기본가정이 다른 기본가정으로 대체되기 때문으로만 볼 수는 없으며, 긴장이 늘어나면 어떤 기본가정이 현재 활동 중인가에 따라 특정한 변이형aberrant forms을 띠기도 한다. 이러한 변이형은 언제나 외부 집단을 끌어들인다. 의존 집단이 활동 중인 상태이고 이 집단이 특히 메시아적 희망으로 가득찬 사상의 모습으로 나타나는, 짝짓기 집단의 리더가 가하는 압력으로 위협받고 있다면, 하지만 경전 만들기에 매달리는 것과 같은 방법으로는 이러한 상황을 해결하기 어렵다는 사실을 깨닫는다면, 집단은 이런 위협에 대응하기 위해 다른 집단의 유입을 촉발시키게 된다. 싸움-도주 집단이 활동 중인 경우에는 이것이 다른 집단을 흡수하려는 움직임으로 나타난다. 짝짓기 집단의 경우에는 집단 내에서 분열의 움직임이 일어나는데, 짝짓기 집단에서 메시아적 희망은 실현되지 않은 상태로 남아있어야 한다는 점을 기억한다면 이러한 반응이 크게 이상해 보이지는 않을 것이다. 문제의 핵심은 새로운 사상은 성장을 요구하기 때문에 위협이 되고, 기본가정 집단은 그러한 성장이 일어나는 것을 견딜 수 없다는 데 있다. 그 이유에 관해서는 나중에 다시 설명하게 될 것이다.

특화된 작업 집단

프로이트(1921, pp.41 f)는, 비록 그런 명칭을 붙이지는 않았지만, 몇 가지 특화된 작업 집단에 주의를 기울였으며, 이 집단의 임무는 특정 기본가정의 활동을 자극하는 데 특별히 맞추어져 있었다. 이런 성격을 지닌 전형적인 집단의 예가 교회와 군대이다. 교회는 의존 집단의 현상들로 인해 간섭을 받기 쉬우며, 군대 역시 싸움-도주 집단의 현상들로부터 자유롭지 못하기 마련이다. 하지만 우리는 하나의 가능성을 더 고려해야만 하는데, 말하자면 교회와 군대는 이 둘을 아우르는 주집단으로부터 발아하여 떨어져 나온 것으로, 그 특수한 목적은 각각 의존 집단과 싸움-도주 집단을 중화시킴으로써 이들 기본가정 집단이 주집단이 수행하는 작업집단 기능을 방해하지 못하도록 하기 위함이라는 것이다. 우리가 후자의 가설을 받아들인다면, 의존 또는 싸움-도주 집단의 활동이 특화된 작업 집단 내에서 더 이상 나타나지 않거나 그 활동이 너무 강력해진 나머지 작업 집단을 압도해버리는 경우, 이는 특화된 작업 집단의 실패로 간주해야만 한다. 두 경우 모두 결과는 똑같다—주집단은 특화된 작업 집단에 할당된 기능을 떠맡는 동시에, 주집단 자신의 작업집단 기능을 유지해야만 한다. 만일 특화된 작업 집단이 그와 관련된 기본가정 현상들에 대처하지 못하거나 대처하지 않는다면, 주집단의 작업집단 기능은 이러한 기본가정들의 압력으로 인해 손상을 입을 것이다. 작업집단 기능은 본질적으로 사고와 감정을 현실에 부합하는 행동으로 옮기는 것으로 이루어져 있기에, 기본가정을 명시적으로 표현하는 일에는 적합하지 못하다. 기본가정을 실제 행동으로 옮기려는 시도가 이루어지면, 그에 비례하여 기본가정은 위험한 것이 되기 때문이다. 특화된 작업 집단은 실제로 이러한 위험을 잘 인지하고 있는 것 같으며, 이는 특화된 작업 집단이 반대의 처리과정, 즉 행동을 기본가정의 심리 상태로 옮기는, 훨씬 안전한 처리과정을 수행하려고 한다는 사실에서 드러난다. 예컨대 교회는, 작업집단 기능을 비교적 탁월하게 이루어낸 경우, 집단에 이르기를 신에게 감사해야 한다고 하지, 현실적인 작업을 성실하게 수행해 온 집단의 역량 덕분이라고 하지는 않는다. '주여, 영광을 우리에게 돌리지 마옵소서'*. 작업집단 기능을 용이하게 수행한다는 견지에서 볼 때, 번영과 성공을 이룬 교회는 종교적인 믿음을 강화시키는 일과 그러한 믿음을 행동으로 옮기면 안된다고 요구하는 일을 함께 병행해야만 한다. 성공적인 군대는 군사력이, 실제로 사용되는 일만 없다면, 모든 것을 해결해줄 것이라는 믿음을 고취시켜야 한다. 두 경우 모두는 다음과 관련되어 있다 – 기본가정의 심리 상태는 실제의 행위로 이어지기에 적합하지 않은데, 행위가 이루어지려면 현실과 접촉을 유지하기 위해 작업집단 기능을 필요로 하기 때문이다.

의존 집단이 활동하고 있을 때, 소규모 치료집단에서는 이러한 경향이 어떤 하위집단을 만들어내는 것으로 나타나는데, 이 하위집단은 – 보통은 분석가가 맡게 되는 – 리더의 뜻을 집단에게 해석해 주는 기능을 맡는

* 시편 115:1

다. 싸움-도주 집단의 경우에도 유사한 하위집단이 그와 비슷한 기능을 수행한다. 분석가가 고집을 꺾지 않을 인물로 밝혀질 경우, 분석가는 내가 새로운 사상이 가져오는 위협과 관련하여 이미 서술한 것과 같은 반응을 유발시키기 쉽다.

나는 위에서(156쪽) 귀족계급이란 어쩌면 짝짓기 집단에서, 교회와 군대가 각각 의존과 싸움-도주 집단에서 수행하는 것과 유사한 기능을 담당하는 특화된 작업 집단일 수도 있다고 언급한 바 있다. 이 하위집단의 기능은 번식과 출산에 관한 생각, 즉 내가 성적 욕망의 전조를 이룬다고 이야기한 바 있는, 메시아적 희망에 집중되어 있는 감정들을, 그러한 감정들로 인해 행여나 성장이 요구되는 상황이 발생하지 않을까 하는 두려움을 불러일으키지 않으면서, 배출시킬 수 있는 수단을 제공하는 일이다. 귀족계급은 메시아적 희망을 불어넣으면서도, 이와 동시에 짝짓기 집단의 리더는, 만약 그가 세상에 정말 나타난다면, 왕궁에서 태어나지만 그 모습은 우리와 똑같을 것이라는 확신을 주어야 한다–'민주적'이라는 말은 아마도 이러한 욕망을 나타내는 현대적 은어일 것이다. 치료집단에서 '귀족적인' 하위집단은 새로운 사상이란 것이 집단에게 이미 꽤나 친숙한 것이라는 사실을 집단이 이해할 수 있도록 도와주는 역할을 하는 경우가 많다.

기본가정, 시간, 그리고 성장

기본가정의 심리 상태에는 주목해야 할 두 가지 특징이 있다. 이 심리 상태에서 시간은 아무런 역할을 하지 않는다. 여기서 시간은 인식되지 않는 정신 기능의 차원이다. 따라서 시간을 인식해야 할 필요가 있는 모든 활동들은 온전히 이해되기 어려우며 박해받는다는 느낌을 불러일으키는 경향이 있다. 기본가정의 수준에서 이루어지는 활동을 해석하다 보면, 기본가정이 시간과 맺는 관계가 왜곡되어 있다는 사실이 낱낱이 드러난다. 두 번째 특징은, 내가 앞서 언급했다시피, 기본가정의 심리 상태에서는 어떠한 성장도 일어나지 않는다는 점이다. 성장을 자극하는 것들은 적대적인 반응과 마주치게 된다. 집단 연구를 통해 통찰력이 치료적으로 발달할 수 있도록 촉진시키고자 하는 모든 집단에게 이것은 중요한 문제로 받아들여질 것이다. 이렇게 발생하는 적대감으로 인해, 집단은 메시아적 인물이나 사상이 나타나는 것에 반응하여 한 기본가정에서 다른 기본가정으로 순환적인 변화를 하기보다는, 돌발적인 변이 형태를 띠면서 변화하려는 경향을 보이게 된다. 왜냐하면, 집단이 성장을 막고 싶어하는 경우, 이를 위한 가장 간단한 방법은 집단 스스로가 기본가정의 심리 상태에 의해 압도당함으로써 성장할 수 있는 능력을 필요로 하지 않는 한 가지 종류의 정신 생활에 가까워지는 것이기 때문이다. 이러한 변동을 통해 얻게 되는 주요한 보상은 살아있다는 즐거운 느낌이 늘어난다는 점인 것 같다.

여러 파벌들로 분열되어 있는 집단이 작동하는 양상을 보면, 분열 역시 성장을 일으킬지도 모르는 위협적인 사상에 대한 방어로써 기능함을 알 수 있는데, 이 때 각 파벌 집단들은 겉으로는 서로 대립하고 있는 것처럼 보이지만 실은 같은 목표를 추구하고 있다. 한 집단은 흔히 집단 '경전'의 모습으로 나타나는 의존 집단을 신봉한다. 이 집단은 이미 확립되어 있는 사상에서 고통스런 노력을 요구할 수 있는 질적 요소들을 모조리 제거함으로써 그 사상을 대중화시키며, 이를 통해 성장의 고통을 원치 않는 수많은 추종자들을 확보한다. 사고는 이처럼 진부하고 교조적인 수준에서 안정을 이루게 된다. 한편, 새로운 사상을 지지하는 것처럼 보이는 반대 집단은 너무나 까다로운 요구를 하는 까닭에 사람들이 더 이상 모여들지 않는다. 이렇게 두 집단 모두는 성장에 따르는 갈등에서 핵심을 차지하는, 미발달한 사람들과 수준 높은 사람들을 아우르려는 고통스런 작업을 회피하는 것이다. 피상적이지만 많은 추종자들을 거느린 파벌 집단은, 심오하지만 수적으로는 보잘것없는 파벌 집단과 이렇게 대립한다. 이는 결과적으로 사회가 교양과 교육 수준이 높지 않은 구성원들로 북적거리는 반면, 가장 '훌륭한' 사람들은 손을 더럽히지 않으려는 태도를 완강하게 고수하고 있는 것 아니냐는 일각의 두려움을 떠올리게 만든다.

기본가정이 다른 기본가정과 맺는 관계

이제 세 가지 기본가정 집단과 작업 집단을 재고함으로써, 이 상이한 집단들의 차이가 좀더 근본적인 무언가로 해소될 수 있는지 살펴보도록 하자. 기본가정이라는 명제를 통해 집단이 관찰자 앞에 펼쳐놓는 복잡하고 혼란스런 정서 상태에 형태와 의미를 부여하는 데 도움을 얻을 수 있다고 하더라도, 이러한 기본가정들이 왜 존재해야 하는지에 대한 합리적인 설명은 여전히 없는 상태이다. 집단에 관한 세 가지 기본가정들 중 어떤 것도 집단이 느끼는 두려움과 여타 감정들을 만족스럽게 누그러뜨리지 못한다는 점은 분명하다. 그렇지 않고서야 하나의 기본가정이 다른 기본가정으로 이동하고 변화하는 일은 일어나지 않았을 것이며, 내가 개략적으로 묘사한 특화된 작업 집단을 해당 기본가정에 맞추어 만들어낼 필요도 없었을 것이다. 세 기본가정 모두는 리더가 있어야 한다는 생각을 담고 있다. 싸움-도주 집단은 이해understanding라는 것을 아예 기법으로 인정하지도 않는 것 같다. 모든 기본가정은 성장에 반대하는데, 성장이야말로 이해 없이는 이루어질 수 없는 것이다. 이와는 반대로, 작업 집단은 이해하고 성장할 필요성 모두를 인식하고 있다. 특화된 작업 집단들로 말할 것 같으면, 세 종류의 특화된 작업 집단 모두 자신들이 일차적으로 관심을 기울이는 듯 보이는 기본가정의 영역 바깥에 있는 문제들에 대해서도 관심을 쏟는다. 따라서 의존의 기본가정에 대해 특화된 작업 집단은 의존 집단보다는 짝짓기 집단의 영역에 더 가까운 것으로 보이는 메시아적 사상에 대한 집착에서 완전히 벗어나지 못한다. 이 집단의 활동은 세상에 태어난 메시아에 대한 헌신으로 이루어지는 것 같다. 갈대 바구니* 와 구유 안에서, 결혼도 하지 않은 어머니로부터 태어나, 하나는 파라오의 딸이자 신성한 존재로서 고귀한 신분을 가진 어머니 밑에서, 하나는 그보다는 미천한 신분을 가진 어머니 밑에서 길러지는 메시아가 그렇다. 한편, 짝짓기 집단의 귀족적 하위집단에서는 고귀한 부모와 결혼, 호화로운 아기침대 들이 허용되기는 하지만, 그 아기는 나머지 우리들과 함께하고 있을 때에만 눈에 띄는 존재가 된다. 실제 나타나는 현상들을 자세하게 검토하다 보면 그 중심에서, 성적인 사랑과 평등한 부모, 우리들과 같은 모습을 가진 아기, 내가 성적인 사랑에서 핵심 요소라고 생각하는 메시아적 희망, 그 자체가 이해할 수 있는 능력을 요하는 성장을 향한 충동 들을 한 데 그러모아야 하는 어려움과 만나게 되는 것 같다. 싸움-도주 집단은 이해할 수 있는 능력과, 그것 없이는 이해라는 것도 존재할 수 없는, 사랑할 수 있는 능력이 자신들에게 없다는 무능감을 드러낸다. 하지만 싸움-도주 집단의 리더는 두려움을 주는 요소들 중 하나, 즉 무서운 아버지나 그의 아들과 같은 존재가 시야에서 벗어나는 일이 없도록 계속해서 상기시키는 역할을 한다.

뿐만 아니라, 세 기본가정 집단들은 제각기 오이디푸스 상황에 등장하는 한 인물의 특징들을 서로 간에 나누어 가진 개인들의 집합체인 것처럼 보이는데, 이 집합체는 어떤 기본가정이 활동 중인가에 따라 다른 양상

* 갈대 바구니 : 모세에 관한 언급이다. 이스라엘 민족이 이집트에서 핍박을 받고 있을 때, 파라오가 히브리 여인이 낳은 사내아이들은 모두 죽여버리라는 명령을 내렸다. 모세의 어머니와 누나 미리암은 이 위험을 피하기 위해 태어난 아기를 바구니 속에 숨기고 강가 갈대숲에 놓아두었는데, 강가에 목욕하러 나온 파라오의 딸이 이를 발견하고 측은히 여겨 양자로 삼아 키웠다. 모세는 '강에서 건진 아이'라는 뜻이다.

을 나타낸다. 그러나, 여기에 오이디푸스 상황의 등장인물들과 유사한 면이 있다고 하더라도, 둘 사이에는 같은 것으로 수렴될 수 없는 중요한 차이가 있다. 기본가정 집단에서 그 관계는 개인과 집단 사이에서 이루어지는 것으로 보인다. 하지만 집단은 부분들로 조각난 하나의 개인이, 또 하나의, 숨어있는 개인과 함께 참석해 있는 것처럼 느껴진다. 이 때 숨어있는 개인이란 리더를 말하는데, 이것이 리더는 분석가라고 거듭 되풀이해서 말한 언급과 모순처럼 들릴 수도 있겠지만, 우리가 치료집단에서 분석가는 작업 집단의 리더라는 사실을 기억한다면, 그리고 분석가가 집단을 이끌고 있는 것 같기는 한데 그것을 분명하게 지각할 수 없는 많은 경우들에 주목한다면, 이러한 모순은 해결된다. 내 경험으로 볼 때, 내가 다른 누구보다도 더 이야기를 많이 하고 있음에도 불구하고, 내가 집단에서 아무런 역할을 하지 않고 있으며, 집단에게 내가 가진 견해가 무엇인지 알 수 있는 기회조차 주지 않는다고 말하는 것을 듣게 되는 일은 무척이나 흔하다. 여기서 핵심적인 것은, 집단에서는 언제나 그렇듯이, 그와 같은 생각이 표현될 때 함께 동반되는 감정이며, 내가 다시금 강조하고 싶은 부분은 내가 집단을 이끌고 있는 것 같기는 한데, 그것이 겉으로는 잘 인지되지 않는다는 점이다.

기본가정이 지배하고 있는 정서적 차원에서는, 내가 이야기한 것처럼, 그 속에서 오이디푸스적 인물들이 정신분석에서와 마찬가지로 나타나는 것을 알아볼 수 있다. 하지만 이 인물들 중에는 오이디푸스 신화를 이루는, 지금껏 잘 언급된 적이 없었던 인물 하나가 포함되어 있다. 그것은 스핑크스이다. 내가 여전히 작업집단 기능을 이끌고 있는 리더라는 느낌을 주고 있고, 그러한 사실을 집단이 전혀 눈치채지 못하고 있는 것이 아니라면, 나, 그리고 나와 동일시되고 있는 작업집단 기능은 수수께끼 같은 모습으로 생각에 잠겨 질문을 던지는, 재앙의 시발점이 되는 스핑크스에 무척이나 어울릴 듯한 분위기를 띠게 된다. 가끔 이와 관련된 용어들이 사용되기도 하지만, 내 개입으로 인해 통상적인 불안 이상의 반응이 유발된 경우에는, 집단으로 하여금 둘 사이의 유사성을 파악할 수 있도록 해주는 해석은 거의 필요가 없다. 나는 질문을 던지는 태도를 사람들이 두려운 것으로 받아들이는 현상이 집단만큼 분명하게 드러나는 경우를 다른 곳에서는 경험해보지 못했다. 이러한 불안은 질문을 던지는 사람뿐만 아니라 그 질문이 탐구하려는 대상을 향한 것이기도 한데, 나는 후자로 인한 부분이 더 중요하지 않을까 싶다. 왜냐하면 탐구의 대상으로서 집단은 그 자체가 극히 원시적인 성격의 두려움을 불러일으키기 때문이다. 내가 받은 인상에 의하면, 집단은 그것을 이루고 있는 개인들의 마음속에서, 엄마의 몸 속에 있는 내용물들에 대한 매우 원시적인 환상들[7]과 지나치게 가깝다고 느껴지는 듯하다. 따라서 집단 역동을 합리적으로 연구하려는 시도는 이러한 두려움과, 그 두려움에 대처하기 위한, 편집-분열 자리의 성격을 띠는 기제들로 인해 동요하게 된다. 집단 연구를 수행하면서 원시적인 수준의 감정과 환상이 자극되고 활성화되는 상황에 부딪히는 일은 불가피한 것이다.

이제 우리는 서로 다른 기본가정들의 차이가 더 근본적인 어떤 것으로 해소될 수 있는지에 대해 좀더 나은 위치에서 살펴볼 수 있게 되었다. 나는 이 세 가지 심리 상태가 서로 간에 유사한 면들을 지니고 있다는 사실에 이미 주목한 바 있고, 그 결과 나는 기본가정들이 어쩌면 근본적인 현상이 아니라, 더욱 일차적인 것으로 간주해야 하는 어떤 상태의 표현이거나 혹은 그런 상태로 인해 나타나는 반응이지 않을까 생각하게 되었다. 사실, 기본가정에 관한 가설을 통해 집단 회기에서 벌어지는 혼돈스런 일

7) 멜라니 클라인.

들 가운데서 어떤 질서를 발견하는 데에 귀중한 도움을 얻게 되기는 했지만, 좀더 심도있는 연구를 위해서는 지금까지와는 다른 새로운 가설이 필요하다는 점이 곧 분명해졌다. 어떤 요인으로 인해 하나의 기본가정이 다른 기본가정으로 변화하는 것인지에 관해 고찰하는 동안, 나는 새로운 가설의 필요성과 더불어, 그것을 만족시킬 수 있는 가설을 얻을 수 있는 방법이 무엇인지를 분명하게 깨닫게 되었다. 이 논의 속에는 내가 앞서 서술했던, 기본가정 변화의 변이형들이 포함되어 있다.

간략히 말하면, 현재 활동 중인 기본가정이 무엇이냐에 관계없이, 집단 연구는 다음과 같은 사실을 드러낸다. 정서적 상황에 존재하는 요소들은 초기 불안과 관계된 환상들과 밀접하게 연결되어 있는 까닭에, 집단은 불안이 가져오는 압력이 너무 커질 때마다 방어적인 행동을 취할 수밖에 없게 된다. 이처럼 원시적인 수준에서 기본가정을 접근하면, 그것은 내가 지금까지 서술해 온 것과는 다른 모습을 띠고 나타난다. 짝짓기 충동은 이제 부분대상part-object들이 맺는 관계를 기반으로 작동하는 원시 오이디푸스적 갈등과 관련된 정신증적 불안에서 비롯하는 요소를 지니고 있는 것으로 보이게 된다. 이러한 불안으로 인해 개인들은 짝을 찾아 나서게 되는 것이다.

짝짓기 집단은 이러한 충동이 성적인 동기에서 생식을 목표로 발생하는 것이라고 꽤나 합리적인 이유를 대겠지만, 실은 이를 통해 짝짓기 충동이 생기는 근본적인 원인을 은폐하고 있는 것이다.

하지만 짝짓기 집단이 활동 중인 경우, 우리는 짝짓기 집단을 이루는 여러 요소들이 원시적 부분대상들에 너무 근접한 나머지 그것들과의 동일시를 피할 수 없으며, 이로 인해 머지않아 강력한 정신증적 불안이 발생하고, 이에 대처하기 위해 새로운 방어를 찾아내야 할 것이라는 사실을 다시금 깨닫게 된다. 그러한 방어로 집단이 택한 형태가 싸움-도주 집단, 즉 증오를 방출시키기 위한 배출구를 특정한 적을 겨냥하여 파괴적인 공격을 시도하거나 증오의 대상으로부터 도망치는 데서 찾으려는 집단이라고 가정해보자. 이 집단은 개인에 대해 무관심하기에, 더구나 그러한 무관심을 통해서도 집단은 여전히 원시적인 원장면으로부터 벗어날 수 없기에, 집단은 다시금 불안을 느끼게 되며 이로 인해 기본가정은 또다시 변화할 필요가 생긴다.

이 서술을 통해, 기본가정이라고 하는 것이 실은 부분대상들의 수준에서 이루어지는 초기 원장면에 대한 이차적인 반응으로 나타나는 것이며, 정신증적 불안과 더불어 멜라니 클라인이 편집-분열 자리와 우울 자리의 특징이라고 묘사했던 분열과 투사적 동일시의 기제와 관련되어 있다는 사실을 알 수 있을 것이다. 집단에서, 즉 두려운 탐구자와 두려운 탐구 대상 사이에서 일어나는 내사introjection와 투사projection[8]는 이제 집단 상황의 본질적인 부분을 이루게 되며, 이런 기제들이 매우 활발하게 나타난다는 사실을 깨닫지 못하면 상황은 더욱 혼란스러운 것으로 보이게 될 것이다.

원장면에 대한 고전적 시각은 집단 역동을 다루는 데 있어서는 그리 충분한 것이 되지 못한다. 집단에서 드러나는 원시적인 원장면을 온전하게 이해하는 일을 내가 매우 핵심적인 것으로 생각하고 있다는 점이 강조되어야 한다. 이는 고전적 시각이 묘사하는 원장면과 다음과 같은 점에서 뚜렷한 차이가 있다. 집단에서 나타나는 원장면은 그보다 훨씬 더 기이하며, 엄마의 일부, 즉 엄마의 젖가슴 혹은 몸뚱이 속에 다른 대상들, 그 중에서도 특히 아빠의 일부가 들어있는 모습으로 나타나는 것 같다. 오이디푸스 갈등의 초기 단계에 관한 논문에서 멜라니 클라인(1928, 1945)은 개인분석 과정에서 발견한 이와 같은 환상들에 대해 묘사한다(Paula Heimann,

8) 정신분석에서 이것이 어떻게 나타나는지는 폴라 하이만Paula Heimann이 묘사한 바 있다(1952a).

1952b 참조). 내가 보기에 집단 경험은 클라인이 묘사한 환상들이 집단에서 대단히 중요한 역할을 한다는 견해를 뒷받침하는 수많은 자료를 제공해 주는 것 같다.[9] 집단의 불안이 심해질수록, 이러한 원시적 환상과 기제들이 나타나기가 더욱 쉬워진다. 반면, 집단이 안정된 상태에 있을수록, 집단은 가족 집단 패턴의 반복이라는 프로이트의 서술과 신경증적 기제들에 더 가까워진다. 하지만 '안정된' 집단이라 할지라도 깊은 수준에 자리하고 있는 정신증적 측면들은 밝혀져야 한다. 비록 그것이 일시적으로는 집단의 '질병'을 더욱 악화시키는 것처럼 보이더라도 말이다.

요약

집단에 관한 정신분석적 시각들을 논의하기에 앞서, 내가 지금까지 서술한 이론들을 요약할 필요가 있을 것 같다. 기억하다시피 나는 선입견 없는 시각을 유지하기 위해, 정신분석적 경험을 통해 발전시킨 직관적 능력들을 사용하여 집단을 연구하겠다는 뜻을 천명한 정신분석가에게 만일 그것이 가능하다면, 집단에 관한 과거의 정신분석 이론들과 의도적으로 거리를 두려고 했다. 그 결과 나는 하나의 이론을 도출하기에 이르렀으며, 작업 집단의 기능을 보여주는 증거를 제시함과 아울러, 종종 강렬한 정서적 색채를 띠고 나타나는, 집단이 세 가지 기본가정 중 어느 하나에 대해 정서적으로 반응하고 있다는 것을 시사하는 행동에 관해 서술했다. 그와 같은 기본가정들은 의지와 상관없이 자동적이고 불가피하게 만들어지는 것이라는 생각은 집단이 보이는 행동을 설명하는 데 있어 유용한 것처럼 보

9) 멜라니 클라인이 '오이디푸스 갈등의 초기 단계들'(1928)이라는 논문에서 묘사한 바 있는, 외부 대상들에 대한 정신증적 반응이, 새로운 사상을 대하는 집단의 반응과 매우 유사하다는 점을 주목할 필요가 있다. 경전 만들기는 그것에 대응하는 방어의 한 형태이다.

였다. 그럼에도 불구하고, 이러한 '기본가정들' 자체를 독자적인 심리 상태로 간주할 수 없다는 것을 시사하는 증거들도 많았다. 내가 하고 싶었던 이야기는 기본가정들 사이에서 일어나는 일들로 집단의 모든 행동을 '근본적으로' 설명할 수 있다는 뜻이 아니라-그것은 정말이지 터무니없는 주장일 것이다-각각의 상태가, 설령 그것을 나머지 두 상태와 꽤 확연하게 구별할 수 있는 경우라 할지라도, 어떤 면에서는 다른 두 상태들 중 어느 하나의 쌍대이거나 거울상일 수도 있다는 점, 혹은 상이한 기본가정이라고 생각되었던 것을 단순히 다른 시각에서 바라본 것에 지나지 않을 수도 있다는 점을 시사하는 특징을 가지고 있다는 뜻이었다. 예를 들어, 짝짓기 집단에서 나타나는 메시아적 희망은 의존 집단에서 나타나는 집단의 신적 존재와 유사한 면이 있다. 겉으로 드러나는 정서적 분위기는 매우 상이하기 때문에 이러한 유사성을 알아보기가 쉽지 않을 수도 있다. 불안과 공포, 증오, 사랑, 이 모두는 내가 말했던 것처럼 각 기본가정 집단 모두에 존재한다. 이러한 감정들은 각각의 기본가정 집단과 결합하면서 수정과 변화를 겪게 되는데, 이 감정들을 서로 결합시키는 '접착제'는 의존 집단에서는 죄책감과 우울이고, 짝짓기 집단에서는 메시아적 희망이며, 싸움-도주 집단에서는 분노와 증오이다. 어쨌거나, 결과적으로는 집단에서 논의되는 생각의 내용들이 세 집단에서 제각기 다른 외양을 띠게 되는 것이다. 짝짓기 집단의 아직 태어나지 않은 천재는 의존 집단의 신과 때로는 매우 유사하게 느껴질 수도 있다. 의존 집단이 '과거의' 리더가 지닌 권위에 호소하는 경우, 이는 분명 짝짓기 집단이 '미래의' 리더에 호소하는 것과 매우 흡사해 보인다. 두 경우 모두 리더는 현재 존재하지 않으며, 다만 시제와 감정의 차이만이 있을 뿐이다.

내가 이러한 이야기를 되풀이하는 것은 내가 제시했던 기본가정 가설을 하나의 경직된 공식처럼 여기지 말아야 한다는 점을 보여주기 위해서이다.

정신분석적 시각

집단에 대한 프로이트의 이론은 전이 연구로부터 도출된 것이다. 정신분석에서 두 사람이 짝을 이루는 관계는 그보다 큰 집단 상황의 일부로 생각할 수 있기에, 전이 관계는 내가 이미 제시한 이유들로 인해 짝짓기 집단과 관계된 특징들을 띨 것이라고 예상할 수 있다. 정신분석을 전체 집단 상황의 일부로 간주한다면, 우리는 정신분석에서 제시되는 자료들 속에서 성적인 요소들이 두드러지게 나타날 것이며, 사실상 분석에서 배제되어 있는 집단의 일각에서 정신분석은 성적인 활동이 아니냐는 의구심과 적대감이 활발하게 표현될 것이라고 생각해야 한다.

프로이트는 그의 분석 경험을 통해 군대와 교회라는, 내가 특화된 작업 집단이라 일컬은 두 집단의 중요성을 도출할 수 있었지만, 예법에 최상의 중요성을 부여함으로써 짝짓기 집단의 현상들을 다루고자 하는 특화된 작업 집단, 즉 귀족계급에 대해서는 논의하지 않았다. 귀족계급이 단순히 외부 현실에만 관심을 기울인다면, 이 집단의 활동은 대학의 유전학 분과가 담당하는 작업에 훨씬 가까운 모습을 띠었을 것이다. 하지만 귀족계급이 예법에 기울이는 관심 속에는 외부 현실을 향해 작용하는 정신 활동과 불가분의 관계에 있는 과학적인 분위기가 결여되어 있다. 귀족계급은 짝짓기 집단의 현상을 다루기 위해 주집단에서 분리되어 나온 특화된 작업 집단이며, 이는 군대와 교회가 각각 싸움-도주 집단과 의존 집단의 현상을 다루기 위해 분리된 특화된 작업 집단인 것과 마찬가지이다. 따라서 이 하위집단이 주집단과 맺는 관계를 밝히기 위해서는 귀족계급이 연애를 할 때 유전 법칙을 얼마나 엄격히 적용하면서 정절을 지키느냐가 아니라, 짝짓기 집단의 현상을 적절히 다룸으로써 그것으로부터 발생하는 정서적 욕동들로 인해 전체 집단의 작업집단 기능이 방해받는 일이 없어야 한다는 주집단의 요구를 이 집단이 얼마나 효율적으로 만족시키는가에 보다 초점을 맞추어야 한다. 프로이트는 집단 문제와 관련해서 피상적인 연구에 불과한 것들을 대놓고 거부하면서(1913, pp.75 이하), 르 봉과 맥두걸, 윌프레드 트로터의 견해에 대해 논평하는 과정을 통해 자신의 의견을 피력했지만, 실은 그 자신이 풍부한 집단 경험을 가지고 있었으며(1921), 집단이 유발하는 정서적 스트레스에 둘러싸인 개인이 된다는 것이 무엇을 뜻하는지도 잘 알고 있었다 – 이와 같은 상황에 관해서는 정신분석이 짝짓기 집단을 활성화시킬 때, 정신분석이 집단에서 자칫 어떤 위치를 차지하게 될 수 있는지를 묘사하면서 내가 설명한 적이 있다.

프로이트(1930, pp.44 이하)는 개인의 심리학은 그 자체가 한 개인이 다른 개인과 맺는 관계로부터 나온 것이기 때문에, 개인과 집단의 심리학을 절대적으로 구분할 수는 없다고 말한다. 그는 개인들의 숫자가 많고 적음에 큰 중요성을 부여하기는 어렵다고 반박하면서, 우리의 정신생활에 있어 개인들이 모이지 않았더라면 활동을 시작하는 일이 없었을 새로운 본능이 깨어나는 것은 아니라고 주장한다. 나는 이와 같은 프로이트의 견해가 옳다고 생각한다. 나는 무리짓기 본능이라는 것을 상정해야만 설명이 가능한 현상들을 지금껏 한 번도 경험해보지 못했다. 어떤 집단의 개인이 자신은 마치 집단에 전혀 속해있지 않은 것처럼 처신한다고 하더라도, 그는 여전히 집단에 속한 구성원이며, 지금까지 언제나 그러했다. 개인은 집단 동물이면서, 그가 속한 집단뿐만 아니라 그의 '무리짓기 성향'을 구성하는 자신의 성격 측면들과도 투쟁하고 있는 동물이다. 프로이트는 이러한 투쟁을 '문화'에 대한 투쟁으로 국한시키고 있지만(1921, p.29), 나는 그 범위를 더욱 확장시킬 필요가 있다는 것을 보여주고 싶다.

맥두걸과 르 봉은 집단 심리학을 많은 사람들이 같은 장소, 같은 시각에 함께 모였을 때 비로소 나타나는 어떤 것처럼 이야기하며, 프로이트 역시 이러한 견해를 부정하지 않는다. 내가 보기에 이와 같은 조건은 집단 연구를 가능하게 만드는 것이기는 하지만, 그것이 집단 심리학에 반드시 필요한 것은 아니다. 개인들이 한자리에 모일 필요가 있다는 것은 전이 관계를 보여주기 위해 분석가와 피분석자가 만날 필요가 있다는 것 이상의 의미를 가지지 않는다. 집단이 한자리에 모여 있어야만, 현재 나타나고 있는 집단의 특징들을 보여주기에 적절한 조건이 마련된다. 개인들이 서로 충분히 가까운 곳에 있어야만, 소리를 지르지 않고도 해석을 전달할 수 있다. 이러한 조건은 해석의 근거가 되는 현상들을 집단의 모든 구성원이 직접 눈으로 확인하기 위해서도 마찬가지로 필요하다. 이런 이유들로 인해 집단 구성원의 수와 흩어져 있는 범위는 제한되어야 한다. 특정 장소, 특정 시각에 집단이 모이는 일은 이처럼 물리적인 이유 때문에 중요한 것일 뿐, 집단 현상이 발생하는 것과는 하등의 관계가 없다. 그 자체가 집단 현상이 일어나는 데 중요하다는 생각은 어떤 상황이 실제로 시작된 시점을 그 상황이 일어났다는 사실을 보여줄 수 있게 된 시점과 똑같다고 여기는 잘못된 인상에서 비롯한다. 실은 어떤 개인도, 그가 시공간적으로 아무리 고립되어 있다 하더라도, 집단에 속해 있지 있다거나 집단 심리를 활발히 드러내는 일이 없을 것이라고 간주할 수는 없다. 그럼에도 불구하고, 집단이 한자리에 모여있을 때, 내가 말한 것처럼, 집단 행동이 존재한다는 것을 입증하는 일이, 그리고 그것을 관찰하는 일도, 더욱 수월해질 것이라는 점은 분명하다. 내 생각에 트로터가 상정한 무리짓기 본능이라는 개념이나, 집단은 구성원들의 총합 이상이라는 생각으로 귀결되는, 내가 이미 언급한 여러 다른 이론들이 나올 수 있었던 것은 이처럼 집단이 모였을 때 관찰과 설명이 더욱 용이해진다는 사실 때문인 것 같다. 나는 프로이트가 그와 같은 개념이 필요하다는 증거를 현재로서는 찾을 수 없다고 거부한 것이 옳은 일이었음을 경험을 통해 확신하게 되었다. 집단 심리학과 개인 심리학이 달라 보이는 것은 집단을 이용하는 데 익숙하지 않은 관찰자들에게는 낯설게 보이기 마련인 현상들을 집단이 분명하게 드러내주는 데서 발생하는 착각 때문이다.[10, 11]

작업 집단에는 강력한 힘과 영향력이 존재하는데, 작업 집단은 현실에 관심을 기울임으로써 필연적으로 과학적 방법들을, 그것이 설령 초보적인 형태에 불과할지라도, 도입할 수밖에 없다. 비록 기본가정의 영향에서 자유롭지 못하고 가끔은 기본가정과 보조를 맞추기도 하지만, 마침내 승리를 거두는 것은 작업 집단이다. 르 봉은 집단은 결코 진실을 갈망하지 않는다고 말했다. 나는 프로이트가-특히 언어나 민요, 민담과 같은 것들을 만들어내는 데 있어 집단이 수행하는 역할을 논의하면서-르 봉이 집단을 공정하게 다루지 않았다고 말한 것에 동의한다. 맥두걸이 고도로 조직화된 집단이라는 조건이 갖추어지면 '집단이 형성되면서 발생하는 심리적 불이익'이 없어질 것이라고 말할 때, 이는 기본가정이 작업 집단을 방해하는 일이 없도록 조율하는 기능을 수행하는 특화된 작업 집단에 관한 나의 견해와 매우 가까운 것이다. 프로이트는 '개인이 지닌 특징이기도 하면서 집단이 형성되는 과정에서 개인에게서 사라져버리는 바로 그 특색들'을 집단에게 제공할 수 있겠는가 하는 것이 문제라고 서술한다. 그는 미발달한 집단 바깥에 존재하면서, 자신만의 연속성과 자의식, 사고방식과 습관, 개인 고유의 역할과 지위를 소유하고 있는 개인을 상정한다. 프로이트는 개인이 '조직화되지 않은' 집단에 들어감으로 인해서 한동안 자신의 고유성을 잃어버리게 된다고 말한다. 내 생각에는 자신의 고유성

10) 이 책 151쪽 이하 참조.

11) 이는 역사적 발전의 문제이기도 하다. 집단의 행동에는 정신증에 대한 멜라니 클라인의 작업에서 몇 가지 이해를 얻지 못하였더라면 이상하게만 보였을 측면들이 존재한다. 특히 상징형성과 분열 기제와 관련한 논문을 참조할 필요가 있다. 이에 대해서는 추후 논의하기로 한다.

을 보전하기 위한 개인의 몸부림은 주어진 순간에 집단의 심리 상태가 어떤가에 따라 다른 양상을 띠는 것 같다. 집단의 조직화는 작업 집단에 안정성과 영속성을 부여하는 역할을 하는데, 집단이 조직화되지 않을 경우 작업 집단은 범람하는 기본가정들로 인해 쉽사리 가라앉아 버릴 것 같다는 느낌을 준다. 개인의 고유성은 기본가정에 따라 움직이는 집단에서는 전혀 고려 대상이 아닌 부분이다. 조직과 구조는 작업 집단이 가진 무기이다. 이는 집단 구성원들 간의 협력의 산물이며, 집단에서 한번 자리가 잡히면 개인들로부터 더욱 깊은 협력을 이끌어내는 효과를 발휘한다. 이런 점에서 맥두걸이 이야기하는 조직화 집단은 언제나 작업 집단이며 결코 기본가정 집단이 될 수 없다. 기본가정에 따라 움직이는 집단은 조직이나 협력할 수 있는 능력을 필요로 하지 않는다. 기본가정 집단에서 협력에 대응하는 것은 내가 말한 결합가–인간의 무리짓기 본성이 저절로, 무의식적으로 작용하는 것–이다. 어려움이 발생하는 것은 집단이 기본가정에 따라 움직이기 시작할 때 뿐이다. 행동이라는 것은 필연적으로 현실과 접촉한다는 것을 의미할 수밖에 없고, 현실과 접촉하기 위해서는 진실에 관심을 기울여야 하기에 과학적 방법이 동원되어야만 하며, 따라서 작업 집단이 모습을 드러낼 수밖에 없다. 르 봉은 리더에 대해 서술하면서, 인간이 모여 무리를 이루면 본능적으로 리더의 지배 아래 놓이기를 원하면서 우두머리로서 그가 가지는 권위를 받아들이게 된다고 말했다. 이 때 리더는 집단의 요구에 걸맞는 개인적 자질을 지니고 있어야 하며, 집단의 믿음을 일깨우기 위해 그 스스로가 단단한 믿음을 붙들고 있어야 한다. 리더는 집단의 요구에 부합하는 개인적 자질을 지닌 인물이어야 한다는 르 봉의 견해는 리더의 행동이나 성격이 현재 우세한 기본가정에 의해 설정된 경계를 벗어나는 순간, 집단은 그 리더를 무시한다고 말한 나의 견해와도 일맥상통하는 것이다. 다만, 리더가 집단과 동일한 '믿음' 을 붙들고 있는 것은 집단의 믿음을 일깨우기 위해서라기보다는, 집단과 리더의 사고방식이 둘 다 현재 활동하고 있는 기본가정에 의해 결정되기 때문이다.

집단을 단순하고 '조직화되지 않은' 집단과 '조직화된' 집단으로 나누는 맥두걸의 구분은(1920, p.45) 내 생각에는 서로 다른 두 집단이 아니라 하나의 같은 집단에 공존하고 있는 두 가지 심리 상태에 해당하는 것으로 보인다. '조직화된' 집단은, 내가 제시한 이유들로 인해, 작업 집단이 지닌 특징적인 모습을 나타낼 가능성이 높으며, 반대로 '조직화되지 않은' 집단은 기본가정 집단의 특징을 나타내기 쉽다. 프로이트는 맥두걸이 '조직화되지 않은' 집단에 관해 서술한 내용을 인용하면서 그의 견해에 관해 논평한다. 집단의 피암시성에 대해 말하자면, 나는 그것이 어떤 암시냐에 따라 다르다고 생각한다. 암시의 내용이 현재 활동 중인 기본가정에 들어맞는 것이라면 집단은 그 암시를 따를 것이며, 그렇지 않다면 집단은 암시를 무시할 것이다. 이러한 특징은 공황 상태에서 매우 분명하게 드러나는 것으로 보이는데, 이에 대해서는 나중에 이야기하기로 한다.

앞서 언급한 단락에서 프로이트가 논평하고 있는 바에 따르면, 맥두걸은 집단의 정신생활 수준을 끌어올리는 데 필요한 몇 가지 조건들을 제시한다. 맥두걸은 '그 중 첫 번째 조건은 그 밖의 모든 조건들의 기반이 되는 것으로서, 집단은 존재의 연속성을 어느 정도 가지고 있어야 한다는 것이다.'라고 말한다(1920, p.49). 나는 이 구절을 읽고, 맥두걸이 조직화 집단을 이야기할 때 그는 내가 작업 집단이라 일컬은 것을 묘사하고 있는 것이라는 확신이 들었다. 메이어 포르테스 Meyer Fortes (1949)* 는 사회구조에 관한 래드클리프 브라운Radcliffe Brown 의 견해, 특히 '실제 존재하는 구체적

* 메이어 포르테스(Fortes, Meyer : 1906-1983) : 남아프리카 태생의 인류학자. 아프리카 가나의 아샨티 족 연구로 명성을 얻었다. 현대의 정치인류학은 그가 공동 편집한 <아프리카의 정치체제>에서 시작되었다고 평가받는다. 정치 제도의 과학적 연구를 강조하면서, 과거의 학자들이 보였던 추측에 근거한 역사적 재구성을 거부하고, 귀납적이고 비교학적인 연구 방식을 사용했다.

인 현실로서의 구조'와 '구조적 형태' 사이의 구분에 대해 논평하면서, 이러한 구분은 시간을 통해 이어지는 사회구조의 연속성과 관계가 있다고 말한다. 내 관점에서 보면 시간을 통해 이어지는 사회구조의 연속성이라는 것은 작업 집단이 수행하는 하나의 기능이다. 메이어 포르테스는 사회구조에서 나타나는 시간적 요소는 그 발생률 면에서 결코 균일한 것이 아니라고 언급한 후, 모든 공동 집단은 정의상 연속성을 가지고 있어야 한다고 덧붙인다. 조직화 집단과 비조직화 집단을 나누는 맥두걸의 구분이 그러했듯이, 시간적 요소의 발생률이라고 하는 것도 내가 보기에는 두 종류의 상이한 집단들, 즉 개인들의 집합이라는 의미에서 서로 다른 두 집단에 관한 이야기라기보다는, 하나의 동일한 집단에 공존하는 두 가지 다른 정신 활동에 관한 이야기인 것 같다. 시간이라는 것은 작업 집단의 활동 자체에 내재하는 것인 반면, 기본가정 활동에서는 전혀 고려 대상이 되지 못하는 것이다. 기본가정 집단의 기능은 집단이 한 방에 함께 모이기 전부터 이미 활동하고 있었으며, 집단이 해산한 뒤에도 여전히 계속된다. 기본가정의 기능은 성장이나 쇠퇴와는 아무런 관련이 없으며, 이 점에서 작업 집단의 기능과는 전적인 차이를 보인다. 따라서 예상할 수 있는 것처럼, 두 종류의 다른 정신 기능이 하나의 집단 안에서 동시에 작동할 수 있다는 사실을 깨닫지 못하는 이상, 집단의 시간적 연속성이라는 것을 관찰하려고 해도 기이하고 모순적인 결과만을 얻게 될 뿐이다. '집단은 언제 다시 모이게 되지요?'라고 묻는 남자는, 그가 정신 현상들에 관해 이야기하고 있는 한, 작업 집단을 언급하고 있는 것이다. 기본가정 집단은 해산하지도 모이지도 않으며, 그 안에서 시간에 대해 언급한다는 것 자체가 무의미한 일이다. 나는 지적인 사람들로 이루어진 집단 하나를 알고 있는데, 이들은 회기의 시간을 정확하게 알고 있었음에도 불구하고 회기가 끝났다는 이유로 분노를 표현했으며, 작업 집단의 심리에서였다면 의혹꺼리가 되지 못했을 만한 사실을 제대로 파악하지 못한 상태에서 한참 동안이나 벗어날 수 없었다. 따라서 기본가정 집단에서는, 흔히들 조급함이라고 부르는 감정이 실은 기본가정 심리가 전혀 알지 못하는 하나의 차원과 본디 혼합되어 있는 현상들로 인해 나타나는 불안을 표현하는 것이라고 생각해야 한다. 이는 마치 맹인으로 하여금 빛의 성질들을 잘 알고 있는 사람들만이 이해할 수 있는 현상들을 깨닫도록 하려는 것과 같다.

나는 집단의 정신생활을 높은 수준으로 끌어올리기 위해 제시한 맥두걸의 원칙들이 기본가정 집단에 의해 작업 집단이 방해를 받는 일이 없도록 하기 위한 시도의 표현이라고 말하고 싶다. 그는 그 두 번째 조건으로 개인이 작업 집단의 목적에 대해 명확한 시각을 가져야 할 필요성을 강조한다. 그가 제시하는 네 번째 조건은 일체의 전통과 관습, 습관이 필요하다는 것인데, 이것은 집단 구성원들의 마음속에서 그들이 다른 구성원들과, 그리고 전체로서의 집단과 맺는 관계를 결정할 것이다. 이는 집단의 조화는 개인이 담당하는 역할과 그가 자신의 소임에 얼마나 충실한가에 기초하고 있다는 플라톤의 견해와 흡사하다. 하지만 그것은 <신국론> 제19권에서 동료들과 올바른 관계를 맺기 위해서는 먼저 하느님과의 올바른 관계를 정립해야 한다고 말한 성 아우구스티누스의 견해와도 유사한 면이 있다. 이것은 맥두걸이 조직화 집단을 서술하면서 일차적으로 관심을 두고 있는 것은 작업집단 현상들이라고 말한 나의 언급과 모순되어 보일 수도 있다. 두 저자의 차이점은 다음과 같은 것일 수 있다. 맥두걸은 외부 현실과 접촉을 유지할 수 있는 작업 집단의 역량을 강화시킴으로써 기본가정에 대처해야 한다는 데 중점을 두고 있는 반면, 성 아우구스티누스는 기본가정과-특히 의존의 기본가정과-접촉을 유지하기 위해 특정한 기능을 수행하는 특화된 작업 집단을 만들어내는 기술에 대해 설명하고 있는 것이다. 성 아우구스티누스의 주된 관심은 로마가 알라리크의 습격에 무력하게 당할 수밖에 없었던 것은 기독교가 도덕적으로 타락한 나머지 그 빌미를 제공했기 때문이라는 비난으로부터 기독교를 변호하는 데 있었다는 사실을 기억할 필요가 있다. 달리 말하면, 하나의 체계 혹은 집단이 기본가정을 과거의 비기독교 선조들보다 효과적이지 못한 방식으로 다루어온 것이 아니냐는 의심이 생기기 시작했지만, 성 아우구스티누스는 이러한 의심에 대해 불편하게 생각하면서 인정하려 하지 않았던 것이다. 이는 대중과 집단을 이끌어나가는 것을 목표로 삼고 있는 이들에게는 낯설지 않은 종류의 곤경이다. 기본가정을 자극시킨 후 그것을 원하는 방향으로 다루는 일은, 그에 대한 적절한 지식이나 인식 없이 진행할 경우, 어느 정도는 항상 그렇게 되는 경향이 있기는 하지만, 뜻밖의 결과로 이어지거나 때로는 위험한 상황을 초래할 수도 있다.

이제 나는 집단에서 개인이 경험하는 감정은 유난히 격렬해지는 반면, 개인의 지적 능력은 뚜렷이 약화된다는 내용을 골자로 하는 프로이트의 일부 논의에 대해 고찰해보려 한다. 이 문제에 대해서는 나중에 개인 쪽의 관점에서 집단을 고찰하면서 다시 언급할 기회가 있겠지만, 당분간은 프로이트가 했던 것처럼(1921, p.33), 그것을 하나의 집단 현상으로서 접근하고자 한다. 내가 연구했던 집단들에서는 내가 리더로서 집단의 활동을 주도적으로 조직하는 역할을 하리라는 기대가 자연스러운 것이었다. 내게 부여된 이와 같은 지위를 이용하여 내가 집단 역동을 밝혀보려는 방향으로 집단을 이끌어가려 했을 때, 집단에서 나타난 '조직화'는 맥두걸이 말하는 조직화의 목적과는 상관없는 쪽으로 나아가곤 했다. 맥두걸이 말한 의미에서의 '조직화' 집단을 향한 욕망은 좌절되었다. 기본가정을 구조와 조직을 통해 만족스럽게 다룰 수 없는 경우 그것은 두려운 것이 되고, 이러한 두려움은 집단 스스로가 감정을 억누르는 것으로 나타난다. 감정이라는 것은 기본가정에서 본질적인 부분을 차지하고 있는 것이기에 둘 사이에서 긴장이 발생하는데, 이러한 긴장이 개인에게는 감정이 격렬해지는 것처럼 느껴지는 것이다. 한편, 구조가 마련되어 있지 않으면 기본가정 집단이 등장하기가 쉬워지고, 기본가정 집단에서는, 내가 이미 말했던 것처럼, 지적 활동이라는 것이 극히 제한되는 까닭에, 개인은 기본가정 집단에 참여함으로써 따라야 하는 행동에 스스로를 맞추는 과정에서 마치 지적 능력이 줄어들고 있는 것 같다는 느낌을 받는다. 이러한 일이 실제로 일어나고 있다는 믿음은, 기본가정과 합치하지 않는 일체의 지적 활동을 무시하는 경향이 개인에게 있기 때문에 더욱 강화된다. 사실 나는 집단 속에 있다고 해서 지적 능력이 줄어들게 된다고는 결코 생각하지 않으며, '사고의 영역에서 이루어지는 위대한 결정과 기념비적인 발견, 문제의 해결은 오로지 고독 속에서 작업하는 개인에게만 가능한 것이다'(McDougall, 1920)라는 주장에도 동의하지 않는다. 비록 이와 같은 믿음이 집단 논의 시간에 흔하게 표현되고, 집단에서 경험하는 감정들로 인해 나타날 수 있는 해로운 영향을 피하기 위한 온갖 방책들이 열심히 만들어지곤 하지만 말이다. 내가 해석을 하는 것은 집단에서도 높은 수준의 지적 활동이 이루어질 수 있으며, 기본가정 집단의 감정들을 피하지 않고 자각하는 것 역시 가능하다고 믿기 때문이다. 집단 치료가 정말 해볼 만한 가치가 있는 일이라면, 그 가치는 이와 같은 종류의 집단 활동을 의식적으로 경험하는 것에 있다고 믿는다.

프로이트는 이어지는 논의에서 '암시', '모방', '리더의 명망', '전염'과 같은 다양한 명칭으로 나타나는 어떤 현상에 대해 언급한다. 나는 '결합가'라는 말을 사용했는데, 이는 내가 열거한 용어들에 이미 부착되어 있는 의미들로부터 자유로워지고 싶었기 때문이기도 하고, 화학에서 원자의 결합력을 지칭하는 데 쓰이는 '결합가'라는 용어가 내가 하려는 말의 의도를 가장 잘 살려주는 비유적 의미를 함축하고 있기 때문이기도 하다.

나는 이 용어를 통해 개인이 다른 개인들과 정해진 행동 패턴, 즉 기본가정에 따라 즉각적인 결합을 이루는 힘을 나타내려고 했다. 나는 나중에 개인의 영향력과 관련한 정신분석적 시각을 다루면서, 이 용어에 부여하고자 했던 의미를 더욱 자세하게 고찰하게 될 것이다.

나는 프로이트의 논의를 상세히 따라가는 대신, 프로이트가 자신의 정신신경증 연구(Freud, 1921)로부터 가져온 '리비도'라는 용어를 그가 어떻게 사용하고 있는지에 대해서 이야기를 해보도록 하겠다. 그는 정신분석을 통해 집단에 접근하는 길을 택했고, 정신분석은, 내 집단 경험에 비추어 보면, 짝짓기의 기본가정을 자극할 가능성이 높은 일종의 작업 집단이라고 간주할 수 있다. 따라서 그 자체가 짝짓기 집단의 일부인 정신분석적 탐구는 성적인 내용을 중심적인 것으로 드러내기 쉽다. 게다가 정신분석은 그 자체가 성적인 활동이라고 공격받기 십상인 것이, 짝짓기 집단에 관한 나의 견해에 따르자면, 집단은 두 사람이 한 자리에 모이는 것을 오로지 성적인 목적 때문이라고 가정하기 때문이다. 따라서 프로이트가 집단에서 개인들이 이루는 결합의 본성을 리비도적이라 생각하게 된 것도 무리는 아니다. 하지만 개인들 간의 결합에 존재하는 리비도적 요소는 짝짓기 집단의 특징이며, 의존 집단과 싸움-도주 집단에서는 그것이 다른 양상으로 나타난다고 생각한다. 프로이트는 교회의 최고사령관을 그리스도라고 묘사하고 있지만, 나는 교회의 최고사령관은 하느님이라고 말하고 싶다. 그리스도, 혹은 메시아는 의존 집단의 리더가 아니라 짝짓기 집단의 리더이다. 정신분석을 짝짓기 집단의 일부로 간주한다면, 메시아 혹은 메시아적 사상은 정신분석에서 하나의 중심적인 위치를 차지하며, 개인 간의 결합은 리비도적인 것이 된다. 메시아적 사상은 개별 환자는 분석가의 사려깊은 헌신을 받을 만한 가치가 있다는 가정에서 그 모습을 드러내며, 정신분석적 작업의 결과로 마침내 인류를 구원해 줄 기법이 완성될 것이라 공공연하게 표현되곤 하는 견해에서 드러나기도 한다. 요약하면, 나는 프로이트가 리비도라는 용어를 사용하는 것은 단지 하나의 상태와 관련해서만 옳다고 생각하며, 비록 그 상태가 중요한 것이라고 할지라도, 기본가정 수준 모두를 아울러서 설명할 수 있는 좀더 중립적인 용어가 필요하다고 느낀다. 내가 본성 상 수준이 높다고 여기는 작업 집단에서 이루어지는 결합은 협력이라는 단어로 그 공통적 특징을 보다 적절하게 설명할 수 있다.

프로이트는 리더는 집단이 의지하는 인물이며 리더의 자질은 그의 성격으로부터 나오는 것이라고 설명했는데, 내가 보기에 프로이트는 이러한 개념을 자아의 내사 과정과 밀접하게 연결되어 있는 동일시에 관한 자신의 견해로부터 도출하고 있는 것 같다. 나는 리더라는 존재는 집단의 구성원들이 만들어내는 것이기도 하지만 기본가정에 의해 만들어지는 것이라고도 생각하는데, 이는 개인이 리더와 동일시하는 일이 비단 내사뿐만 아니라 그와 동시에 이루어지는 투사적 동일시(Melanie Klein, 1946)에 의해서도 일어난다는 점을 마음속에 그려보면 이해가 되리라고 생각한다. 기본가정의 수준에 있는 리더는 그가 어떤 사상을 광신적으로 신봉하고 있는 덕분에 집단을 만들어내는 것이라기보다는, 그가 지닌 성격이 기본가정 집단이 요구하는 리더의 면모에 맞추기 위해 자신의 개별성을 지워버리는 일을 유난히 쉽게 해낼 수 있도록 만드는 까닭에 리더가 되는 것이다. '개인의 고유성 상실'은 집단의 다른 구성원들 만큼이나 리더에게도 해당하는 말이다 – 이를 통해 지도자라는 인물들에서 공통으로 나타나는 가식적인 태도를 일부 설명할 수 있을지도 모른다. 예컨대 싸움-도주 집단의 리더는 그 특유의 성격을 나타내 보이는데, 이는 리더에게서 오직 싸우거나 도망치는 능력만을 필요로 하는 집단의 요구에 의해 그의 개성이 좌지우지되더라도 그가 큰 불편감 없이 이에 순응하기 때문이다. 자기 자신이 될 수 있는 자유가 없다는 점에 있어서는 리더 역시 집단의 다른 구성원들과 별 차이가 없다. 이러한 주장이 리더는 강력하고 당당한 의지를 지녀야 한다는 르 봉의 생각이나 최면술사와 같은 자질이 있어야 한다는 프로이트의 생각과 사뭇 다르다는 점은 어렵지 않게 알 수 있을 것이다. 리더가 지닌 권력은 그가, 집단의 모든 구성원들과 마찬가지로, 르 봉이 묘사했던 '더 이상 자신의 의지와 상관없이 돌아가는 일종의 자동기계장치'가 되어 버렸다는 사실로부터 나온다. 요약하면, 그는 집단의 다른 구성원들 모두와 즉각적이고 의지와 무관하게 – 어쩌면 자발적으로 – 결합할 수 있는 능력 덕택에 리더인 것이며, 그가 작업 집단에서 수행하는 역할이 무엇이든지 간에, 단지 기본가정 집단의 리더 역할을 체현하고 있다는 점 말고는 다른 구성원들과 별다른 차이가 없다.

프로이트의 견해에는 리더십이라는 현상에 존재하는 위험한 가능성들이 명시적으로 드러나지 않는 것 같다. 프로이트가 리더를 바라보는 시각, 그리고 내가 알고 있는 다른 모든 저자들의 시각은 실제 집단에서 리더십이 어떻게 나타나는지에 대한 나의 경험과 쉽게 부합하지 않는다. 작업 집단의 리더는 적어도 외부 현실과의 접촉을 유지하고 있다는 점에서 긍정적인 측면이 있지만, 기본가정 집단의 리더는 그러한 자질조차 필요로 하지 않는다. 리더에 대해 흔히 이루어지는 묘사를 보면, 다양한 집단 현상들, 특히 작업 집단의 리더에 주로 해당하는 특징들을 이것저것 뒤섞어놓은 듯하다. 내가 제시한 이유들로 인해, 작업 집단의 리더는 집단에 영향을 미치지 못함으로 해서 해를 끼치지 않는 존재이거나, 혹은 현실을 단단히 붙들고 있음으로 해서 권위를 인정받는 존재이다. 따라서 대체로 작업집단 리더의 자질을 설명하는 시각들로 채색되어 있는 리더십 관련 논의들은 지나치게 낙관적인 전망들로 물들기 쉽다. 내가 보는 관점에서도 기본가정 집단의 리더가 작업 집단의 리더와 유사한 면모를 지니고 있을 가능성을 완전히 배제하는 것은 아니지만, 집단에서 열광적인 충성을 이끌어내고 있는 것이 분명하면서도, 기본가정 집단이 요구하는 종류 이외의 현실에 대해서는 전혀 접촉하지 않으려고 하는 리더도 존재한다는 사실을 함께 말하고 싶은 것이다. 이것이 의미하는 바가, 개성이 소멸된 자동기계장치, 즉 '자신의 고유성을 잃어버린 개인'이 되는 것을 리더에 필요한 자질이라며 가지고 있는, 그러면서도 단지 기본가정 집단의 감정들로 온통 뒤덮여 있다는 이유로 그 모든 명성을 얻고 있고, 이를 작업집단 리더가 지닌 특권이라고 믿고 싶어하는 인물이 집단을 이끌 수도 있다는 것이라는 점을 깨닫는다면, 한창 고조되었던 감정들이 사그라듦에 따라, 그의 자격요건이라는 것도 전혀 실체 없는 것이 되고 마는 지도자들에게 집단을 맡기면서 도래했던 재앙들을 얼마간 설명할 수 있게 될 것이다.

프로이트는 공황에 대한 연구가 가장 잘 수행될 수 있는 집단은 군대라고 말한다(1921, p.45). 나는 군대에서 공황이 발생하는 것을 지금껏 두 차례 경험했는데, 민간인들로 이루어진 소규모 집단에서 있었던 정서적 경험들 역시 공황이라는 이름으로 불러야 마땅할 내 군대 경험과 별반 차이가 없다는 생각이 들었던 적이 여러 번 있었다. 나는 프로이트가 내가 경험했던 것과 같은 현상에 대해 논의하고 있다고 생각한다. 내 경험들이 프로이트의 이론과 모든 면에서 맞아떨어지는 것 같지는 않지만 말이다. 맥두걸은 공황에 관한 그의 서술에서 본질적인 면에서는 내가 했던 것들과 크게 다를 바 없는 경험을 언급하고 있는데, 나에게 이런 확신이 들었던 것은, 그가 '주요 감정들은 군중들 속으로 퍼질 때 서로 무척이나 비슷한 양상을 보이지만, 두려움이라는 감정만큼은 예외적으로 매우 신속하고 강렬하게 번져나간다'(McDougall, 1920, p.24)고 서술한 다음, 각주를 통해 그가 보르네오 섬에서 목격했던, 분노가 한 무리의 군중 사이로 거의 즉각적이라 할 만큼 빠르게 번져나갔던 사례(ibid, p.26)에 대해 묘사하는 것을 읽었을 때였다. 이처럼 맥두걸은, 비록 명시적으로 언급하지는 않았지만,

분노와 두려움을 매우 가까운 것으로 연결지어 생각했으며, 그런 점에서 공황을 싸움-도주 집단이 보이는 하나의 측면으로 생각하는 나의 견해를 뒷받침한다. 공황과 도주, 통제할 수 없는 공격은 사실상 서로 동일하다는 것이 내 주장이다. 나는 프로이트가 인용했던 네스트로이* 의 패러디극 (1921, p.49)을 실제로 잘 알지는 못하지만, 인용된 줄거리만 가지고 보면 그것이 공황의 전형을 보여주는 이야기라는 점에는 동의할 수 있을 것 같다. 하지만 나는 이렇게 말하고 싶다. 전투에서 벗어날 수 있는 확실한 방법으로는 죽음만한 것이 없다고. 장군이 죽고 난 뒤 병사들이 공황 상태에 빠져 달아나는 이야기만 하더라도, 여기서 싸움-도주의 리더에게 끝까지 충성을 바친다는 것과 모순되는 점이라곤 아무것도 없다. 사람들은 리더가 죽은 다음에도 그를 따른다. 그의 죽음 역시 리더다운 행위인 까닭에.

어떤 상황에서 공황이 발생했다는 것은 그 상황이 그만큼 분노가 일어나기 쉬운 상황이었다는 뜻이다. 분노나 두려움은 쉽게 해소할 수 있는 배출구가 마련되어 있지 않다. 따라서 좌절이 불가피하게 나타날 수밖에 없는데, 집단은 이 좌절을 견딜 수 없다. 왜냐하면 좌절을 견디기 위해서는 시간의 흐름을 인식할 수 있어야 하지만, 시간이라는 것은 기본가정 현상에 속한 차원이 아니기 때문이다. 도주는 싸움-도주 집단에서 나타나는 감정을 신속하게 표현할 수 있는 기회를 제공하기에 즉각적인 만족에 대한 요구를 충족시킨다—집단은 그래서 도주한다. 도주가 여의치 않은 경우라면, 공격이 그와 유사한 즉각적인 탈출구를 제공한다—이런 경우 집단은 싸울 것이다. 싸움-도주 집단은 즉각적인 도주나 공격 명령을 내릴 수 있는 권한을 가진 인물이면 누구든 리더로 따를 것이다(지금까지 나온

---

* 네스트로이(Nestroy, Johann Nepomuk : 1802-1862) : 오스트리아의 극작가이자 배우. 타고난 언어 감각으로 당시 사회를 사실적으로 풍자하였으며, 비엔나의 부르주아지 계급의 가면을 벗겨내었다는 평가를 받는다. 바그너의 <탄호이저>를 비롯하여 다른 거장들의 악극을 능숙하게 패러디한 것으로 유명하다.

견해들과는 달리, 집단은 이러한 면에서는 일관성을 잃지 않는다). 집단의 개인이 싸움-도주 집단의 리더가 가진 한계에 순응하면서 뜻을 함께 하고 있다면, 집단이 황급하게 달아나다가 돌연 공격 태세로 돌아서거나, 저돌적으로 공격하다가 갑작스런 공황을 경험하게 된다 하여도 별다른 어려움을 느끼지 않을 것이다.

공황, 또는 내가 그와 상호 교환가능한 감정으로 생각하는 분노를 자극시키는 사건은, 언제나 해당 집단의 작업집단 기능에 속하지 않은 곳에서 일어난다. 다시 말해, 집단의 조직화 정도는, (내가 작업집단 기능의 한 부분이라고 말했던) 조직화에 진전이 일어나서 공황을 발생시킨 특정한 외부 사건에 대처할 수 있을 정도가 되지 않는 이상, 공황에 영향을 미치는 요소가 되지 못한다. 극장이나 무도회장에서 일어난 화재를 묘사한 프로이트의 사례를 보면(1921, p.47), 작업 집단은 공연을 관람하는 데 정신이 팔려 있을 뿐 화재가 났다는 사실을 직시하려 하지 않으며, 불을 끄려는 생각은 더더욱 하지 않는다. 조직화와 관련하여 핵심적인 부분은 조직화가 집단이 겉으로 표명한 목적에 적합한 것이어야 하며, 동시에 그 목적을 추구하는 과정에서 떠오르기 마련인 기본가정을 적절히 관리할 수 있는 역할도 해야 한다는 것이다. 군대에서 공황은 군사적 위험에 의해 일어나지 않는다. 군대가 지닌 속성 상 군사적 위험이 존재할 가능성은 상당하지만 말이다. 공격이나 도주를 작업 집단이 표현하는 일이 적법한 상황에서는 공황이 발생할 가능성이 높지 않다. 만일 그런 상황에서 공황이 발생하는 것처럼 보인다면, 그것은 공황을 야기한 실제 원인이 아직 드러나지 않았기 때문이다.

프로이트가 전개한 이론과 내가 여기서 개략적으로 설명한 이론 사이에는 분명한 간극이 존재한다. 그간 발견한 일련의 심리 기제들을 표현하기 위해 내가 의도적으로 새로운 용어들을 사용했기 때문에, 그 간극은 실제보다 더욱 커 보일 수도 있다. 이것을 제대로 평가하기 위해서는 집단을 개인 쪽의 관점에서 다시 바라볼 필요가 있을 것이다. 하지만 그러기에 앞서, 나는 프로이트가 집단을 부분대상들의 관계가 반복되는 것으로 바라보고 있다고 말하면서 논의를 정리하려고 한다. 따라서 프로이트가 바라보는 집단은 신경증적 행동 양상에 가까운 모습을 띠게 되는 반면, 내가 바라보는 집단은 정신증적 행동 양상과 유사한 모습을 지니게 되는 것이다.

건강한 사회나 집단은 프로이트가 묘사한 것처럼 가족 집단과 유사한 모습을 보인다. 개인의 경우와 마찬가지로, 심리적인 문제가 심각한 집단일수록 가족에서 보이는 양상이나 신경증적 행동에 기초하여 이해하기가 어려워진다.

이는 내가 지금껏 서술했던 내용을 병적인 집단들에만 적용할 수 있다고 생각한다는 뜻은 아니다. 그와는 반대로, 나는 어떤 집단에서건 간에 이와 같은 정신증적 양상들이 낱낱이 밝혀지지 않은 채로 진정한 치료가 이루어질 수 있는 것인지 매우 의심스럽다. 정신증적 양상들이 일찍부터 나타나는 집단들도 있고, 상당한 작업을 거친 뒤에야 비로소 드러나기 시작하는 집단들도 있다. 후자의 집단은 정신분석을 여러 달 진행하고 보니 분석이 시작되기 전에 생각했던 것보다 훨씬 심각한 심리적 문제를 가지고 있다는 사실을 알게 된 환자의 경우와 비슷하다.

치료를 받고자 집단에 참여한 개인은 자신을 치유로 인도해 줄 어떤 경험들을 하게 될 것이라고 믿을 권리가 있다. 하지만 환자들은 거의 예외 없이 – 간혹 예외가 있다면 실제보다 더욱 뚜렷한 것으로 보일 것이다 – 집단이 아무런 소용이 없으며, 자신들을 치료하지 못할 것이라고 확신한다. 내가 일원으로 참여하고 있는 집단에서 실제 접하게 되는 것들은 이러한 불안을 달래주는 무엇인가가 아니라, 그들이 집단에 대해 느끼는 모호하고 표현하기 힘든 의심과 분노가, 대체로는 그들이 호소하는 어려움에 대해 집단이 지나치게 현실적이기만 한 태도를 보이는 데서 비롯한다는 등의 사실을 상세하고 애를 써서 밝혀내는 일이라는 것을 깨닫고 환자들은 일종의 충격을 경험한다. 환자들이 의혹을 느끼는 것도 무리는 아니다. 이러한 의혹의 한 쪽 끝에는, 집단이 환자들을 진정 완벽한 무관심으로 대하고 있거나, 더 나쁘게는 환자들을 미워하고 있는 것 같다고 느끼게 만드는 경험들이 그 근거를 제공하고 있다. 예를 하나 들어보기로 하자. 나를 포함해 일곱 명으로 이루어진 집단에서 한 여성이 이야기를 하고 있었다. 그녀는 음식과 관련한 어려움을 토로하면서, 자신은 식당에서 밥을 먹을 때면 질식하게 될까 봐 두려움을 느끼는데, 이 때문에 얼마 전 어떤 매력적인 여자와 함께 식사를 하면서 무척 당황스러웠다고 말했다. "저는 그런 걸 느껴본 적이 없습니다." 이야기를 듣고 있던 A씨가 이렇게 말하자, 다른 한두 명이 웅얼거리는 소리를 내며 자신들도 A씨와 같은 의견이라는 듯한 시늉을 했다. 그들이 같은 의견이라는 듯한 시늉을 한 것인지, 정말로 같은 의견이라고 말한 것인지는 잘 모르겠지만, 무엇이 되었든 별 상관이 없었던 것이, 왜냐하면 이 집단은 이제 은근히 교활해진 나머지 필요에 따라 자신들은 '아무 소리도 한 적 없다'고 잡아떼면 그만이었기 때문이다. 나머지 사람들은 이 문제에 대해 아무런 흥미가 없거나 자기들과는 상관없는 일이라는 듯한 표정이었다. 정신분석 상황에서 어떤 환자가 이 여성이 말했던 것과 같은 내용을 이야기했다면, 분석가는 분명 환자의 상태에 따라 다양한 해석들을 별다른 어려움 없이 떠올렸을 것이다. 나는 두 사람 관계를 탐구하는 수년간의 정신분석적 경험에 바탕을 둔 이러한 해석들을 집단에 똑같이 적용하는 일이 과연 타당한 것인지 의문이 든다. 만일 그것이 타당하지 않다면, 우리는 무엇을 정신분석 상황으로 볼 것인가에 관한 기존의 생각들을 수정해야만 한다. 당시 내가 실제로 했던 해석들은 거의 대부분 다음과 같은 사실을 지적하는 데 할애된 것이었다. 집단을 믿고 이야기를 꺼낸 여자에게 사람들이 보인 반응에는, 그녀가 호소하는 어려움이, 그것이 무엇이었든 간에, 자신들에게 해당되는 것일 수도 있다는 사실을 부인하고 싶어하는 집단의 불안이 담겨 있었고, 더 나아가서는 그와 같은 사실을 부인함으로써 자신들이 여자보다 우월하다고 느끼고 싶어하는 바람이 숨어 있었다. 그리고 여자가 내보인 솔직함에 집단이 이런 식으로 반응을 하다 보니, 이제는 나머지 사람들 역시 어떤 부분에 대해서는 개인적으로 이야기를 꺼내기가 매우 어렵게 되었는데, 그것을 솔직하게 터놓고 말했다가는 스스로가 열등하다는 것을 시인하는 꼴이 되어버리기 때문이었다. 요약하면, 환자는 자신의 어려움에 대해 도움을 얻고자 집단까지 일부러 찾아온 것임에도 불구하고, 그녀가 정작 얻은 것이라곤 더욱 심해진 열등감과 외로움, 가치없는 존재라는 느낌뿐인 것 같다는 사실을 그리 어렵지 않게 보여줄 수 있었다.

한편, 이러한 상황은 정신분석에서 분석가가 환자의 무의식적인 두려움과 불안을 성공적으로 밝혀내는 것과는 상당한 차이가 있다. 이 사례에서 나는 '매력적인 여성'과 함께 밥을 먹으면서 환자가 느꼈다는 불안이 어떤 의미를 가지는가에 대해서는 어떠한 해석도 하지 않았다. 내가 했던 일련의 해석들은, 만일 그게 성공적인 것이었다면, 환자가 경험하고 있는 불쾌한 감정들이, 투사적 동일시의 기제를 거리낌없이 사용하고 있는 집단에서 그녀가 투사를 받는 대상이 되었다는 것과 관련되어 있음을 명료화하기 위한 것이었다. 나는 그녀를 당황하게 만들고 있는 것이 이 집단 회기가 주는 '식사'라고 설명할 수도 있었을 것이고, 또 어느 정도는 당시 내가 집단 전체를 두고 했던 해석 속에 이와 같은 내용이 들어있기도 했을 것이다. 하지만 분석적 관점에서 보자면, 이 여자 환자는 나로부터 만족스러운 해석을 받지 못하고 있었고, 환자가 불쾌한 경험을 겪고 있었던 것도 그녀가 가지고 있는 심리적 문제 때문이 아니라, 집단 치료라는 것이 본래

잘못된 치료이기 때문이라고 말하는 편이 더 온당할 것 같기도 하다. 하지만 또 다른 가능성이 존재하는데, 그것은 다음과 같다. 이 여성이 말하고 있었을 때, 나에게는 그녀가 한 명의 정신신경증 환자에 불과하다고 생각할 만한 아무런 근거도 없었고 지금도 그렇게 생각하고 있지 않지만, 그녀가 자신을 표현하는 전반적인 태도를 보았을 때 내 마음속에는 그녀가 솔직하고 일관된 방식으로 무의식을 표현하고 있다는 생각이 강하게 들었으며, 이는 정신증 환자들이 합리적인 의사소통을 시도하는 와중에 드러나는 혼란스런 모습과는 대비되는 것이었다. 만일 이 환자가 나에게 분석을 받는 도중에 집단에서 했던 식으로 이야기를 했다면, 나는 그 억양이나 태도를 보고서 의심의 여지 없이 신경증적 문제와 관련한 해석을 하게 되었을 것이라고 말하면 요점이 보다 분명해질 것 같다. 반면, 집단에서는 똑같은 억양과 태도를 접하면서도, 그것을 정신증 환자들이 보이는 표현에 가깝다고 생각하는 편이 그녀의 행동에 대한 더욱 정확한 평가인 것 같다는 느낌이 들었다. 이런 관점에서 바라보면, 그녀가 느끼기에는 집단이라고 불리는 하나의 대상이 있고, 이 대상은 그녀의 먹는 행위로 인해 여러 조각들(집단의 개별 구성원들)로 분열되어 버렸으며, 이런 일들이 벌어졌다는 믿음으로 인해 죄책감이 심해지면서, 투사적 동일시를 받는 대상이 됨으로써 불쾌한 감정들을 경험하게 된 것이 자신의 잘못된 행동 탓인 것처럼 보였을 거라고 말할 수 있을 것이다. 이러한 죄책감으로 인해, 그녀가 경험하고 있는 감정 중에서 집단의 다른 구성원들이 불러일으킨 부분이 무엇인지를 이해하는 일은 다시금 더욱 어려워지게 되었던 것이다.

지금껏 나는 '집단의 나쁨'이라는 것을, 치료를 받으려고 노력하는 환자를 집단이 괴롭히는 것처럼 설명해 왔다. 지금부터는 멜라니 클라인이 묘사한 분열과 투사의 기제(1946)를 사용하면서 '치유'를 얻어내려 애쓰는 집단 구성원들 쪽의 관점에서 이 문제를 바라보도록 하자. 사람들은 여자 환자가 호소하는 모든 어려움들을 자신들의 마음속에서 없애버렸을 뿐만 아니라, 만일 이러한 기제가 효과를 발휘했다면, 이 여성에 대한 모든 책임감까지도 지워버려야 할 필요를 느끼기도 했다. 그들은 자신들의 인격에서 선한 부분들을 분열의 기제를 통해 떼어내어, 그것을 분석가에게 옮겨놓음으로써 이러한 일들을 실행에 옮겼다. 개인들이 집단에서 받고 있다는 '치료'가 이런 것이라면, 이는 한편으로는 프로이트가 말한 '개인의 고유성을 잃어버리는 것'에 가깝거나, 다른 한편으로는 정신증 환자들이 경험하는 자아감 상실과 유사한 심리 상태에 이르는 일이 될 것이다. 이 때 집단은 내가 의존의 기본가정이 지배하고 있다고 서술했던 상태에 놓여 있다.

이 집단에서 뒤이어 일어난 일들에 대해서는 더 이상 설명하지 않으려 하지만, 모든 종류의 집단 상황에서 무척이나 흔하게 관찰되는 특이한 행동 양상 하나는 짚고 넘어가고 싶다. 이후에 나타난 의사소통은 짤막한 감탄사들, 늘어지는 침묵, 지겹다는 듯한 한숨, 불편함을 드러내는 몸짓 같은 것들로 이루어져 있었다. 집단에서 일어나는 이와 같은 상황에 우리는 면밀한 주의를 기울여야 한다. 집단은 이러한 대화, 혹은 침묵의 상태가 끝도 없이 이어지는 시간들을 견딜 수 있는 능력이 있는 것만 같다. 반대 의견이 있을 수도 있겠지만, 이렇게 단조로움을 견디는 것이 그것을 끝내기 위해 행동을 취하는 것보다는 덜 해로워 보이기는 한다. 내가 집단 행동의 이러한 국면에 중요한 의미를 부여하는 이유를 여기서 모두 설명할 수는 없다. 지금은 그것이 앞서 언급한 분열 및 자아감 상실과 밀접하게 연결되어 있다고 말하는 것으로 만족하려 한다. 그리고 이 국면이 우울한 느낌과 모종의 관계를 가지고 있다면, 그것은 아마도 편집-분열 자리를 고수함으로써 우울 자리로 이행하는 것을 막는 것과 매우 유사한 모습을 띨 것이라 믿는다(Klein, 1946).

언어적 의사소통

이 상태에서는 어떤 해석들이 주어진다 하더라도 무시되기 마련이다. 해석이 이처럼 무시되는 일은, 정신분석에서와 마찬가지로, 실제보다 더욱 두드러져 보일 수 있다. 그것은 해석이 잘못된 것이라서 효과가 없는 것일 수도 있지만, 기본가정이 너무 지배적인 나머지 기본가정의 테두리 안에 포함되지 않는 단서들이 모조리 무시되기 때문일 수도 있다. 그러나 이러한 가능성들을 모두 고려한다고 하더라도, 아직 설명되지 않은 한 가지가 남아 있다. 나는 언어적 소통이 작업 집단의 기능이라는 결론에 이르게 되었다. 집단이 기본가정 집단에 부합할수록 언어적 의사소통을 합리적으로 사용하는 일은 줄어들게 된다. 말이라는 것은 소리로 의사를 전달하는 매개 역할을 한다. 멜라니 클라인은 개인의 발달에서 상징형성symbol formation이 차지하는 중요성을 강조했는데(1930), 상징형성 능력의 손상을 다루는 그녀의 논의는 내가 묘사하고 있는 집단의 상태와도 관련이 있어 보인다. 작업 집단은 상징들을 어떻게 사용해야 하는지 이해하고 있는 반면, 기본 집단은 그렇지 못하다. 상징을 사용할 수 있는 능력은 의사소통을 할 때 없어서는 안 될 요소이다. 나는 기본가정 집단의 '언어'는 원시적이라고 말하는 것을 들은 적이 있다. 나는 이 말이 옳지 않다고 생각한다. 내가 보기에 그것은 원시적이기보다는 천박한 것이다. 기본가정 집단은 사유를 위한 수단으로 언어를 개발하는 대신, 이미 존재하는 언어를 하나의 행동 양식mode of action* 으로 사용한다. 이처럼 '단순화된' 의사소통 수단에서는 원시 언어나 초기

* 행동 양식mode of action : 비온은 행동action이라는 용어를 사용하면서 프로이트가 자아의 기능이라고 말했던 주의와 기억, 판단, 사고 등과 대비시키고, 둘 사이의 질적인 차이를 강조한다. 이런 구분은 사고thinking를 다루는 비온의 이후 저술들에서 자주 등장하는 내용이다. 예컨대, 좌절을 감당할 수 없는 환자가 (베타 요소로 표현되는) 불쾌한 정서적 자극을 (알파 요소로) 소화시키지 못하면 이를 투사적 동일시를 통해 외부로 배출시키게 되는데, 이것이 행동의 대표적인 예이다.

언어가 가진 생명력을 전혀 찾아볼 수가 없다. 그러한 단순성은 퇴행적이며 천박하다. 이러한 상황은 집단이 가진 어휘가 사유를 표현하는 데 적합하지 않음을 인식하고서, 논의를 거쳐 집단이 사용하고자 하는 용어들에 대한 합의를 이끌어내려고 시도하는 경우들과 대비된다. 이 경우 우리는 작업 집단의 한 기능으로서 '원시적인' 과학적 방법이 진화하는 것을 보게 되지만, 여기에 천박한 것은 아무 것도 없다고 말할 수 있다. 기본가정 집단의 '언어'에는 상징을 형성하고 사용할 수 있는 능력이 가져다주는 정밀함과 넓은 시야가 없다. 성장에 도움을 주는 이러한 능력을 결여하고 있기에, 보통은 성장을 촉진하기 마련인 자극들도 여기서는 아무런 효력을 발휘하지 못한다. 한편, 집단이 사용하는 이러한 의사소통 수단에, 크로체Croce* 가 미학에 부여했던 보편 언어Universal Linguistic 라는 명칭을 붙여야 한다고 주장하는 사람이 있을 수도 있다. 모든 인간 집단은 문화, 언어, 전통이 아무리 제각각이라 해도, 다른 인간 집단을 기본가정의 수준에서 즉각적으로 이해한다.

지금까지 제시한 이론을 일부 적용하여, 성경에 나오는 바벨탑 이야기[12]를 설명해 보려 한다. 이 이야기를 이루는 여러 요소들을 – 환자가 정신분석에서 자유연상을 하듯이 – 나열해 보면 다음과 같다. 하나의 보편 언어, 신의 자리를 위협하는 것으로 느껴진 집단의 탑쌓기, 보편 언어를 혼란에 빠뜨려 민족을 세계 곳곳으로 흩뜨림으로써 지상으로 내려보내기.

* 크로체(Croce, Benedetto : 1866-1952) : 이탈리아의 철학자이자 역사가로서 반파시스트 지식인들의 의견을 대변하기도 했다. 그는 미학에 관해 서술하면서 감각이나 논리적 사고와 구별되는 직관의 중요성을 강조하였다. 그에게 있어 직관은 곧 표현이자 창조이며 미학과 예술의 본질을 이루는 것인데, 언어 역시 일종의 표현인 까닭에 미학과 언어학은 근본적으로 다르지 않다고 말한다. 비온이 언급하는 크로체의 보편 언어라는 말은 언어의 위와 같은 보편적 성격을 지칭하는 것으로 보인다. 하지만 비온은 이 용어를 크로체의 맥락과는 별개로 기본가정 집단에서 나타나는 '언어'를 비꼬기 위해 사용하고 있다.

12) 창세기 11장 1-9절. 이 이야기는 소위 야훼 법전이라 불리는 것의 일부이며, 따라서 의존의 기본가정이 우세한 집단이 짝짓기 기본가정의 출현으로 위협을 느낄 때 남기는 기록의 한 예로 간주할 수 있다.

이 이야기가 담고 있는 사건은 어떤 종류의 것일까? 나는 내 이론을 사용하여 이 신화가 의존의 기본가정이 우세한 한 집단의 언어 발달을 설명하고 있다고 해석하고 싶다. 새로운 언어가 발달하기 위해서는–프로이트가 언어의 발달을 높은 수준의 정신적 차원에서 이루어지는 집단 활동의 한 예로 들었다는 사실을 기억하자–집단이 그에 걸맞는 성장을 해야 할 필요가 있다. 지고한 신의 위치에 도전하는 건축물인 탑이라는 상징 속에는 이러한 의미가 담겨있다고 생각한다. 탑을 쌓아 하늘에 닿아보겠다는 생각에는 짝짓기 집단의 고유한 특징이라 말했던 메시아적 희망이라는 요소가 들어있다. 하지만 메시아적 희망이 실제로 이루어져 버리면 짝짓기 기본가정의 계율을 위반하는 일이 되기 때문에, 집단은 분열을 통해 흩어지게 되는 것이다.

멜라니 클라인은 상징형성 능력이 없다는 것이 일부 사람들이 보이는 특징이라고 설명했지만(Klein, 1930), 나는 범위를 확장시켜 이러한 특징이 기본가정 집단의 구성원으로 기능하고 있는 모든 개인들에게 보편적으로 나타나는 것이라 말하고 싶다.

요약

집단 역동에 관한 프로이트의 견해는 수정되어야 한다기보다는 보완이 필요한 것 같다. 집단이 보이는 행동을 가족 상황에 대한 반응으로 설명하는 것이 적절한 해석이 되는 경우도 많다. 달리 말해, 가족이 모든 집단의 원형을 이룬다는 프로이트의 생각에도 풍부한 근거가 있다. 내가 이런 근거를 강조하지 않았다면, 그것은 프로이트의 견해가 틀려서가 아니라 그것만으로는 충분치가 않은 것 같기 때문이다. 여기서 비롯하는 기제들에 주의를 기울이는 것만으로 과연 집단 치료를 성공적으로 수행해나갈 수 있는지 의문이다. 나는 더 깊이 나아가고 싶다. 나는 집단 역동에서 중심적인 위치를 차지하는 것은 멜라니 클라인이 편집-분열 자리와 우울 자리의 특징이라고 서술한 좀더 원시적인 기제들이라고 생각한다. 달리 말하면, 내가 느끼기에 그것은, 비록 내 제한된 경험이 이를 엄밀히 증명하는 데까지는 이르지 못하더라도, 가족이 모든 집단의 원형이 된다는 프로이트의 발견만으로 충분히 설명할 수 없는 문제일 뿐만 아니라, 그처럼 불충분한 설명만으로는 집단의 주요한 정서적 욕동들이 어디에서 기인하는 것인지를 빠뜨리게 될 여지가 있어서이기도 하다.

이는 물론 개인이 집단에 나와 단둘이만 있었으면 하는 욕망이 좌절됨으로 인해서 발생한 작위적인 결과일 수도 있다. 나는 이것이 가진 중요성을 과소평가하고 싶지는 않다. 하지만 내 눈으로 직접 관찰한 이 현상들이 비단 치료집단에만 국한되어 나타나는 것은 아니라고 생각한다. 모든 집단은 집단을 이루는 개인을 자극하는 동시에 좌절시킨다. 개인은 집단에서 자신의 욕구가 만족되기를 바랄 수밖에 없는 반면, 이러한 목표는 집단이 불러일으키는 원초적인 두려움으로 인해서 움츠러들기 때문이다.

지금까지의 내용을 요약해보자. 개인들이 어떤 목적으로 모여 집단을 이루는 곳에서는 어디서나 작업집단 활동, 즉 주어진 과제를 풀어나가기 위해 활동하는 정신 기능이 나타난다. 우리는 연구를 통해 이러한 목적이, 간혹 이루어지는 경우도 있지만, 어디서 비롯하는지 불분명한 정서적 욕동들에 의해 가로막히곤 한다는 사실을 알게 되었다. 정서적 수준에서 집단이 자신이 추구하는 목적과 관련하여 특정한 기본가정들을 가지고 있다고 생각하면, 이처럼 모순되어 보이는 정신 활동들에 어떤 일관성이 나타난다. 의존과 짝짓기, 싸움-도주의 세 가지로 정식화하여 적절히 표현할 수 있는 이러한 기본가정들은, 설명하기 어려운 어떤 충동에 반응이라도 하듯이 서로가 서로를 대체하기도 한다는 사실을 추후의 연구를 통해 알 수 있었다. 뿐만 아니라, 세 기본가정들 사이에는 어떤 공통의 연결고리가 있는 것처럼 보였으며, 어쩌면 하나가 다른 하나의 다른 일면에 불과한 것처럼 생각되기도 했다. 각각의 기본가정은 지극히 원시적인 부분대상들과 밀접하게 닿아있는 까닭에, 원시적 대상관계와 관련되어 있는 정신증적 불안이 머지않아 등장하게 된다는 사실이 계속된 연구를 통해 밝혀졌다. 이러한 정신증적 불안, 그리고 이와 관련된 특수한 기제들에 대해서는 멜라니 클라인이 정신분석 사례를 통해 이미 보여준 바 있는데, 그녀의 서술은, 어떤 기본가정에서 나온 결과물로 생각하면 일관성 있는 설명이 가능한 단체 행동을 통해서 집단이 배출시키고자 하는 정서 상태들과 잘 부합한다. 수준 높은 작업집단 활동이라는 측면에서 접근하면, 기본가정은 집단이 겉으로 표명하는 과제라든가, 심지어는 가족 집단에 바탕을 둔 프로이트의 견해에 어울릴 법한 과제들과는 상당히 다른 목표를 향해 나아가려는 정서적 욕동들을 발생시키는 근원인 것처럼 보인다. 하지만 이것을 멜라니 클라인과 그의 동료들이 서술한 원시적 부분대상 관계와 관련된 정신증적 불안이라는 측면에서 접근하면, 기본가정 현상들은 정신증적 불안에 대한 방어적 반응에 더 가까운 성격을 가진다고 말할 수 있으며, 따라서 프로이트의 시각과 전혀 다른 것이라기보다는 그 시각의 부족한 부분을 보완하는 것이라고 볼 수 있다. 내 생각으로는, 가족 양상과 관련되어 나타나는 긴장과, 부분대상들 간의 관계에서 기인하는 더욱 원시적인 불안 모두에 대해 작업할 필요가 있다고 본다. 하지만 집단이 나타내는 모든 행동의 근원이 되는 것은 후자라고 생각한다.

개인을 치료하기 위한 수단으로 집단치료의 기법을 도입하고자 하는 시도가 가치있는 일이라 느껴진다면, 정신분석가는 이 기법에 새로운 이름을 붙이는 것이 더욱 현명한 일일지도 모른다. 내가 여태껏 시도했던 종류의 작업을 정신분석이라고 부르는 것이 과학적으로 정당화될 수 있는지는 잘 모르겠다-그 이유에 대해서는 앞에서 이미 설명했다(202-06쪽). 하지만 이 뿐인가, 알다시피 우리는 저항이라는 것이 무의식에 알게모르게 작용함으로써 분석적 발견들을 왜곡시키고, 그 발견들을 어떤 개인적 방어의 틀에 맞추어 재해석하게 된다는 사실을 쓰디쓴 경험을 통해 배운 바 있다(Jones, 1952). 따라서, 우리가 상황을 제어할 수 있는 한, 정신분석의 근본적인 원칙들과 관련해서는 정신분석이라는 용어가 계속해서 사용되어야 한다. 내가 서술하고자 했던 기법에 어떤 치료적 가치를 둘 수 있는가 하는 점은 여전히 물음으로 남아있다. 나는 이 물음에 아직 분명히 답할 수 있는 때가 아니라고 생각하며, 온전한 자격을 갖춘 정신분석가들이 향후 연구를 통해 그 가치를 발견할 날이 올 것이라 믿는다. 정신분석을 이미 받았거나 현재 받고있는 개인들로 집단을 이루어서 연구를 해 보는 일도 가능할 것이다.

집단 역동을 한 번 묘사해 본다는 의미에서, 개인 각자는 내가 개략적으로 설명한 이론들을 적용하여, 일상생활에서 한 집단의 구성원으로 그가 직접 경험하는 현상들을 설명할 수 있는지 스스로 판단해보는 것도 좋을 것이다.

참 고 문 헌

Fortes, Meyer (1949). 'Time and Social Structure: an Ashanti Case Study.' In *Social Structure.* Oxford: Clarendon Press.

Freud, S. (1911). 'Formulations on the Two Principles of Mental Functioning,' London: Hogarth Press. *Collected Papers*, Vol. IV; *The Psychological Works of*

Sigmund Freud, Vol. 12: <정신기능의 두 원칙에 관한 정리>, 열린책들, 2004.

Freud, S. (1913). *Totem and Taboo*. London: Hogarth Press, 1950. *Complete Works*, Vol. 13 : <토템과 터부>, 열린책들, 2004.

Freud, S. (1921). *Group Psychology and the Analysis of the Ego*. 1922. London: Hogarth Press. *Complete Works*, Vol. 18 : <집단 심리학과 자아 분석>, 열린책들, 2004.

Freud, S. (1930). *Civilization and its Discontents*. London and New York, 1930. *Complete Works*, Vol. 21. : <문명과 그 불만>, 열린책들, 2004.

Heimann, Paula (1952a). 'Certain Functions of Introjection and Projection in Early Infancy.' In Klein et al. (eds.) *Developments in Psycho-Analysis*. London: Hogarth Press, 1952.

Heimann, Paula (1952b). 'A Contribution to the Re-evaluation of the Oedipus Complex - the Early Stages.' *Int. J. Psycho-Anal.* Vol. 23, Pt. 2. Also in Klein et al. (eds.) *New Directions in Psycho-Analysis*; London: Tavistock Publications, 1955; New York: Basic Books.

Jones, Ernest (1952). Preface to *Developments in Psycho-Analysis*. London: Hogarth Press.

Klein, Melanie (1928). 'Early Stages of the Oedipus Complex.' In *Contributions to Psycho-Analysis, 1921-1945*. London: Hogarth Press, 1948.

Klein, Melanie (1930). 'The Importance of Symbol-Formation in the Development of the Ego.' In *Contributions to Psycho-Analysis, 1921-1945*. London: Hogarth Press, 1948.

Klein, Melanie (1935). 'A Contribution to the Psychogenesis of Manic-Depressive States.' In *Contributions to Psycho-Analysis*. London: Hogarth Press, 1948.

Klein, Melanie (1945). 'Early Stages of the Oedipus Complex.' In *Contributions to Psycho-Analysis*. London: Hogarth Press, 1948.

Klein, Melanie (1946). 'Notes on Some Schizoid Mechanisms.' In Klein et al. (eds.), *Developments in Psycho-Analysis*: Hogarth Press, 1952.

McDougall, W. (1920). *The Group Mind*. (2nd ed.) London: Cambridge University Press, 1927.

Trotter, W. (1916). *Instincts of the Herd in Peace and War*. London.

Le Bon, G. (1896). *The Crowd: a Study of the Popular Mind*. London: Benn, 1947. : <군중 심리>, 문예출판사, 2013.

역자 후기

절제와 기다림, 자신을 포장하지 않는 태도, 삶의 진실과, 그에 따르는 좌절과 고통을 피하지 않고 마주하려는 용기, 두려움 속에서도 자신을 온전히 개방할 수 있는 능력. 아마 이런 표현들로 비온을 어느 정도는 설명할 수 있을지 모른다. 비온의 원전들과, 비온을 말하는 오늘날의 여러 분석가들의 글을 읽는 것은 언제나 역자에게 기쁨과 매혹을 느끼게 하는 경험이었다. 그와 더불어 역자가 진료하는 환자들을 이해하고, 나아가 역자 자신의 삶을 이해하는 데 있어, 그 모호하고 흐릿한 어둠 속에서 희미하게나마 사위를 밝혀주는 빛이기도 했다. 어둠을 밝혀주었다고 말하는 것은 어쩌면 정확한 표현이 아닐 수도 있다. 한 줄기의 빛이 멀리서 보이기 시작할 때까지, 어둠 속에서, 조금은 차분한 마음으로, 머무를 수 있는 힘을 주었다고 말하면 그보다는 나은 표현이 될까. 역자에게 <집단에서의 경험>을 번역해 볼 생각이 있냐는 제안이 들어왔을 때 망설임 없이, 고된 작업이 되리라는 것을 뻔히 알면서도, 받아들였던 것은 이 때문이다.

<집단에서의 경험>은 비온이 생전에 출간한 첫 책이다. 이 책에는 집단 연구에 관심을 쏟았던 시기에 썼던 비온의 초기 논문들과, 이 논문들을 다시 검토하면서 쓴 글이 함께 실려있다. 이미 느꼈을 독자들도 있겠지만, 비온의 글을 읽다보면 때로는 일목요연하게 정리되지 않는 듯한 느낌을 받는다거나, 일종의 모호함 속에서 얼마간의 좌절을 경험하게 되는 일이 일어나기도 한다. 이는 논리보다 정서적 경험과 직관을 더 중요하게 생각하는 그의 성향 때문이기도 하지만, 한편으로는 새로운 경험과 만났을 때 그것을 스스로가 온전히 겪어내고, 이를 통해 경험에서 배우고자 하는 그의 열린 자세에서 비롯하기도 한다. (이른바 작업 집단의 특징이라고 일컬어지는 과학적 태도의 바탕을 이루는 것 역시 이와 같은 자세일 것이다.) 개인 분석을 다룬 이후의 저서들에

서도 그러하지만, 이 책 전체에 걸쳐 부단한 변화의 흐름이 느껴지는 것은 그가 이런 배움들을 통해 끊임없이 성장해나갔기 때문일 것이다. 이처럼 비온은 미숙하거나 (그의 표현을 빌려) '초보적인' 단계를 수치스러워 하지 않으며, 오히려 그와 같은 상태를 견디지 못한 나머지 설익은 결론을 내리고 그것을 고정불변의 진리인 양 고수하려는 태도를 경계한다. 자신의 미숙한 상태를 허용할 수 있는 것은 그 자체로서 중요한 능력이며, 우리 마음의 여유 공간이 필요한 일이다. 그렇게 허용된 공간이 있어야만 우리는 성장할 수 있다.

비온은 글을 그리 '친절하게' 쓰는 편이 아니다. 가끔은 글의 흐름이 다소 어색하게 느껴질 때도 있다. 게다가 그 특유의 만연체 문장들은 읽는 이에게 긴 호흡과 더불어 종종 인내를 요구하기도 한다. 독서의 속도는 따라서 느려질 수밖에 없다. 최대한 평이한 말들을 써서 자연스러운 문장으로 번역하려고 노력했지만, '자연스러움'에 대한 집착이 때로는 원문을 훼손하고 저자의 문체를 손상시킬지도 모른다는 생각에 걱정이 컸던 것도 사실이다. 그런 까닭에, 한 문장 한 문장 옮길 때마다, 둘 사이의 긴장 가운데서 오래 서성이곤 했다. 그렇게 아홉 달 동안의 조심스러운 걸음걸이 끝에 여기에 이르게 되었다. 그럼에도 책의 여기저기에 만족스럽지 못한 부분들이 눈에 띈다면 그것은 모두 역자의 부족함 탓이다.

무명의 역자를 믿고 번역의 기회를 선뜻 내어주신 눈 출판사 임말희 대표에게 지면을 빌어 다시 한 번 감사의 말씀을 드리고 싶다. 그리고 역자의 가족과 동료, 친구들에게도 깊은 고마움을 느낀다. 역자가 지금, 여기에서 삶의 경이로움을 경험하고 있는 것은 온전히 그들 덕택이다. 끝으로, 역자의 곁에서 언제나 무한한 지지를 보내주는 아내 혜승과, 하루하루 크고 작은 좌절들을 겪으며 성장해나가고 있는 아들 륜에게, 말로 다하지 못하는 사랑의 마음을 전한다.

2015년 여름,

현준

색 인

ㄱ

가족
　집단 78, 206, 214-5
갑상선중독증 116
개인
　결합가 131
　기본 집단과 수준 높은 집단 108
　독립과 집단 속으로의 침잠 101
　두려움과 의존 집단 92
　딜레마 132-4
　맥두걸 199
　무리짓기(성향) 150, 191
　원정신적 현상 116
　집단 60-2, 64-5, 68-9, 72-4, 81-2, 84, 90, 147, 214
　집단에서의 안전 107
　프로이트 154
개인 심리학 150
　집단 심리학 153, 191-2
개인 치료
　집단 치료 91
결석자
　집단 행동에 미치는 영향 55, 56-7, 60, 64-5
결합가 131, 132, 155, 175, 194, 199
결핵
　baD 120-1
　baF 121
　pmDP 121
'경전' 176, 188
경험에서 배우기를 증오함 97-103
계급
　문제 28
공동체
　비협력 21-2
　신경증 16-7
공황 203-5
교회 156, 178-80, 190
군 정신병원 13-30
　문제 14
군대 156, 177-9, 190
권력 8
귀족계급 156, 190
　메시아적 희망 180
기독교 198
기번 112
기본가정 *ba, baD, baF, baP 참조*
　개인 105
　공통된 특징들 174-77
　기본가정들 간의 관계 182-8
　변화의 변이형 177
　시간 196
　시간과 성장 180-2
　언어 211-2
　원정신적 현상 114-6
　전쟁 126
　정신과 의사로부터 얻는 안전 74
　참여 107
　화폐 123-6
'나쁨'('악함') 105, 129

ㄴ

내사
　리더 201
　집단 187

네스트로이의 패러디극 204
노스필드 군병원 74, 94
노스필드 실험 94
놀이터에서 보는 양상 64
니체 149

ㄷ

도주 *싸움-도주 집단 참조*
동일실체론 논쟁 112
두려움 92

ㄹ

로마 148. 198
르 봉 150, 191
　리더십 194, 202
　집단 154
　집단 심리학 191
　프로이트의 비판 154, 193
리더(십) 37-9, 43-4, 62, 176, 189
　르 봉의 견해 194
　싸움-도주 76, 183, 201, 204-5
　싸움-도주, 부모 78, 84
　의존의 95
　의존의, 정신과 의사 84, 91-3
　작업 202
　작업과 정신과 의사 184
　정신과 의사 73, 83-4, 93-4
　정신과적 문제 76, 137
　짝짓기(태어나지 않은) 172, 176-7
　프로이트의 견해 201
'리비도' 200

ㅁ

마법 95
맥두걸 150, 161, 191
　공황 203
　조직화 집단 155, 194-5
　집단 심리학 191
　집단의 정신생활 197
　프로이트 154, 195
메시아(메시아적 희망)
　바벨탑 213
　작업 집단 183
　정신분석 200
　짝짓기 집단 173, 177, 189,
　특화된 작업 집단 180
메이어 포르테스
　사회구조 196
멜라니 클라인 9, 161, 170, 185, 187, 188, 193, 209, 211, 215
몸짓
　의사소통 80
무리(짓기)
　동일시 101
　본능 174
무의식
　존스 216

ㅂ

바벨탑
　집단의 언어 발달 212-3
병동 잡역 21
병동집단 27
보르네오 섬 203
보편 언어 212
복지국가
　baD 140, 142
분노 84, 166
분석가 *정신과 의사 참조*
분열schism 145-7, 181
분열splitting 107, 209-10
불안
　원인과 집단의 리더십 139-41
　작업 집단의 리더십 138-9
　정신병적 187, 215
　질문을 던지는 태도 185

비트코버 18
비협력적 개인
　　문제 21-2

ㅅ

사무엘 138
사울 왕 140
사회구조 195
사회적 본능 150-1
상징형성 211-3
성 아우구스티누스 148, 197-8
성장
　　기본가정, 시간 180-2
　　세미나 75, 85
섹스(성적인 것)
　　의존집단의 당혹감 84
　　정신분석 156, 190, 200
　　집단의 주고받음 70
속죄금 123-5
수준 높은 집단 *작업 집단 참조*
　　기본가정 111
스핑크스 9, 184
시간 196
　　기본가정, 성장 180-2
신(하느님) 138, 140, 148, 168-9
신경증
　　공동체 16
신경증 환자들을 위한 규율 14-8
신국론 148, 197
신부값 123-4, 126
싸움-도주 집단 72-4, 82, 84, 88, 115, 174
　　리더십 183, 201, 204-5
　　안전 106-7
　　의존 집단 92, 103
　　특화된 작업 집단 178-80
쌍대
　　상황 99-100
　　의존 집단 134-7

ㅇ

아리스토텔레스 60, 134, 148
아버지 78
아인치히
　　화폐 123
안전
　　개인과 집단 103, 106-7
안정된 집단 188
알라리크 148
언어 211
　　바벨탑과 집단의 성장 212
언어적 의사소통 211-3
엄마의 몸
　　집단 185
　　집단의 원장면 187
여자국방군 23
역사의 연구 136
역전이 170
영국군 94
영국의 무상의료체계 122
예법 156, 190
오이디푸스 갈등의 초기 단계들 188
오이디푸스 상황(갈등, 인물, 신화) 183-4
　　멜라니 클라인 185
우울 자리 9, 187, 210, 214
원장면 172, 187
원정신적 현상(체계)
　　pm, pmD, pmDP, pmP 참조 114-7
원클리프 실험 94
원클리프 응급병원 94
은둔자 152
음식과 관련한 어려움
　　여자 환자 207-9
의존 집단 *baD 참조* 83, 88-97, 134-7, 189
　　결핵 120
　　기본가정 168
　　병적인 리더십 137

복지국가 142-3
성 아우구스티누스 148
안전 106-7
이끌림 103
작업 집단 112-3
종교 96-97
집단의 신적 존재 169, 189
특화된 작업 집단 178-80
이름 164-5
이솝
개구리들 140
<인간관계>지 8

ㅈ

자아감 상실 162, 210
작업 집단 110, 145, 147, 164-7, 193
기능 165-6, 175
기본가정 113, 167
리더 202
불안과 리더십 138
시간 196
언어 212
조직화 집단 155, 194
특화된 작업 집단 178-80
특화된 작업 집단과 기본가정 154
특화된 작업 집단과 메시아(메시아적 희망)173, 182-3
현실 154, 193
재활병동
공동체 정신 24
조직 16-8
전이 118
집단 36, 151, 155
전쟁
국가 126
정신과 의사(분석가) 33-65
개인적 해석 129-30, 131
관점 98
리더십 73, 83-4, 93-4, 179, 184
부모 79, 84
아기 135
안전에 대한 집단의 요구 74
위치 67, 79
음식과 관련한 어려움의 해석 207-9
주관적 반응 170
집단의 신적 존재 112, 169
필요한 자질 25
해석 41-3, 46, 50-2, 63, 81, 109, 142
해석에 대한 반응 74, 76-9
해석에 대한 저항 80
해석을 위한 상황 163
해석의 표현 68
환자 134
정신분석 36, 71, 80-2, 100, 149, 154, 176, 184, 215-6
메시아 200
성적 요소 156, 190, 200
역사적 인물에 관한 연구 153
음식과 관련한 어려움 207-8
집단 153, 161, 188
집단 분석 91, 105, 129-30, 172
짝짓기 집단 156, 200
정신신체질환 121
정치학 60
조직화 집단 154, 194-5
존 리크만 8, 13, 26, 74, 94
두 사람 관계, 세 사람 관계 152
존스
무의식 216
종교
의존 집단 96-7
종교 지도자 137
종교 집단 138
'좋음' 105
주권 8,9
증오(심) 77, 79, 84

지적 활동(능력) 198
질병 *집단 질병 참조*
　연구 124
질투 140
집단
　필수 조건 151-2, 192
집단 문화 62-5, 68-9, 74, 80-3
　변화 8 3
집단 분석 *집단 치료 및 정신과 의사 참조*
집단 심리 57, 59-60, 62, 68, 69
　정의 74
집단 심리학
　개인 심리학 149-50, 153, 191-2
　본질적 특징 150-1
집단 심리학과 자아 분석 149, 161
집단 역동 161-217
집단 질병 115, 119
집단 치료 *정신과 의사 참조*
　군대 조직 19-20
　긴장 13-30
　논의(사례들) 47-9, 53-4, 57-8
　소규모 병동에서의 적용 26-30
　시초 33
　정신분석 91-2, 105, 129-30, 136
　정신분석 및 최종 평가 215-6
　정의 13
　치료적 가치 216
　치료집단 개념 85
집단에서 일어나는 정서적 진동 141-3
집단의 시작 99, 103
집단의 신적 존재
　의존 집단 169, 189
　정신과 의사 112
집단의 의지 67
집단의 적대감 78-9, 95
집단의 좌절 61
집단의 크기 30
짝짓기 집단 82, 84, 88, 171, 186
　귀족계급 156, 190
　기본가정 71
　메시아적 희망 173, 177, 189
　정신병적 불안 186
　태어나지 않은 리더 173, 176-7

ㅊ

창세기 212
춤 수업 23
치료집단 *집단 치료(분석) 및 정신과 의사 참조*

ㅋ

케프론(파라오) 136
크로체 212
클레이
　화폐 123

ㅌ

타비스톡 클리닉 33, 37, 43
탐욕
　의존 집단의 죄책감 84
토인비 117, 136
토템과 터부 149, 154, 161, 164
퇴행
　집단 161-2
투사
　집단 187
투사적 동일시 9
　리더 201
　집단 분석 170
트로터 175, 191
　무리짓기 본능 192
특화된 작업 집단 *작업 집단, 군대, 교회 참조*

ㅍ

파라오
　심리치료 136
편집-분열 자리 9, 185, 187, 210, 214

폴라 하이만 187
프로그램 집단 19
프로이트 145, 161, 164, 175, 178, 198-9
가족과 집단 188, 213, 215
개인과 집단 154, 193
개인과 집단의 심리학 153, 191
공황과 집단 204
맥두걸과 집단 154, 195
부분대상들의 관계와 집단 206
사회적 본능 150
전이 118, 155
집단 논의에 관한 비판 154
집단의 리더 201
집단의 리비도적 본성 200
퇴행과 집단 162
플라톤
개인의 역할 147, 197
피라미드 136

ㅎ

하위집단 *귀족계급 참조* 30, 145-6, 156, 179
할리데이 122
해석 *정신과 의사 참조*
협력 102, 130, 155
홉스 148
화폐 123-6
환각
집단 상황 63
'훌륭한 집단정신' 29-30
휴게실 19, 21
희망 172-3
힝스턴 퀴긴 123
ba *기본가정 참조* 121, 125, 126, 142
정의 118
baD *의존 집단 참조* 119, 124-5, 130-2, 138-9, 141-3, 148, 156
결핵 120-1
복지국가 140, 143
쌍대 134-7
정의 118
baF *싸움-도주 집단 참조* 119, 124-6, 132, 149, 156
결핵 120-1
정의 118
baP *짝짓기 집단 참조* 119, 124, 126, 132, 155-7
정의 118
pm *원정신적 현상(체계) 참조* 125
정의 119
pmD *원정신적 현상(체계) 참조* 119
pmDP *원정신적 현상(체계) 참조*
결핵 121
pmP *원정신적 현상(체계) 참조* 119
W *작업 집단 참조* 131, 138, 145, 147-9, 154, 156
정의 119